Sven Eggers

Sieg, Ruhm, Ehre
Sternstunden des deutschen Sports

Meinen Kindern
Lars, Jörn, Britta, Arno, Franka

Sven Eggers

Sieg, Ruhm, Ehre

Sternstunden des deutschen Sports

DSZ

Inhalt

Vorwort des Verfassers

Die Arbeiten an dem Buch „Sieg, Ruhm, Ehre" haben zwar durch aufwändige Nachforschungen außergewöhnlich viel Zeit in Anspruch genommen, doch war es für mich ein Hochgenuss, packende Sternstunden des deutschen Sports nochmals lebendig werden zu lassen. Als Sportbegeisterter geriet ich mehrfach ins Schwärmen. Wie gerne wäre ich selbst einst im Juli 1954 im Berner Wankdorf-stadion gewesen, um die Männer mit dem Adler auf der Brust nach vorne zu treiben! Was gäbe ich dafür, sagen wir per Zeitmaschine, ins Jahr 1922 zu eilen, um Augenzeuge des wohl denkwürdigsten Fußballendspieles aller Zeiten zwischen den Traditionsklubs Hamburger SV und 1. FC Nürnberg in Leipzig zu werden. Eine Partie, die nach stundenlanger Spielzeit keinen Sieger finden wollte und die dann aus Gründen, die bis heute nicht hundertprozentig geklärt sind, von Schiedsrichter Peco Bauwens (dem späteren DFB-Präsidenten) abgebrochen wurde. Oder das sagenumwobene 4:3 von Rapid Wien gegen Schalke 04! Wie gern hätte ich Rapid-Legende „Bimbo" Binder in Aktion erlebt.

So bleiben Erinnerungen von Zeitzeugen, vergilbte Nachschlagewerke und manches Filmdokument, das von den Großen des deutschen Sports kündet: Von Hans Günter Winkler, von Armin Hary, von Kristin Otto usw. Von ihnen ist in diesem Buch die Rede. Mein Bestreben war es, dem Leser möglichst viel von meiner eigenen Begeisterung rund um die vorgestellten Ereignisse zu vermitteln. Und nun hoffe ich, dass mir dies gelungen ist. Von Herzen danke ich dem DSZ-Verlag, der dieses Buch ermöglicht hat.

Sven Eggers im Mai 2002

Der Verfasser
Sven Eggers, Jahrgang 1965, geboren in Hamburg, verheiratet, Vater von fünf Kindern. Seit mehr als fünfzehn Jahren ist er verantwortlicher Redakteur der National-Zeitung. Der bekennende Fußball-Anhänger hat etliche Artikel zum Thema des Buches für das nationalfreiheitliche Wochenblatt verfasst und ist darüber hinaus Autor der mittlerweile in dritter Auflage erschienenen Dokumentation „So lügt das Fernsehen" (1996). An zahlreichen weiteren Buchprojekten von FZ- und DSZ-Verlag hat er maßgeblich mitgewirkt. Sven Eggers ist Enkel des Dichters und Schriftstellers Kurt Eggers.

Einleitung

Faszination Sport: Alle Jahre wieder, jede Woche neu. Rekordeinschaltquoten für die verschiedenen Fernsehsender. Die Begeisterung der Deutschen für die Wettkämpfe um Tore oder Sekunden, Punkte oder Höhen, um Weiten oder Zeiten hält seit vielen Jahrzehnten unvermindert an. Dieses Buch erinnert an besonders spektakuläre Ereignisse, dramatische Augenblicke und unvergessene Momente; Sternstunden des deutschen Sports.

Natürlich kann dieser Streifzug keinen Anspruch auf Vollständigkeit erheben. Die deutsche Sportgeschichte besteht aus weit mehr als den aufgeführten Momenten des Triumphes. In die einzelnen Kapitel sind aber viele Zusatzinformationen über weitere Siege und auch Niederlagen, über den Werdegang verschiedenster Sportlergrößen oder auch die Erinnerung an manches Kuriosum eingeflossen, so dass sich letztlich ein durchaus größerer Überblick zu Geschichte und Geschichten rund um den deutschen Sport erschließt.

Verschwiegene Proteste

Auch kritische Anmerkungen zur Entwicklung des Leistungssportes, zur Rolle von Massenmedien und des Kommerzes rund um die liebste Freizeitbeschäftigung der Deutschen fehlen nicht. Zugegeben: Viele Menschen haben die Lust am Sportgeschehen verloren, weil Raffgierige aus Politik und Wirtschaft längst die Geschicke bestimmen. „Kommerz macht unseren Sport kaputt", ertönt es immer wieder von den Zuschauerrängen in deutschen Fußballstadien, ohne dass die Meinungsindustrie von dieser Form des Protestes Notiz nehmen würde. Tatsächlich

ist etwa die Fußball-Bundesliga wohl nur noch ein Werbeprodukt, von dem in erster Linie überbezahlte Spieler, Sponsoren und TV-Sender profitieren. Und die Politik erfreut, dass die Menschen auf der Straße eher das jüngste Bayern-München-Ergebnis als die neuesten Arbeitslosenzahlen diskutieren.

Ob der Bogen bereits überspannt ist, werden die nächsten Jahre zeigen. Welche Konsequenzen wird es geben, wenn Mediengiganten merken, dass sie sich hoffnungslos verpokert haben? Die Diskussionen um „Kirch-Media" 2002 verdeutlichen, wie weit sich bundesdeutsche Fußballklubs bereits in die Abhängigkeit von Medienkonzernen begeben haben.

Andererseits machen sich jedes Wochenende wieder bis zu 300 000 meist junge Menschen auf, um „ihrem" Fußballverein kreuz und quer durch die Bundesrepublik zu folgen. Die hier entstandene „Fankultur" weiß durchaus um Begriffe wie „Tradition" und „Treue" und lebt aus, was Volkspädagogen ansonsten streng untersagen. Hier ist die Faszination Sport absolut, und auch letztlich erfreulich kritisch, zudem lebendig. Hier bekennt man sich vieltausendfach zu Nationalstolz und Vaterland. Auch diese jungen Menschen mit diesem Buch zu erreichen, wäre wünschenswert.

Spektakuläre Siege

Denn die Leistungen, die Recken wie Fritz Walter, Max Schmeling oder Rudi Altig einst vollbrachten, sind in jedem Fall geeignet, Jung und Alt gleichermaßen zu faszinieren. Medaillenabräumer wie deutsche Reiter, Kanuten und Ruderer werden in diesem Buch ebenso gewürdigt wie Sensations- und Überraschungssieger bei Olympischen Spielen bzw. Welt- und Europameisterschaften. Dabei spannt sich der Bogen von den spektakulären Siegen beispielsweise deutscher Turner oder Schwimmer in der Frühzeit der olympischen Geschichte bis hin zu den großartigen Erfolgen unserer Olympioniken bei den Spielen von Salt Lake City, als man die Medaillenwertung mit einem Rekordergebnis gewann und sogar die hochfavorisierten US-Athleten hinter sich ließ. Namen wie Ricco Groß, Kati Wilhelm oder Claudia Pechstein haben spätestens seit dem Winter 2001/2002 ihren festen Platz in der deutschen Sportgeschichte. Auch den ebenso erfolgreichen wie bewundernswerten Leistungen deutscher Behinderten-Sportler ist ein Kapitel gewidmet.

Österreichische Ausnahmesportler wie Toni Sailer, Franz Klammer und Niki Lauda erfahren in dem vorliegenden Werk ebenso verdiente Aufmerksamkeit wie deutsche Wintersport-Asse aus der Schweiz oder aus Südtirol, die uns Massenmedien nur zu gern und immer wieder als „Italiener" verkaufen wollen. Beispielsweise sind aber die Rodel-Wettbewerbe eben keine „italienische Spezialität", sondern seit vielen Jahren fest in deutscher Hand.

Mitteldeutsche Siege
Und auch die gigantischen Erfolge, die einstige DDR-Sportler errangen, stehen hier an gebührender Stelle. Denn den Athleten ging es nicht um kommunistische Ideale oder die Verteidigung der SED-Diktatur, sondern ihnen ging es um persönliche Leistungen und stolze Ergebnisse. Dies anzuerkennen, sind wir den ungezählten aufrichtigen mitteldeutschen Sportlern schuldig. Ihre famosen Leistungen und teilweise atemberaubenden Rekorde finden sich in „Sieg, Ruhm, Ehre" in großer Zahl berücksichtigt.

Es mischen sich in diesem Buch also historische und ganz aktuelle Sternstunden, weniger bekannte Erfolge und weltberühmte Siege. Natürlich wird ausführlich an die Gewinne der drei Fußball-Weltmeisterschaften von 1954, 1974 und 1990 sowie auch an großartige Vereinserfolge deutscher Fußballmannschaften erinnert. Selbstverständlich findet sich der Jahrhundert-Lauf von Armin Hary in diesem Werk wieder, ebenso wie die glanzvollen Auftritte deutscher Reiter um Freiherr von Langen, Hans Günter Winkler und Dr. Reiner Klimke in aller Welt. Erinnerungen an große Schmeling-Kämpfe werden wach, an Wunderläufer wie Heinz Fütterer oder Rudolf Harbig, an Legenden des Skisports oder Leichtathleten wie Ulrike Meyfarth und Annegret Richter. Klar, dass auch die großen deutschen Tennis- und Motorsport-Erfolge der jüngeren Vergangenheit nicht ausgelassen werden.

Erbauliches und Wissenswertes
Tragende Rollen spielen ferner die herausragenden Momente der Olympischen Spiele auf deutschem Boden von 1936 und 1972. Auch die Diskussion um die politische Bedeutung der letzten Spiele vor dem Zweiten Weltkrieg wird aufgegriffen wie überhaupt die Bedeutung des Sports für die jeweils herrschende Politik mehrfach hinterfragt wird. Manche Ereignisse werden in speziellen Kapiteln zusätzlich beleuchtet, so dass Erbauliches und Wissenswertes ständig einander abwechseln.
Leser, die für eine eventuelle Neuauflage oder Fortsetzung von „Sieg, Ruhm, Ehre" Zusatzinformationen haben oder Korrekturen wünschen oder die vielleicht einfach nur ihre ganz persönlich empfundene „Sternstunde des deutschen Sports" vermissen, sind herzlich zur Mitarbeit durch entsprechende Hinweise an den Verlag eingeladen.

Der deutsche Pionier

1811: Friedrich Ludwig Jahn und das erste deutsche Turnfest

Es ist der 19. Juni 1811, der in die Sportgeschichte eingeht. Auf der Hasenheide im Süden Berlins findet das erste deutsche Turnfest statt. Es ist Friedrich Ludwig Jahn, der als „Turnvater" an diesem Tag Geschichte schreibt. Er hat den Turnplatz angelegt, er ist der Begründer des Turnwesens. Es sind einfache, volkstümliche Übungen, teilweise an Geräten, die an diesem Tag zur Darbietung kommen, ergänzt durch Spiele, Schwimmen, Fechten und Wandern. Jahn selbst turnt jede Übung vor. Doch an diesem Tag geht es um mehr als um lederne Turnmarken, die anschließend an die Teilnehmer ausgegeben werden. Der erste Turnplatz der Welt wird zu einer Keimzelle des Patriotismus. Friedrich Ludwig Jahn stellt das Turnen ganz und gar in den Dienst des Kampfes um nationale Freiheit.

Friedrich Ludwig Jahn wurde als Sohn eines evangelischen Geistlichen am 11. August 1778 in Lanz in der Priegnitz geboren. Schon als Heranwachsender trat er stets mutig, heftig, derb und deftig auf. Seinen Ruf als „Grobian" verteidigte er mit großem Erfolg bis an sein Lebensende. Jahn: „Von den Reitern lernte ich das Reiten, von einem Grönlandfahrer Schwimmen, Laufen und Springen nach Beobachtungen der Tiere. Das Klettern sah ich den Affen ab, die sich der Mecklenburger Herzog vor seinem Schloss hielt."

Als Preußen im Jahre 1806 gegen Napoleon kämpfte, war Jahn sofort dabei: „Ich warf die Feder weg, um zum Schwert zu greifen." Nach der preußischen Niederlage wirkte er im Untergrund für die patriotische Bewegung. Stets war er auch zu höchstem Risiko bereit. Enge Kontakte

Turnvater Jahn
(zeitgenössische Darstellung)

unterhielt er zu Karl Friedrich Friesen, mit dem er am 14. November 1810 bei Kreuzberg nahe Berlin den Deutschen Bund als erste deutsche nationale Partei gründete. Beide standen ferner der Burschenschaftsbewegung Pate. Im Jahre 1810 erschien auch Jahns Hauptwerk „Deutsches Volkstum", das von der Nation als gewaltige Kraftquelle kündete.

Die Ideen des Turnvaters zündeten in der Jugend. Als er zur Volkserhebung gegen Napoleon aufrief, kam dies einem entscheidenden Fanal gleich. Im März 1813 meldete er sich als einer der Ersten zum „Freikorps Lützow", für das er kräftig geworben hatte. Jahn diente als Kommandeur des 3. Bataillons und wurde wegen besonderer Tapferkeit mit dem Eisernen Kreuz ausgezeichnet.

Nach dem Sieg über Napoleon kam Jahn als Turnlehrer wieder nach Berlin. Doch nun richtete der Unerschrockene seinen Kampf gegen die reaktionären deutschen Herrscher, die die Schaffung eines neuen einigen deutschen Reiches hintertrieben. Jahn wurde zum „von oben" meistgehassten Manne in Deutschland. Sein Bekenntnis: „Ohne die Kenntnis der vaterländischen Geschichte ist der Bürger ein Spielball in der Hand des schlauen Betrügers. Vor zwei Abwegen muss sich jedes Volk hüten, das seine Selbstständigkeit nicht schmählich verlieren will: Vor der Allerweltsbürgerei und der Schildbürgerei. Ein Volk, das seine Sprache verlernt, gibt sein Stimmrecht auf und ist zur stummen Rolle auf der Völkerbühne verwiesen. Ein Volk, das mit Lust und Liebe die Ewigkeit seine Volkstums auffasst, kann zu allen Zeiten sein Wiedergeburtsfest und seinen Auferstehungstag feiern." Jahn wurde schließlich Opfer der so genannten Demagogenverfolgung. Eine Kommission des Deutschen Bundestages hielt in einem Bericht für die Herrschenden fest: „Jahn ist derjenige, der die höchst gefährliche Lehre von der Einheit Deutschlands aufgebracht hat." Am 13. Juli 1819 wurde Friedrich Ludwig Jahn dann verhaftet. Bald erfolgte zudem das Verbot des Turnens. Jahn wurde von Festung zu Festung gebracht. Doch von seinen Grundüberzeugungen wich er nie. Im Jahre 1825 kam er frei, wurde jedoch weiter bespitzelt und unter Polizeiaufsicht gestellt. Preußenkönig Friedrich Wilhelm IV. sorgte letztlich für Jahns Rehabilitierung.

1848 wurde Jahn noch als Abgeordneter in die Nationalversammlung gewählt. Am 15. Oktober 1859 verstarb der „Turnvater" in Freyburg an der Unstrut. Die von ihm begründete Turnerbewegung trat nach seinem Tode einen unvergleichlichen Siegeszug um die ganze Welt an. In seinem Vermächtnis, der weltberühmten „Schwanenrede", bekundete Friedrich Ludwig Jahn: „Deutschlands Einheit war der Traum meines erwachenden Lebens, das Morgenrot meiner Jugend, der Sonnenschein der Manneskraft und ist jetzt der Abendstern, der mir zur ewigen Jugend winkt."

Turnvater Jahn eröffnete 1811 seinen ersten Turnplatz in Berlin.

Glanzvoller Erfindergeist

Deutsche Pionierleistungen rund um den Sport

Friedrich Ludwig Jahn, Vater der modernen Turnbewegung, der Erfinder von Reck und Barren, ist Symbolfigur für vielseitigen deutschen Erfinder- und Pioniergeist vor allem auch im Bereich des Sports. Zu den Mitstreitern seiner Turnerbewegung gehörte beispielsweise Turnpädagoge Wilhelm Bernhard Eiselen. Er war es, der im Jahre 1825 die erste Turnanstalt für orthopädisches Turnen und 1832 in Berlin die erste Turnanstalt für Mädchen ins Leben rief. Begründer der neuzeitlichen Gymnastik war Johann Christoph Friedrich GutsMuths. Vater der US-Turnbewegung war der aus Deutschland emigrierte Karl Follen, der 1826 in Boston die erste amerikanische Turnanstalt gründete. Der Deutschschweizer Rudolf Obermann gründete 1844 den ersten italienischen Turnverein und führte das Turnen im italienischen Volk ein.

Wie ein roter Faden zogen sich seither deutsche Beiträge zur Entwicklung des modernen Sports durch die Geschichte. Sportwissenschaftler und Sportorganisator Carl Diem führte das Sportabzeichen ein, war Begründer der Hallensportfeste, inspirierte die Einführung des Turnens als Schulfach und führte als Organisator der Olympischen Spiele von 1936 den Fackellauf ein. Bis zu seinem Tode war er, der 1961 die Internationale Olympische Akademie im griechischen Olympia eingeführt hatte, Direktor der von ihm gegründeten Deutschen Sporthochschule in Köln.

Absolut überragend auch, was Deutsche auf dem Gebiet des Alpinismus vollbrachten. Hochgebirgsforscher Hans Dülfer entwickelte bahnbrechende Techniken des Bergsteigens. Der Österreicher

Carl Diem

Hermann Buhl konnte als erster Bergsteiger die Marmolada-Südwestwand und die Watzmann-Ostwand bezwingen. Ferner gelang ihm am 3. Juli 1953 im Alleingang die Erstbesteigung des 8126 Meter hohen Nanga Parbats, des „Schicksalsberges der Deutschen". Die Erstbesteigung der Matterhorn-Nordwand (4477 Meter) gelang 1831 Franz und Toni Schmid, die dafür die IOC-Goldmedaille erhielten. Bergsteiger-Legende Reinhold Messner aus Südtirol bezwang sämtliche Achttausender des Himalaja. Zudem gelang ihm die Durchquerung der Antarktis zu Fuß.

Die vom deutschen Geologen Günther Dyrenfurth geführten internationalen Himalaja-Expeditionen 1930 und 1934 brachten zahlreiche bedeutsame Erkenntnisse, z. B. das Wissen um das noch andauernde Höhenwachstum des größten

Gebirgszuges der Erde. 1930 stellte Dyrenfurth mit der Bezwingung des Jongsang Peak einen bergsteigerischen Weltrekord auf. Einen 20 Jahre lang gültigen Frauenweltrekord schaffte seine erste Frau Hettie mit der Erstbesteigung des 7315 Meter hohen Sia-Kangri-Westgipfels. Das Ehepaar Dyrenfurth wurde 1936 in Berlin mit der olympischen Goldmedaille für den Alpinismus ausgezeichnet.

Auch das „Urfahrrad" ist eine deutsche Erfindung. 1817 baute Karl Freiherr Drais von Sauerbronn ein hölzernes Laufrad, bei dem erstmals zwei Räder hintereinander angeordnet waren; es wurde vom im Sattel sitzenden Fahrer im Laufen angetrieben. Diese „Draisine" fand rasch international Verbreitung und ebnete der Entwicklung des modernen Fahrrads den Weg. Das erste Auto der Welt baute 1884/85 der Ingenieur Carl Friedrich Benz. Er war neben Gottlieb Wilhelm Daimler der Schöpfer des Kraftfahrzeugs.

Als „Vater des Luftschiffbaus" ist Ferdinand Graf von Zeppelin in die Geschichte eingegangen. Mit der Fahrgastbeförderung durch seine Luftschiffe begann die Ära des Luftverkehrs. Deutsche Flugzeugkonstrukteure erlangten Weltruhm, darunter Hugo Junkers, Gerhard Fieseler, Heinrich Focke, Ernst Heinrich Heinkel, Otto Lilienthal oder Willy Messerschmitt.

Weitere atemberaubende Leistungen: Flugpionier Wolfgang von Gronau begann mit dem Instrumentenflug (1916), überquerte 1930 als erster Mensch den Atlantik in einem Flugboot, umflog 1932 die Erde und stellte zahlreiche Welt-Bestleistungen auf. Heinrich Dittmar lieferte wesentliche Erkenntnisse über den Thermiksegelflug, flog 1934 Höhenweltrekord (4675 Meter) und den Streckenweltrekord (376 Kilometer). Hanna Reitsch, erster weiblicher Flugkapitän der Welt, stellte bis in die siebziger Jahre hinein zahlreiche Flugweltrekorde auf. Oskar Usinus gilt als Wegbereiter des Segelfluges. Er organisierte und leitete die weltweit vorbildlichen Rhön-Segelflugwettbewerbe am Berg der Flieger, der Wasserkuppe.

Karl Freiherr Drais von Sauerbronn mit seinem „Urfahrrad".

Der Kraftmensch

1884: Karl Abs bester Ringer der Welt

Die vielleicht früheste Sternstunde des deutschen Leistungssports schlägt an einem Sonntag. Es ist der 18. Mai 1884. In New York werden die ersten Weltmeisterschaften für Ringer ausgetragen. Erwartungsgemäß erreicht der hochfavorisierte US-Meister William Muldoon den Endkampf im Schwergewicht. Dort steht ihm in der alles entscheidenden Auseinandersetzung überraschend ein Deutscher gegenüber. Es ist Karl Abs, Gewichtheber, Turner und Ringer. Der 1,84 Meter große Modellathlet bringt 103 Kilo auf die Waage. Es kommt zu einem atemberaubenden Kampf. Muldoon hat größte Mühe mit dem Zimmermann aus Hamburg. Unglaubliche zwei Stunden dauert der Ringkampf bereits an. Dann kann Abs den Amerikaner schultern. Das ist der Sieg. New York erlebt eine echte Sensation.

Karl Abs (1851–1895) gehörte dem wohl ältesten deutschen Ringerverein an, dem Wandsbeker Athleten-Klub. Als dieser 1879 gegründet wurde, hatte Abs bereits eine fünfjährige Laufbahn als Stemmer und Ringer hinter sich. Seine Erfolge hatten das Ringen in Deutschland immer beliebter gemacht. Mehr und mehr Ringer-Vereine gründeten sich. Es gab niemanden in der Heimat, der Abs besiegen konnte. Also suchte er Herausforderungen im Ausland. Und sein Siegeszug ging weiter. Er bezwang Tom Cannon, den Meister Englands, Antonio Pierri, den besten Ringer Italiens sowie den japanischen Meister Matsado Sorakichi. Dass er aber bei den Titelkämpfen in den USA bis ins Finale vorstoßen würde, um dann auch noch den berühmten Amerikaner Muldoon zu schlagen, das hatte man ihm dennoch nicht zugetraut.

Ringer Schuhmann (links) und sein griechischer Kontrahent.

Für Karl Abs bedeutete der Weltmeistertitel jedoch nicht den ersehnten Durchbruch. Zwar war er nun überall bekannt, doch es gab keine Herausforderer mehr. Niemand wollte sich mit dem deutschen Kraftmenschen messen. Abs aber musste seinen Ruhm nutzen. So trat er im Zirkus auf. Im Jahre 1888 begeisterte er die Menschen mit einer besonderen Darbietung: Er stemmte ein Pferd in die Höhe und schaukelte es hin und her.

In den Leistungssport fand Abs dann nicht wieder zurück. Zwar hat er mit seinen Erfolgen gehörigen Anteil daran, dass das Ringen zur olympischen Disziplin gekürt wurde, doch bei den ersten neuzeitlichen Spielen von Athen setzen andere die Erfolgsgeschichte des deutschen Ringens fort. Dort schlug die Stunde eines Goldschmieds aus Berlin: Carl

Schuhmann (1869–1946). Für den Wettbewerb im Ringen war Schuhmann nur „nebenbei" gemeldet. Seine eigentlichen Stärken lagen im Turnen.

Zur allgemeinen Verblüffung aber erreichte Schuhmann das Ringer-Finale. Dort wartete das griechische Schwergewicht Antonios Tsitas auf den schmächtigen Deutschen. Schuhmann, der „kleine Apollo" genannt, war nur 157 Zentimeter lang; sein Gegner überragte ihn um einen Kopf. Doch der entschlossene Deutsche konnte die Auseinandersetzung von Beginn an offen gestalten. Nach mehrstündigem Kampf musste das Finale wegen einbrechender Dunkelheit vorerst abgebrochen werden. Der Grieche war gewarnt. Hochkonzentriert und mittlerweile mit viel Respekt ging er am folgenden Tage zu Werke. Carl Schuhmann aber konnte das Wunder Wirklichkeit werden lassen. Er bezwang Tsitas. Der Deutsche wurde über alle Maßen gefeiert und galt als beliebtester ausländischer Teilnehmer dieser ersten Olympischen Spiele. Schuhmann erreichte drei weitere Gold-

medaillen in den Turnwettbewerben und gehört zu den erfolgreichsten deutschen Olympia-Teilnehmern aller Zeiten.

Der Sieg Schuhmanns verhalf dem deutschen Ringen endgültig zum Durchbruch. Im Jahre 1900 zählte man im Deutschen Athleten-Verein bereits über 11 000 Mitglieder, 1911 wurde dann der „Deutsche Reichsverband für Athletik" gegründet. Zum Vergleich: Erst 1921 wurde der erste internationale Ringer-Verband aus der Taufe gehoben. Jean Földeak, Fritz Schäfer, Jakob Brendel, Heinrich Nettesheim, Kurt Hornfischer: So lauteten die Namen der Schuhmann-Nachfolger. Die genannten deutschen Ringer holten zwischen 1931 und 1937 Europameistertitel in Serie. Im Jahre 1932 gab es in Deutschland 860 Vereine mit 121 000 Mitgliedern.

Erst 1969 trennten sich in Deutschland gemäß internationaler Vorbilder Ringer, Gewichtheber, Kunstkraftsportler und Rasenkraftsportler in verschiedene Verbände. Dem Deutschen Ringer-Bund gehören heute etwa 80 000 Mitglieder an.

Ringer Abs trat mit spektakulären Darbietungen auch im Zirkus auf.

Das Radsport-Idol

1894: Weltmeister August Lehr

Es sind die ersten Weltmeisterschaften für das so genannte Niederrad. Über die Strecke von einer Meile gehen 1894 in Antwerpen die allerbesten Fahrer an den Start. Unter ihnen ist auch der Deutsche August Lehr, der als weltbester Fahrer im Hochrad gilt. Wird er nach der großen Umstellung auf das Niederrad wiederum in der Weltspitze mitfahren können? Die Experten sind sehr skeptisch. Favorit ist jedenfalls Lokalmatador Jaap Eden, ein echter Spezialist für das Niederrad. Doch August Lehr überzeugt sie alle. Der Hochrad-Weltmeister von 1889 fährt seinen Konkurrenten auf und davon. Nach einer fabelhaften Energieleistung kann er sich schließlich als Weltmeister feiern lassen. Damit konnte niemand rechnen. Sein Triumph ist eine wirkliche Radsport-Sensation. Lehr ist damit der erste deutsche Bahn-Weltmeister.

August Lehr wurde am 26. Februar 1871 in Frankfurt am Main geboren. Schon als 17-Jähriger errang er seine ersten aufsehenerregenden Erfolge mit dem Hochrad. 1888 wurde er in Wien Deutscher Meister und gewann in Berlin den begehrten Kaiser-Friedrich-Ehrenpreis, den er anschließend sensationell dreimal verteidigen konnte. Im Jahre 1889 wurde August Lehr – nach weiteren nationalen Titeln – in Nimwegen „Meister des Kontinents". Eine äußerst spektakuläre Siegesserie schloss sich an. Der großartige Sportler setzte sich auch international immer wieder souverän durch, siegte in England bei den Weltmeisterschaften und blieb 1890, 1891 und 1892 im In- und Ausland auf dem Hochrad ungeschlagen. Einen würdigeren Weltmeister auch für das Niederrad konnte man sich also kaum vorstellen.

August Lehr

Als die Konkurrenz zunehmend auf das Niederrad umsattelte, konnte sich August Lehr der neuen technischen Entwicklung nicht länger verschließen. Letztlich gelang ihm die Umstellung auf großartige Weise. Insgesamt verzeichnet seine phänomenale Rekordliste 260 Siege und 50 zweite und dritte Plätze; eine für seine Zeit einzigartige Leistung. Lehr zeigte sich in Flieger- wie in Steherrennen gleichermaßen überlegen. Siebenmal war er deutscher Meister. Nach einer Tournee durch die USA im Jahre 1898 zog er sich vom Sport zurück und eröffnete eine Fahrradfabrik.

Lehr hat durch seine Erfolge den Radsport in deutschen Landen außerordentlich populär gemacht. Nach seinem Weltmeisterschaftssieg von 1894 gründeten sich zahlreiche Radsport-Vereine. Zehn Jahre zuvor hatte sich der „Deutsche

Radfahrer Bund" gegründet, der nun außerordentlichen Zulauf erhielt. Die eigentlichen Wurzeln des deutschen Radsportes liegen in München, wo auf der Bahn des „Münchner Velociped-Clubs" am 26. Juni 1880 erstmals ein nationales Rennen und am 31. Juli 1881 sogar ein vielbeachtetes internationales Rennen gestartet wurde. Zum Vergleich: Erst im Jahre 1900 wurde ein Radsport-Weltverband ins Leben gerufen. In Deutschland genoss der Radsport zu dieser Zeit bereits hohes Ansehen.

Ein Jahr nach dem Sensations-Sieg von August Lehr wurden im Jahre 1895 Rad-Weltmeisterschaften in Köln, neben Berlin, Halle, Frankfurt am Main, Frankfurt/Oder, Leipzig, Hannover oder Cottbus eine der Hochburgen des deutschen Radsports, ausgetragen. Man hatte in der Domstadt eigens eine neue Asphaltbahn gebaut. Im Sprint konnte sich diesmal der Holländer Eden durchsetzen. 1896 stand der Bahnradsport dann auch auf dem Programm der ersten neuzeitlichen Olym-

pischen Spiele von Athen. 1898 konnte Paul Albert, 1927 Mathias Engel, 1932 Albert Richter und 1935 Toni Merkens den begehrten Sprint-Weltmeistertitel im Radfahren erneut nach Deutschland holen. Bis in unsere Tage hinein bewiesen deutsche Radrennfahrer ihre weltweite Vormachtstellung immer wieder neu. Bis heute sind auch deutsche Konstrukteure im Bau von Bahnen für den Radrennsport weltweit führend.

Rad-Weltmeister August Lehr war es dann auch, der am 15. März 1909 den Startschuss zum ersten europäischen Sechstagerennen gab, ausgetragen in der deutschen Hauptstadt Berlin; die Gründung einer großen Radsport-Tradition. In der großen Ausstellungshalle am Zoologischen Garten hatte man eigens eine Bahn errichtet. 15 Mannschaften traten an, darunter die deutschen Fahrer Willy Arend (der berühmte Flieger), Thaddäus Robl, Arthur Stellbrink, Emanuel Kudela und Fritz Theile. Am Ende gewann die Mannschaft aus den USA.

Die Radrennbahn in der Berliner Ausstellungshalle am Zoologischen Garten.

Deutsche schreiben Geschichte

1896: Turner überragen bei Olympischen Spielen

Die Turnwettbewerbe der ersten neuzeitlichen Olympischen Spiele von Athen stehen an diesem 9. April 1896 ganz im Zeichen der Deutschen. Das Olympiastadion ist mit über 69 000 Zuschauern vollbesetzt. 50 000 weitere Menschen vergnügen sich rund um die olympische Stätte. Der Stadioninnenraum ist mit Sand bedeckt und dient als Schauplatz für die Turnwettkämpfe. Von acht möglichen Goldmedaillen gewinnen die deutschen Turner fünf. Dazu kommen zwei zweite Plätze und ein dritter Rang.

Es überragt – wie schon beim Ringen – Carl Schuhmann aus Berlin. Vor allem sein Auftritt beim Pferdsprung begeistert die Massen. Eine Augenweide! Schuhmann gewinnt schließlich vier Goldmedaillen (Ringen, Pferd, Reck, Barren) und ist der erfolgreichste Athlet dieser denkwürdigen Spiele. In der „Chronik des Sports" (Chronik Verlag, Dortmund 1990) ist zu Schuhmanns Beliebtheit vermerkt: „Der griechische König findet mit Staunen, dass er in Athen noch populärer sei als er selbst. Im Scherz fragt er ihn, ob er nicht bei ihm Minister werden wolle. Aber diese Art Ringkampf lehnt Schuhmann ab."

An den Ringen glänzt der Deutsche Hermann Weingärtner. Doch er wird nicht belohnt. Angesichts der deutschen Überlegenheit sichtlich genervt, schiebt der griechische Unparteiische seinem Landsmann Ioannis Mitropoulus den Sieg zu. Am Ende aber gehört Weingärtner mit drei Goldmedaillen, zwei Silber- und einer Bronzemedaille zu den erfolgreichsten Sportlern dieser Olympischen Spiele. Am Barren siegt die deutsche Riege anschließend nach wunderbarer Darbietung souverän vor den Griechen.

Alfred Flatow, dreifacher Olympiasieger

Neben Carl Schuhmann und Herrmann Weingärtner ragen die fabelhaften Turner jüdischer Herkunft, die Cousins Alfred Flatow (insgesamt dreifacher Olympiasieger und Silbermedaillen-Gewinner) und Gustav Felix Flatow aus Berlin heraus. Am Reck-Mannschaftswettbewerb nehmen die Griechen gar nicht mehr teil und überlassen den Deutschen den Sieg sozusagen kampflos. Die deutsche Turnerriege aber tritt auch konkurrenzlos an und begeistert abermals das über alle Maßen freundlich gesinnte griechische Publikum. Insgesamt erreichen die deutschen Sportler in Athen sieben Goldmedaillen und belegen im Medaillenspiegel hinter den Athleten aus Griechenland (10 Goldene) und US-Amerika (11 Olympiasiege) Rang drei.

Vater der olympischen Idee der Neuzeit war der französische Humanist Baron Pierre de Coubertin (1863–1937), Generalsekretär und später Präsident des am 23. Juni 1894 in Vorbereitung auf die Spiele gegründeten Internationalen Olympischen Komitees. Coubertin war mit einer elsässischen Diplomatentochter verheiratet und galt als großer Goethe-Verehrer.

Die Olympischen Spiele als Idee aus Frankreich, wo nach der Niederlage Napoleons noch immer eine vehemente antideutsche Stimmung herrschte? Das war vielen Deutschen nicht geheuer! Aber auch aus der Schweiz, aus Belgien, den Niederlanden, Schweden und Italien kamen Absagen. In Deutschland gründete dann der Chemiker Willibald Karl August Gebhard ein „Komitee für die Beteiligung Deutschlands an den Olympischen Spielen" – und konnte mit Hilfe vielseitiger Initiativen einen Stimmungsumschwung herbeiführen sowie auch

Kaiser Wilhelm II. überzeugen. Schließlich traf eine 19-köpfige Delegation aus Deutschland in Griechenland ein, wo die Spiele von Athen am 5. April 1896 eröffnet wurden. Für seinen unermüdlichen Einsatz wurde Dr. Gebhard noch im gleichen Jahr in das Internationale Olympische Komitee berufen.

Insgesamt nahmen an den Spielen 311 männliche Sportler aus 13 Ländern teil. Die Spiele dauerten elf Tage und umfassten 43 verschiedene Disziplinen in neun Sportarten (Leichtathletik, Turnen, Fechten, Kampfsport, Schießen, Wassersport, Radfahren, Tennis, Reiten). Als Austragungsort für die Spiele des Jahres 1920 wurde Antwerpen bekannt gegeben. Baron Pierre de Coubertin: „Die Olympischen Spiele sind durchaus keine einfachen Weltmeisterschaften, sondern das Fest der Weltjugend, des ‚Menschenfrühlings', das Fest leidenschaftlicher Anstrengungen, vielfacher Ambitionen und aller Formen jugendlicher Aktivität jener Generation, die auf der Schwelle des Lebens erscheint."

Die deutsche Turnriege am Barren.

Wiege ungezählter Erfolge

1900: Gründung des Deutschen Fußball-Bundes

Die in Berlin erscheinenden „Deutschen Sport-Nachrichten" kündigten die bevorstehende Gründung eines deutschen Fußball-Bundes am 18. Januar 1900 wie folgt an: „Das erfreuliche Emporblühen derjenigen Vereine, welche sich die Pflege der Rasenspiele zur Aufgabe gemacht haben, drängt mit Macht nach einem Zusammenschlusse. Der nach Leipzig einberufene allgemeine deutsche Fußballtag will die Herstellung eines solch bedeutenden Unternehmens in die Wege leiten."

Am 28. Januar 1900 ist es dann soweit: Delegierte von 86 Vereinen und drei Verbänden versammeln sich in der Leipziger Gaststätte „Mariengarten". Mit 62:22 Stimmen wird ein Zusammenschluss ins Leben gerufen: Der „Deutsche Fußball-Bund" (DFB) ist damit aus der Taufe gehoben. Zum ersten Vorsitzenden wird wenig später Ferdinand Hueppe vom Deutschen Fußball-Club Prag gewählt. Fortan werden in Verantwortung des DFB die Rahmenbedingungen des Fußballsports in Deutschland entwickelt und geprägt. Unter dem Dach des DFB werden in den nächsten 100 Jahren drei Weltmeister- und acht Europameistertitel sowie eine olympische Goldmedaille von deutschen Fußball-Nationalmannschaften der Männer und Frauen errungen.

Erster Fußball-Meister des geregelten Spielbetriebes wurde am 31. Mai 1903 der VfB Leipzig. Die Sachsen besiegten im Endspiel von Hamburg den DFC Prag mit 7:2 (1:1). Die regelmäßig ausgetragenen Meisterschaften faszinierten bald immer mehr Deutsche. In den zwanziger Jahren erwies sich der 1. FC Nürnberg als Seriensieger. Unvergessen das Endspiel von 1922, als der HSV den Nürnberger

Ferdinand Hueppe, erster DFB-Präsident

Favoriten im Finale von Berlin Paroli bot und auch nach stundenlanger Spielzeit kein Sieger ermittelt werden konnte. Beim Stande von 2:2 musste das Endspiel wegen einbrechender Dunkelheit abgebrochen und wiederholt werden. Elfmeterschießen gab es damals noch nicht. Auch im Wiederholungsspiel in Leipzig (1:1) konnte trotz zeitlich unbegrenzter Spielverlängerung („Wer das nächste Tor schießt, gewinnt") kein Sieger ermittelt werden. Schließlich wurde der HSV zum Meister erklärt, weil die Nürnberger wegen Verletzungen und roter Karten im zweiten Spiel weniger als acht Spieler zur Verfügung hatten. Auswechselungen waren seinerzeit noch nicht vorgesehen. Der mächtige Nürnberger Klub protestierte energisch, bis der HSV schließlich auf seinen Titel verzichtete. So gab es im Jahre 1922 keinen deutschen Fußball-Meister.

Dass später auch unter den NS-Machthabern Fußball gespielt wurde, wird dem DFB heute von Neunmalklugen als „mangelhafte Zivilcourage" angelastet. Wahr ist, dass DFB und Vereine in aller Regel damals den einfachsten Weg gingen und ihr Fähnchen nach dem Wind hingen. Allerdings ist auch wahr, dass NS-Machthaber mangels deutscher Fußball-Erfolge eher gelangweilt auf die Balltreterei blickten. Nicht einmal bei den Olympischen Spielen von 1936 brachten unsere Spieler vernünftige Ergebnisse zustande; die Weltmeisterschaft von 1938 war ebenfalls eine einzige sportliche Pleite. Insofern entzogen sich die Fußball-Vereine – wenn auch unfreiwillig – einem allzugroßen Einfluss von oben. Im Volk galt die Faszination damals eher anderen Sportarten wie Boxen oder Leichtathletik.

Serienmeister zwischen 1933 und 1945 war der FC Schalke 04 (sechs Meisterschaften) mit Legenden wie dem Ostpreußen Ernst Kuzorra oder Fritz Szepan, den die englische Presse wegen seiner weißblonden Haare „Mister Snowball" getauft hatte, in seinen Reihen. Szepan (1907 – 1974), später Wehrmachtsoldat, trug 34-mal das schwarzweiße Trikot Deutschlands. Nachdem sich der deutsche Fußball von allen Kriegs- und Nachkriegswirren erholt hatte, kam es im Jahre 1963 zur Gründung der Fußball-Bundesliga, die bis heute Millionen in ihren Bann zieht.

Der DFB zählt mit über sechs Millionen Mitgliedern und mehr als 27 000 Vereinen zu den weltweit größten Verbänden bzw. gesellschaftlichen Gruppierungen überhaupt. Die DFB-Gliederungen umfassen fünf Regionalverbände, 21 Landesverbände mit Bezirken und Kreisen. Dem ersten DFB-Präsidenten Hueppe folgten im Amt: Friedrich Wilhelm Nohe, Gottfried Hinze, Felix Linnemann, Peco Bauwens, Hermann Gösmann, Hermann Neuberger, Egidius Braun und Gerhard Mayer-Vorfelder.

Szene des denkwürdigen Fußball-Endspieles zwischen Nürnberg und dem HSV 1922.

Faszination um rundes Leder

Erfolge deutscher Vereine

Bis zur Einführung der Fußball-Bundesliga im Jahre 1963 wurden die deutschen Fußball-Meister in Endspielen ermittelt. Dabei kam es zu unglaublich spannenden Auseinandersetzungen, die schon damals für große Faszination sorgten. Ab 1963 griff dann der Bundesliga-Modus mit Abschluss-Tabellen.

Deutsche Meisterschaften

1903:	VfB Leipzig	VfB Leipzig - DFC Prag	7:2
1905:	Union 92 Berlin	Union 92 Berlin - Karlsruher FV	2:0
1906:	VfB Leipzig	VfB Leipzig - 1. FC Pforzheim	2:1
1907:	Freiburger FC	Freiburger FC - Viktoria 89 Berlin	3:1
1908:	Viktoria 89 Berlin	Viktoria 89 Berlin - Stuttgarter Kickers	3:1
1909:	Phoenix Karlsruhe	Phoenix Karlsruhe - Viktoria 89 Berlin	4:2
1910:	Karlsruher FV	Karlsruher FV - Holstein Kiel	1:0 n. V.
1911:	Viktoria 89 Berlin	Viktoria 89 Berlin - VfB Leipzig	3:1
1912:	Holstein Kiel	Holstein Kiel - Karlsruher FV	1:0
1913:	VfB Leipzig	VfB Leipzig - Duisburger SV	3:1
1914:	SpVgg Fürth	SpVgg Fürth - VfB Leipzig	3:2 n. V.
1920:	1. FC Nürnberg	1. FC Nürnberg - SpVgg Fürth	2:0
1921:	1. FC Nürnberg	1. FC Nürnberg - Vorwärts Berlin	5:0
1922:	(kein Meister)	Hamburger SV - 1. FC Nürnberg	2:2 n. V.
		Hamburger SV - 1. FC Nürnberg	1:1 n. V.
1923:	Hamburger SV	Hamburger SV - Union Oberschöneweide	3:0
1924:	1. FC Nürnberg	1. FC Nürnberg - Hamburger SV	2:0
1925:	1. FC Nürnberg	1. FC Nürnberg - FSV Frankfurt	1:0 n. V.
1926:	SpVgg Fürth	SpVgg Fürth - Hertha BSC Berlin	4:1
1927:	1. FC Nürnberg	1. FC Nürnberg - Hertha BSC Berlin	2:0
1928:	Hamburger SV	Hamburger SV - Hertha BSC Berlin	5:2
1929:	SpVgg Fürth	SpVgg Fürth - Hertha BSC Berlin	3:2
1930:	Hertha BSC Berlin	Hertha BSC Berlin - Holstein Kiel	5:4
1931:	Hertha BSC Berlin	Hertha BSC Berlin - 1860 München	3:2
1932:	Bayern München	Bayern München - Eintracht Frankfurt	2:0
1933:	Fortuna Düsseldorf	Fortuna Düsseldorf - Schalke 04	3:0
1934:	Schalke 04	Schalke 04 - 1. FC Nürnberg	2:1
1935:	Schalke 04	Schalke 04 - VfB Stuttgart	6:4
1936:	1. FC Nürnberg	1. FC Nürnberg - Fortuna Düsseldorf	2:1 n. V.
1937:	Schalke 04	Schalke 04 - 1. FC Nürnberg	2:0
1938:	Hannover 96	Hannover 96 - Schalke 04	3:3 n. V.
		Hannover 96 - Schalke 04	4:3 n. V.
1939:	Schalke 04	Schalke 04 - Admira Wien	9:0
1940:	Schalke 04	Schalke 04 - Dresdner SC	1:0
1941:	Rapid Wien	Rapid Wien - Schalke 04	4:3
1942:	Schalke 04	Schalke 04 - Vienna Wien	2:0
1943:	Dresdner SC	Dresdner SC - FV Saarbrücken	3:0
1944:	Dresdner SC	Dresdner SC - LSV Hamburg	4:0
1948:	1. FC Nürnberg	1. FC Nürnberg - 1. FC Kaiserslautern	2:1
1949:	VfR Mannheim	VfR Mannheim - Borussia Dortmund	3:2 n. V.

1950:	VfB Stuttgart	VfB Stuttgart - Offenbacher Kickers	2:1
1951:	1. FC Kaiserslautern	1. FC Kaiserslautern - Preußen Münster	2:1
1952:	VfB Stuttgart	VfB Stuttgart - 1. FC Saarbrücken	3:2
1953:	1. FC Kaiserslautern	1. FC Kaiserslautern - VfB Stuttgart	4:1
1954:	Hannover 96	Hannover 96 - 1. FC Kaiserslautern	5:1
1955:	Rot-Weiß Essen	Rot-Weiß Essen - 1. FC Kaiserslautern	4:3
1956:	Borussia Dortmund	Borussia Dortmund - Karlsruher SC	4:2
1957:	Borussia Dortmund	Borussia Dortmund - Hamburger SV	4:1
1958:	Schalke 04	Schalke 04 - Hamburger SV	3:0
1959:	Eintracht Frankfurt	E. Frankfurt - Offenbacher Kickers	5:3 n. V.
1960:	Hamburger SV	Hamburger SV - 1. FC Köln	3:2
1961:	1. FC Nürnberg	1. FC Nürnberg - Borussia Dortmund	3:0
1962:	1. FC Köln	1. FC Köln - 1. FC Nürnberg	4:0
1963:	Borussia Dortmund	Borussia Dortmund - 1. FC Köln	3:1

	1. Platz	**2. Platz**
1964:	1. FC Köln	Meidericher SV
1965:	Werder Bremen	1. FC Köln
1966:	TSV 1860 München	Borussia Dortmund
1967:	Eintracht Braunschweig	TSV 1860 München
1968:	1. FC Nürnberg	Werder Bremen
1969:	Bayern München	Alemannia Aachen
1970:	Borussia Mönchengladbach	Bayern München
1971:	Borussia Mönchengladbach	Bayern München
1972:	Bayern München	Schalke 04
1973:	Bayern München	1. FC Köln
1974:	Bayern München	Borussia Mönchengladbach
1975:	Borussia Mönchengladbach	Hertha BSC
1976:	Borussia Mönchengladbach	Hamburger SV
1977:	Borussia Mönchengladbach	Schalke 04
1978:	1. FC Köln	Borussia Mönchengladbach
1979:	Hamburger SV	VfB Stuttgart
1980:	Bayern München	Hamburger SV
1981:	Bayern München	Hamburger SV
1982:	Hamburger SV	1. FC Köln
1983:	Hamburger SV	Werder Bremen
1984:	VfB Stuttgart	Hamburger SV
1985:	Bayern München	Werder Bremen
1986:	Bayern München	Werder Bremen
1987:	Bayern München	Hamburger SV
1988:	Werder Bremen	Bayern München
1989:	Bayern München	1. FC Köln
1990:	Bayern München	1. FC Köln
1991:	1. FC Kaiserslautern	Bayern München
1992:	VfB Stuttgart	Borussia Dortmund
1993:	Werder Bremen	Bayern München
1994:	Bayern München	1. FC Kaiserslautern
1995:	Borussia Dortmund	Werder Bremen
1996:	Borussia Dortmund	Bayern München
1997:	Bayern München	Bayer Leverkusen
1998:	1. FC Kaiserslautern	Bayern München
1999:	Bayern München	Bayer Leverkusen
2000:	Bayern München	Bayer Leverkusen
2001:	Bayern München	Schalke 04
2002:	Borussia Dortmund	Bayer Leverkusen

Fünf Deutsche, neun Medaillen

1904: Schwimmer setzen sich durch

Würde sich die olympische Idee der Neuzeit dauerhaft durchsetzen können? Diese Frage war nach den ersten beiden Spielen von Athen (1896) und Paris (1900) keineswegs geklärt. Das Internationale Olympische Komitee hatte die Spiele für das Jahr 1904 eigentlich nach Chikago vergeben. Doch hinter US-Kulissen einigte man sich kurzerhand – ohne dass das IOC Einspruch erhoben hätte – auf St. Louis. Vor vier Jahren waren es vor allem Amerikaner gewesen, die dem Ausrichter Paris eine mangelhafte Organisation bescheinigt hatten und bitter Beschwerde führten. 1904 nun sollte unter US-Führung alles besser werden …

Wurde es aber nicht. Im Gegenteil. Die Spiele von St. Louis waren weder gut organisiert, noch stellten sie die Athleten in den Mittelpunkt, wie es sich gehört hätte. Der deutsche Läufer Johannes Runge fasste zusammen, was weltweit kritisiert wurde: „Die Aschenbahn, Länge eine Drittel Meile, ist das einzige, was ich loben kann. Alle übrigen Einrichtungen sind sehr mäßig. Das Stadion hätte ich mir viel großartiger, vornehmer vorgestellt. Die Arena, die 40 000 Menschen fassen sollte, bietet vielleicht knapp 20 000 Sitzgelegenheiten und ist nirgends überdacht, so dass die Zuschauer in der glühenden Sonne förmlich gebraten werden. Die Sprungplätze sind unter aller Kritik. Am übelsten sieht es im Umkleidelokal aus. Solch einen Raum auswärtigen Athleten, die eine lange See- und Landreise nicht gescheut hatten, anzubieten, finden wir einfach skandalös. Sämtliche zwei- bis dreihundert Athleten ziehen sich in demselben Raum um, in dem alles vor Schmutz starrt. Jeder bekommt

Emil Rausch

einen Stuhl und einen in eine Latte eingeschlagenen Nagel als Haken. Das ist alles." Als „Hotel" diente ein großer Holzsaal.

Trotz aller Widrigkeiten erreichen deutsche Schwimmer schließlich großartige sportliche Erfolge. Die Schwimmwettbewerbe finden zwischen dem 5. und 7. September 1904 statt. Und die Athleten staunen nicht schlecht. Nicht etwa ein Schwimmbecken steht zur Verfügung, sondern ein künstlich angelegter Teich. Ein Holzfloß dient als Startrampe und sorgt für völlig irreguläre Bedingungen. Es schwankt beim Start nicht nur hin und her, sondern gerät auch immer wieder unter die Wasseroberfläche, so dass ein kraftvoller Absprung überhaupt nicht möglich ist. Die ganze Veranstaltung gleicht einem schlechten Witz. Otto Wahle, Olympiasieger von Paris und Freistil-Europameister von 1897 wird prominentestes Opfer dieser katastrophalen Umstände. Der hochfavorisierte Österreicher verpatzt den Start total und kann nach famoser Aufholjagd „nur" noch Bronze gewinnen.

Auch in den folgenden Wettbewerben das gleiche Bild: Athleten rutschen beim Versuch eines Startsprunges ab oder landen auf dem Rücken im Wasser. Einige verschwimmen sich sogar. Auf dem Sprungturm sind die Bretter so morsch, dass sich die deutschen Kunstspringer erst einmal als Handwerker betätigen und neue Springbretter einbauen. Trotzdem: Es sind nicht US-Amerikaner, die letztlich Medaillen nach Hause bringen, sondern die fünf angetretenen Deutschen.

Emil Rausch wird Doppel-Olympiasieger über 880 Yards und über eine Meile Freistil. Darüber hinaus gewinnt er Bronze über 200 Meter Kraul. Gold über 440 Yards Brustschwimmen geht an Georg Zacharias, und Walter Brack triumphiert im Rückenschwimmen über 110 Yards. Über 440 Yards gewinnt Brack zudem Silber. Im ersten olympischen Turm-

spring-Wettbewerb gewinnen Georg Hoffmann und Alfred Braunschweiger Silber und Bronze. Seine zweite Silbermedaille erringt Hoffmann im Rückenschwimmen. Insgesamt treten bei den Olympischen Spielen von St. Louis 617 Teilnehmer an. Vier Fünftel von ihnen sind Amerikaner. Schwarze werden mit „Anthropologischen Tagen" diskriminiert. Ihre Leistungen (beschränkt auf Bogenschießen u. ä.) finden sich – weil als nicht-olympische Wettbewerbe ausgewiesen – in keiner Statistik aufgeführt. Wenn von den Spielen in St. Louis die Rede ist, darf eine historisch einmalige Posse nicht fehlen: Im Marathonlauf hatte Fred Lorz (USA) nach einigen Kilometern wegen Wadenkrämpfen aufgeben müssen. Er wurde von einem der die Strecke begleitenden Automobile vor das Olympiastadion gebracht, stieg dort aus, lief ins Stadion ein und ließ sich von jubelnden Zuschauern als Sieger feiern. Präsidententochter Alice Roosevelt beglückwünschte ihn persönlich. Geraume Zeit kam der wahre Sieger, Tomas Hicks, ins Ziel. Der aber war viel zu erschöpft, um die Situation aufzuklären und seinen Sieg entsprechend einzufordern. Erst Stunden später konnte der Betrug aufgeklärt werden.

Irreguläre Bedingungen bei olympischen Schwimm-Entscheidungen 1904.

„Caratsch" fährt allen davon

1926: Caracciola siegt auf der Avus

Die Deutschen liebten ihre Avus. Die Berliner „Automobil-Verkehrs- und Übungsstraße" galt lange Zeit als schnellste Rennstrecke Europas. Autorennen auf der Avus gerieten zu Volksfesten, Massenandrang herrschte schon an Trainingstagen. Seit der Einweihung im Jahre 1921 sehnten sich die deutschen Sportfreunde ein internationales Rennen herbei. 1926 sollte es endlich so weit sein: Der erste Große Preis von Deutschland stand bevor. Überall im Lande fieberte man diesem 11. Juli entgegen. Jeder wollte dabei sein. Deutsche waren im absoluten Rennsportfieber.

Ganz Berlin ist dann an diesem Sonntag auf den Beinen. 38 Fahrer mit 22 deutschen und 16 ausländischen Fabrikaten gehen auf der Avus an den Start. Rasch ist klar: Dies ist der Tag des Rudolf Caracciola. Besonnen kontrolliert er mit seinem Mercedes vom Typ „Monza" das Feld und fährt eine großartige Durchschnittsgeschwindigkeit von 135,1 km/h heraus. Caracciola gewinnt den Goldpokal und die Siegesprämie von 10 000 Reichsmark schließlich überlegen. Zwei weitere deutsche Fahrer komplettieren den Triumph. Der Berliner Christian Riecken auf NAG wird Zweiter, der Frankfurter Willy Cleer auf Alfa Romeo Dritter. Die Begeisterung in Berlin kennt keine Grenzen.

Überschattet wird das Rennen durch tragische Unfälle. Auf regennasser Fahrbahn kommt der Mercedes von Adolf Rosenberger, einem der Top-Favoriten, ins Schleudern und rast gegen die Zeittafel. Zwei Helfer werden hierbei getötet, Rosenberger erleidet Kopfverletzungen. Der Prager Urban Emmerich fliegt mit sei-

Rudolf Caracciola

nem Talbot aus der Kurve und stürzt in die Zuschauermenge. Wie durch ein Wunder sind dabei keine weiteren Todesopfer zu beklagen. Dennoch ist der Jubel um Rudolf Caracciola überschäumend. Der am 30. Januar 1901 in Remagen geborene Sohn eines Hoteliers wird an jenem Tage weltberühmt. Den Namen „Caratsch" kennt in Deutschland bald schon jedes Kind.

Rudolf Caracciola bestätigte den symbolträchtigen Sieg in den folgenden Jahren auf atemberaubende Weise. Am 19. Juni 1927 gewann er das erste Rennen auf dem neu eingeweihten Nürburgring, wo er am 15. Juli 1928 zudem in der legendären „Sonnenschlacht in der Eifel" gemeinsam mit Christian Werner auch den zweiten Großen Preis von Deutschland siegreich gestalten konnte. Caracciola wurde zum berühmtesten Rennfahrer der zwanziger und dreißiger Jahre. „Caratsch" errang im Verlauf seiner internationalen Rennfahrerkarriere schließlich 115 Siege, darunter 15 Grand-Prix-Rennen, zwei Berg- und drei Europameisterschaften, sechs Siege beim Großen Preis von Deutschland sowie zwei Siege beim Großen Preis von Italien. Er prägte die bedeutendsten Sportwagenrennen vor dem Zweiten Weltkrieg, siegte bei der „Tourist Trophy" in Nordirland und gewann die legendäre „Mille Miglia" in Italien. Kein europäischer Fahrer war erfolgreicher.

Caracciola galt immer als besonnener Fahrer und exzellenter Taktiker. Dennoch verletzte er sich 1933 beim Grand Prix von Monaco nach einem Unfall schwer. Er blieb gehbehindert. Wer aber mit seinem Karriereende rechnete, wurde eines Besseren belehrt. Denn bis zum Gaspedal kam der „Teufelskerl" immer noch. Das Ende der Caracciola-Laufbahn drohte auch, als sich Mercedes 1932 vom Automobilsport zurückzog. Doch kurzzeitig stieg „Caratsch" auf Alfa Romeo um – und siegte weiter.

Als er im Jahre 1934 seine Frau durch ein Lawinenunglück verlor, rechneten wiederum alle mit seinem Rücktritt. Im selben Jahr jedoch gewann er – sozusagen als Antwort auf alle Rücktrittsgerüchte – den Großen Preis von Italien. Dann kam Mercedes zurück. Und Caracciola war wieder mit dabei. Sein Erfolg bei der Europameisterschaft 1935 leitete die neue Ära der Mercedes-„Silberpfeile" ein. 1938 stellte er mit 432,7 km/h einen lange Zeit unerreichten Weltrekord auf. Insgesamt hielt Caracciola 17 Weltrekorde. Im Zweiten Weltkrieg war Rudolf Caracciola in der deutschen Rüstungsindustrie tätig. Nach dem Krieg arbeitete er an einem „Comeback" und nahm noch 1952 mit einem Mercedes an der „Mille Miglia" teil. Nach weiteren Unfällen beendete er seine Karriere endgültig. Rudolf Caracciola verstarb am 28. September 1959 in Kassel.
Eine Gedenktafel am Eingang zum historischen Fahrerlager des Nürburgrings erinnert an den Mann, der durch seine Erfolge auf dieser Strecke entscheidend dazu beitrug, den Nürburgring zu einer weltweit bekannten „Legende" zu machen.

„Caratsch": Sieg beim Großen Preis von Deutschland.

Sieg über den Unbesiegbaren

1926: Otto Peltzer bezwingt Paavo Nurmi

Dieser 11. September des Jahres 1926 ist kein Tag wie jeder andere. Das wissen auch die Zuschauer im Stadion von Berlin-Charlottenburg. 30000 sind gekommen. Sie wollen den finnischen Jahrhundert-Läufer Paavo Nurmi sehen, den größten Mittel- und Langstreckenläufer der Leichtathletik-Geschichte. Er ist bereits zu diesem Zeitpunkt eine lebende Legende: Weltrekordler über 3000 und über 10000 Meter, fünffacher Olympiasieger. Insgesamt wird er bis zum Ende seiner Karriere 20 Weltrekorde aufstellen und bei drei Olympia-Teilnahmen neun Gold- und drei Silbermedaillen gewinnen. Als er das Stadion betritt, empfangen ihn die Deutschen mit großem Beifall. Erst am 24. Mai 1926 war Nurmi hier in Berlin Weltrekord über 3000 Meter gelaufen. 8:25,4 Minuten lautete seine Fabelzeit. Nurmi wird heute über 1500 Meter gegen den starken Schweden Edvin Wide und gegen den deutschen Serienmeister Otto Peltzer laufen. Der hatte zwei Monate zuvor auf sich aufmerksam gemacht. Bei den Leichtathletik-Meisterschaften in London besiegte er am 3. Juli auf der Strecke über 880 Yards den englischen Olympiasieger Douglas Lowe in der Weltrekordzeit von 1:51,6 Minuten. Doch Peltzers Stärken liegen eindeutig auf den kürzeren Strecken über 400 Meter und über 800 Meter. Deswegen werden ihm heute gegen den großen Nurmi über 1500 m von allen Experten keine Chancen eingeräumt.
Nach dem Start übernimmt der Schwede Wide rasch die Führung. Nurmi lauert – wie so oft in seiner Karriere – im Windschatten des Führenden. Die Zuschauer sind aus dem Häuschen, zumal auch Pelt-

Überragend: Otto Peltzer (links) und Paavo Nurmi.

zer gut mithalten kann. Als die Athleten zur Zielgerade kommen, ist Wide immer noch vorn. Nun warten alle auf den entscheidenden Spurt von Nurmi. Das Publikum traut den eigenen Augen kaum: Es ist nicht Nurmi, der an Wide vorbeizieht, sondern Otto Peltzer. Ohrenbetäubender Lärm bricht jetzt los. Die begeisterte Menge treibt ihren Deutschen auf den letzten Metern voran – und ins Ziel. Sieg über Nurmi!
Was sich jetzt in Berlin-Charlottenburg abspielt, ist unbeschreiblich. Die Zuschauer toben und schreien, liegen sich in den Armen. Im Jubelorkan, der nicht enden will, geht fast unter, dass Peltzer Weltrekord gelaufen ist. 3:51,0 Minuten! Zehn Meter Vorsprung vor dem Finnen! Auch Minuten nach dem Zieleinlauf will sich die Begeisterung nicht legen. Aus dem Lärm heraus kristallisiert sich nach

und nach die Hymne: „Deutschland, Deutschland über alles" singt die Masse jetzt. Dann kreist ein Flugzeug über das Stadion und wirft einen Lorbeerkranz ab. Welch ein Bild! Welch eine Begeisterung! Otto Peltzer hat heute Sportgeschichte geschrieben. Anschließend stammelt er freudetrunken: „Ich war bisher noch den Beweis schuldig geblieben, dass ich auch über 1500 Meter zur ersten internationalen Klasse gehöre. Der Beweis ist mir nun gelungen."

Insgesamt stellte Otto Peltzer im Verlauf seiner Karriere fünf Weltrekorde auf. Zwischen 1922 und 1934 war er 15-mal Deutscher Meister. Allein die Krönung seiner Erfolge durch einen Olympiasieg blieb ihm verwehrt: 1928 verletzte er sich bei den Spielen in Amsterdam kurz vor dem Start bei einem Handballspiel, vier Jahre später kam er bei der 800-Meter-Entscheidung in Los Angeles nach einer Runde völlig außer Tritt und musste aufgeben. Diese unerklärlichen Aussetzer brachten ihm den Beinamen „Der seltsame Otto" ein.

Otto Peltzer war zudem als Lehrer in der freien Schulgemeinde Wickersdorf (Thüringen) tätig. Der Promovierte schrieb mehrere Bücher zu sportfachlichen Themen. Vergangenheitsbewältiger sind sich bis heute nicht einig, wie sie Dr. Peltzer zu bewerten haben. Einerseits heißt es, Nationalsozialisten hätten ihn wegen seiner Homosexualität verfolgt (Peltzer saß zwischen 1941 und 1945 im Konzentrationslager Mauthausen ein), andererseits wird ihm vorgehalten, Mitglied von NSDAP und SS sowie Redner für das SS-Siedlungsamt gewesen zu sein.

Nach dem Krieg war er Leichtathletik-Nationaltrainer in Indien, wo es bis heute einen „Otto-Peltzer-Lauf" gibt. Persönlichkeiten, „die sich in der Leichtathletik durch herausragende Leistungen und kritische Solidarität ausgezeichnet" haben, werden vom Deutschen Leichtathletik-Verband seit dem Jahr 2000 mit einer „Otto-Peltzer-Medaille" ausgezeichnet. Dr. Otto Peltzer verstarb am 11. August 1970 in Eutin (Schleswig-Holstein).

Imposante Zeichnung: Otto Peltzer bei den englischen Meisterschaften 1926. Er lief Weltrekord über 880 Yards.

Triumph der „blonden He"

1928: Olympischer Sieg für Helene Mayer

Für Helene Mayer wurde im Jahre 1928 ein Traum wahr: Teilnahme an den Olympischen Spielen von Amsterdam. Die deutsche Fechtmeisterin hatte sich über Monate hinweg gewissenhaft auf diesen großen Moment ihrer Laufbahn vorbereitet. Reichstrainer Josef Waitzer: „Es war gewiss nicht leicht, Mitglied der Olympiamannschaft zu werden. Der einzelne Teilnehmer musste sich das Glück in heißem Ringen erkämpfen. Vielfach ging es darum, unter vielen gleichwertigen Kräften mehrfach Ausscheidungs- und Prüfungswettkämpfe abzuhalten, um festzustellen, auf wen die Wahl fällt." Alle deutschen Sportler, die zu Olympiakandidaten berufen wurden, hatten schriftlich erklären müssen, für diese ehrenvolle Aufgabe „alle geistigen und körperlichen Kräfte zur Verfügung zu stellen".

Helene Mayer setzte diese Vorgaben perfekt um. Die 17-Jährige besuchte schon im Vorfeld der Spiele zahlreiche Fecht-Turniere im Ausland, um mögliche Gegnerinnen genau zu studieren. Sie wollte perfekt auf das olympische Turnier vorbereitet sein. Und das gelang ihr. Alle 27 Teilnehmer des Fechtturnieres von Amsterdam waren Helene Mayer bekannt. Genauestens hatte sie sich mit deren Stärken und Schwächen auseinandergesetzt. Am 1. August ist es dann soweit. Die „blonde He", wie sie im In- und Ausland genannt wird, ist in hervorragender Verfassung. Ihr ganzes Auftreten ist eine wahre Werbung für den Frauensport. Als ihre größte Konkurrentin ist die Dänin Ellen Ossiier einzuschätzen. Doch die amtierende Olympiasiegerin von 1924 übersteht die Vorrunde nicht und scheidet frühzeitig aus. Das erhöht natürlich die

Die „blonde He" im Einsatz.

Chancen für Helene Mayer. Als es zur Finalrunde kommt, sind drei Deutsche unter den besten Acht. Bereits dies ist ein glänzender Erfolg. Jetzt steigt die Spannung zunehmend. Die Zuschauer umlagern dicht die Fechtbahnen.

Für Helene Mayer verläuft das Turnier ausgezeichnet. In der Vorrunde hat sie nur ein Gefecht verloren, und zwar gegen die Engländerin Muriel B. Freeman. Im Finale aber schlägt sie auch diese. Keine der Gegnerinnen kann gegen die Entschlossenheit der Helene Mayer etwas ausrichten. Sie gewinnt die Goldmedaille mit sieben Siegen! Freeman wird Zweite.

Dritte und Vierte werden die beiden weiteren Deutschen: Die 41-jährige Offenbacherin Olga Oelkers und die Münchnerin Erna Sondheim. Oelkers kommt wie die „blonde He" aus der Offenbacher Fechtschule Gazerra. Die Begeisterung unter den Zuschauern ist groß, als die bildhübsche Mayer aus der Hand von Königin Wilhelmina die Goldmedaille in Empfang nimmt.

Helene Mayer kam am 20. Dezember 1910 in Offenbach als Tochter eines jüdischen Arztes und einer nichtjüdischen Mutter zur Welt. Bereits als Dreizehnjährige wurde sie erstmals deutsche Fechtmeisterin sowie 1929 in Neapel und 1931 in Wien Europameisterin. Über Jahre schien sie unschlagbar, ehe die grandiose Österreicherin Ellen Preis ihre Siegesserie stoppen konnte. Preis holte Gold bei den Olympischen Spielen von Los Angeles (1932) und Berlin (1936). Für Helene Mayer blieb in Berlin – acht Jahre nach dem Triumph von Amsterdam – die Silbermedaille.

Nach dem Zweiten Weltkrieg haben sich Vergangenheitsbewältiger auf die Ausnahmesportlerin gestürzt. Sie sei eine „NS-Marionette" gewesen, lautet bisweilen bis in unsere Tage hinein der Vorwurf. Helene Mayer habe sich als „Alibi-Jüdin" vor den Karren der nationalsozialistischen Machthaber spannen lassen, heißt es. Zum „Beweis" macht ein Foto die Runde, das Helene Mayer mit „Deutschem Gruß" bei der Siegerehrung im Berliner Olympiastadion zeigt.

Helene Mayer hatte Deutschland im Jahre 1932 verlassen, um in Kalifornien zu studieren. Als man sie deutscherseits bat, in Berlin an den Start zu gehen, sagte sie zu, weil – so der jüdische Historiker Robert Solomon Wistrich – „sie zwar im jüdischen Glauben erzogen worden war, sich aber als Deutsche fühlte und ihr Land gern bei den Wettkämpfen vertreten wollte". Nach dem Gewinn ihrer Silbermedaille ging Helene Mayer in die USA zurück und wurde US-Staatsbürgerin. In Amerika setzte sie auch ihre sportliche Laufbahn fort und wurde zehnfache US-Fechtmeisterin. Schließlich wurde sie Dozentin für Staatswissenschaften an der Universität Berkeley. Nach dem Krieg kehrte sie nach Deutschland zurück. Helene Mayer verstarb am 15. Oktober 1953, keine 53 Jahre alt, in Heidelberg.

Olympische Spiele 1928 in Amsterdam: Königin Wilhelmina überreicht der deutschen Fechtmeisterin Helene Mayer die Goldmedaille.

Er reitet für Deutschland

1928: Der Triumph des Carl-Friedrich von Langen

Die Geschichte des Carl-Friedrich Freiherr von Langen ist nicht umsonst verfilmt worden. Willy Birgel spielte 1941 in „ … reitet für Deutschland" in Gestalt des Reiters von Benken die Geschichte von „Hanko und Hanko". Schwerstverwundet war Rittmeister Freiherr Carl-Friedrich von Langen aus dem Ersten Weltkrieg heimgekehrt. Niemand ging davon aus, dass er jemals wieder würde reiten können. Deutschland war nach dem Krieg von internationalen Sportwettkämpfen ausgesperrt. Doch Carl-Friedrich von Langen kämpfte sich heran. Mit seinem legendären Pferd „Hanko" fing er praktisch „bei Null" an, während insbesondere französische und schwedische Reiter die sportliche Weltspitze nach Belieben beherrschten.

Nach Jahren des Fleißes und harter Ausdauerarbeit war es 1923 soweit. Carl-Friedrich von Langen erhielt die Startberechtigung zu einem großen Turnier in Malmö. Er kam, sah und siegte. Mit seinem Pferd „Goliath" gewann er eine Dressurprüfung, ein Jagdspringen und wurde Dritter in der Military. In den folgenden Jahren hielt sein Siegeszug an. Mit seinen Pferden „Goliath", „Falkner" und vor allem „Hanko" gewann Freiherr von Langen, wo er antrat. „Hanko und Hanko", wie sie später in der Sportwelt gerufen wurden, überzeugten selbst Neider und Antideutsche in aller Welt.

Im Jahre 1928 sollte der Höhepunkt dieses großartigen Siegeszuges folgen: Olympische Sommerspiele im Amsterdam; erstmals seit 16 Jahren mit deutscher Beteiligung. Die Spiele selbst hatten bis zum Beginn des Reitturniers nicht viele Höhepunkte erlebt. Aus deutscher

Carl-Friedrich von Langen

Sicht war der Sieg von Lina Radke über die 800-Meter-Laufstrecke von historischer Bedeutung. Erstmals eine Leichtathletik-Medaille für Deutschland! Und dann noch in Weltrekord-Zeit! In Amsterdam waren erstmals Frauen zu den Leichtathletik-Wettbewerben zugelassen. Dann – 8. bis 12. August 1928 – das olympische Reitturnier: 142 Starter aus 20 Ländern! Mehr als 40 000 Zuschauer bilden eine prächtige Kulisse. Auch tausende deutsche Zuschauer sind vor Ort. Es herrscht eine prächtige und spannungsgeladene Stimmung. Zwar sind Schweden und Franzosen favorisiert, aber die Erfolge des Carl-Friedrich von Langen bei großen Turnieren der vergangenen Jahre hatten die Fachwelt durchaus aufhorchen lassen. Erstmals werden in allen drei Disziplinen Medaillen in Einzel- und Mannschaftswettbewerben vergeben.

Als letzten Reiter der Dressurprüfung kündigt der Stadionsprecher an: „Es reitet für Deutschland: Freiherr Carl-Friedrich von Langen auf Draufgänger." Dreimal erfolgt diese Durchsage. Dann ist es mucksmäuschenstill unter den Vierzigtausend. Der Ritt von Carl-Friedrich von Langen auf dem edlen Hannoveraner ist kein Vortrag, er ist ein Erlebnis, ein ästhetischer Genuss. Fehlerfrei. Elegant. Und schon vor dem offiziellen Richterspruch steht fest: Der Sieger kann nur von Langen heißen. So ist es auch. Der Jubel nicht nur unter den deutschen Zuschauern ist gewaltig. Olympiasieg! Gold! Wie ein Lauffeuer verbreitet sich die sensationelle Nachricht in die Heimat.

Dann stellt sich heraus: Der große Ritt sichert den Deutschen auch das Mannschaftsgold. Schweden und Franzosen sind entthront. Rittmeister Hermann Linkenbach mit „Gimpel" und Eugen Freiherr von Lotzbeck mit „Caracalla" gewinnen gemeinsam mit Freiherr von Langen und „Draufgänger" die Goldmedaille. Hinzu kommt noch die Bronzemedaille von Major Bruno Naumann mit „Ilja" in der schwierigen Vielseitigkeitsprüfung. Diese deutschen Erfolge erregen beträchtliches Aufsehen in aller Welt. Man hatte nach der 16-jährigen Pause des nach dem Ersten Weltkrieg gepeinigten Deutschland eine solche Leistungsstärke nicht erwartet.

Freiherr von Langen zum Geheimnis seines Erfolges: „Das ist kein Geheimnis. Ich liebe meine Pferde und zeige es ihnen, und sie lieben mich und zeigen es mir. Das ist alles." Seine Siegesserie konnte der legendäre Reiter noch einige Monate fortsetzen. Bei einer Olympiavorbereitungs-Military 1934 in Döberitz stürzte er an einem unbedeutenden Hindernis. Sein Pferd „Irene" begrub den famosen Reiter unter sich. Am 2. August 1934 starb Freiherr von Langen an den Folgen seiner Verletzungen den Reitertod.

Carl-Friedrich von Langen auf „Hanko".

Der größte Tag

1930: Max Schmeling Box-Weltmeister

Als Max Schmeling am 28. September 1905 in Klein-Luckow (Uckermark) zur Welt kam, gab es in Deutschland noch keine regulären Faustkämpfe. 25 Jahre später sollte der „Jahrhundertsportler" Box-Geschichte schreiben. Seine sagenhafte Rechte und seine unglaublichen Nehmerqualitäten begeisterten weltweit. Bis heute gilt er, der Bescheidenheit immer vorlebte, als einer der größten deutschen Sportler aller Zeiten.

„Max Schmeling – Boxweltmeister aller Klassen": An Schlagzeilen wie diese dürfte er in jungen Jahren nicht im Traum gedacht haben. 1924 stieg er erstmals als Berufsboxer in den Ring und räumte – für durchschnittlich 100 Mark pro Kampf – seine Gegner reihenweise aus dem Weg. Große Erfolg ließen nicht lange auf sich warten: 1926 wurde Max Schmeling vor 4000 begeisterten Zuschauern in Berlin durch einen Niederschlag in der ersten Runde deutscher Meister im Halbschwergewicht. Mit einem Schlag hatte er seinen „Angstgegner" Max Dieckmann erledigt. 1500 Mark kassierte er für seinen 30-Sekunden-Sieg.

Schmeling eilte in den kommenden Jahren von Sieg zu Sieg, deklassierte seine Gegner nach Belieben. Seine Popularität im Volk war bereits enorm, als der „neue Stern am Boxhimmel" am 19. Juni 1927 in Dortmund gegen den eisenharten Belgier Fernand Delarge um den EM-Titel antrat. Nach 14 kräftezehrenden und dramatischen Runden gab sich Delarge schließlich geschlagen. Ein Deutscher war Europameister! „Schmeling-Fieber" im In- und Ausland! „Maxe, Maxe", dröhnte es bei seinen Kämpfen vieltausendfach am Ring. Am 3. April 1928 er-

Box-Klassiker Sharkey gegen Schmeling (rechts).

boxte er in Berlin gegen Franz Diener nach Punkten trotz schwerer Verletzung am Daumen die deutsche Schwergewichtsmeisterschaft.

Dann ist es soweit. Nach einigen großartigen Kämpfen in US-Amerika – die Presse bewundert ihn als „Schwarzen Ulan vom Rhein" – will er den Weltmeistertitel, den die USA für sich gepachtet glauben. Sein Gegner: Jack Sharkey, gefürchteter „Choleriker im Ring." Der Kampf soll am 12. Juni 1930 in New York stattfinden. Sharkey tönt: „Ich werde Schmeling erst das Gesicht in Streifen schneiden und ihn dann, sagen wir in der 7. Runde, k.o. schlagen." Und: „Ich werde mit der US-Flagge um die Schultern den Ring betreten und als Weltmeister das Sternenbanner wieder aus dem Ring tragen." Max Schmeling hält bescheiden

dagegen: „Ich werde alles daransetzen, meinem Vaterland Ehre zu machen." 12. Juni 1930. 79 222 Zuschauer sind gekommen. Alle Wetten stehen auf Sharkey. Der geht wie von Sinnen auf Schmeling los. Ein Schlaghagel prasselt vom ersten Gong an auf „Maxe" nieder. In der 4. Runde wird Schmeling in der Leistengegend getroffen und sinkt zu Boden. Welch ein übler, unfairer Tiefschlag! Die fast 80 000 vor Ort halten den Atem an. Wird der Ringrichter dieses Foul ahnden? Diskussionen mit den Punktrichtern verzögern die Entscheidung. Dann dröhnt es aus den Lautsprechern: „Jack Sharkey disqualified. The winner und new champion: Max Schmeling!"
Die Stimmung im deutschen Volk lässt sich erahnen, vergegenwärtigt man sich die Zeilen des „Hamburger Fremdenblattes" vom 13. Juni 1930: „Max Schmeling hat den größten Kampf seines Lebens gewonnen und den Titel des Weltmeisters aller Gewichtsklassen errungen. Zum ersten Mal ist dieser große Titel den Amerikanern entführt worden, die seit

dem ersten offiziellen Auskämpfen der Boxweltmeisterschaft 1889 ununterbrochen den Meister aller Meister stellten. Was Carpentier, dem großen französischen Boxer, der die Hoffnungen ganz Europas mit hinübernahm, nicht gelang, ist dem Deutschen Max Schmeling, dem Hamburger Jungen, gelungen."

Und weiter: „So wie ganz Deutschland den Erfolg Schmelings mit Jubel aufnehmen wird, so wird man in ganz Europa Genugtuung darüber empfinden, dass auch der Boxsport der Alten Welt endlich einmal die höchste Trophäe des Boxsports erobern konnte, und der deutsche Boxsport, der jüngste in Europa, darf den Ruhm für sich buchen, in diesen kurzen Jahren einen Mann hervorgebracht zu haben, der nach Können und Kampfgeist in einer Reihe mit den großen Champions Amerikas genannt werden darf, die das amerikanische Volk als seine Nationalhelden immer gefeiert hat." – 12. Juni 1930: Max Schmeling ist Box-Weltmeister aller Klassen!

Sharkey gegen Schmeling: Der Deutsche kann wütende Angriffe abwehren.

Schneller, höher, weiter

1900 – 1930: Noch mehr deutsche Sporterfolge

Neben den vorgestellten Sternstunden des deutschen Sports und vor allem auch neben olympischen Sommer- und Winterspielen gab es zu jeder Zeit viele weitere famose Leistungen unserer Athleten. Nachfolgend eine kleine Auswahl.

16. Juli 1900:
Alvin Kraenzlein, gebürtiger Wiener, wird bei den Olympischen Spielen 1900 in Paris zum „König der Leichtathleten". Er gewinnt vier Goldmedaillen.
1. August 1900:
Renate Schulz aus Hamburg schwimmt 100 Meter Freistil in 1:57,6 Minuten. Es ist die erste bekannte Höchstleistung einer Schwimmerin.
1. Mai 1901:
Josef Ziegelmaier wird in Rotterdam Europameister im Gewichtheben.
8. Februar 1903:
In Rotterdam wird Gustav Fristensky Europameister im Ringen.
5. August 1904:
Georg Zacharias schwimmt in Berlin den ersten Weltrekord über 500 Meter Brust.
14. August 1904:
Erich Seidel stellt in Berlin einen Schwimm-Weltrekord über 200 Meter Brust auf.
10. April 1905:
Josef Steinbach aus Wien wird in Berlin Gewichtweber-Weltmeister.
19. Mai 1907:
Gewichtheber-Weltmeisterschaften in Frankfurt am Main. Es siegen die Deutschen Heinrich Rondi (Schwergewicht) und Andreas Lutz (Leichtgewicht).
30. April 1908:
In Wien gewinnt Richard Fischer als erster deutscher Sportschütze einen Weltmeistertitel (Freie Pistole).

8. Oktober 1908:
Die Magdeburgerin Maria Gerstung schwimmt Weltrekord über 100 Meter.
19. Dezember 1908:
Neuer Weltmeister im Gewichtheben (Schwergewicht) wird der Deutsche Johann Grafl. Im Mittelgewicht siegt Johann Eibl aus Österreich. Grafl verteidigt seinen Titel auch in den kommenden Jahren.
21. August 1909:
Ralph Rose erreicht in Los Angeles mit 15,56 Metern einen Weltrekord im Kugelstoßen.
3. Oktober 1909:
Die deutschen Schwimmer Oskar Schiele (100 Meter Freistil) und Walter Binner (100 Meter Brust) stellen Weltrekorde in Magdeburg auf.
16. Dezember 1910:
Walther Bathe schwimmt in Budapest Weltrekord (100 Meter Brust).
9. Juli 1911:
Emil Ketterer läuft in Karlsruhe Weltrekord über 100 Meter (10,5 Sekunden). Vier Tage später stellt der Deutsche Richard Rau diesen Rekord ein.
3. April 1912:
Otto Fahr schwimmt in Magdeburg Weltrekord über 200 Meter Rücken. Wenig später stellt er auch auf der 100-Meter-Rücken-Strecke eine neue Weltbestzeit auf.
6. April 1912:
Neuer Schwimm-Weltrekord durch Kurt Bretting über 100 Meter Freistil.
24. Juli 1912:
Beim Internationalen Schwimmfest in Hamburg stellt die deutsche 4 x 100 Meter-Staffel der Damen einen neuen Weltrekord auf; Erna Stamm gelingt darüber hinaus Weltrekord über 100 m Brust.

9. Juli 1912:
Paul Günther wird in Stockholm Olympiasieger im Kunstspringen.
23. Februar 1913:
Österreichs Eiskunstlauf-Paar Helene Engelmann und Karl Mejstrik wird in Stockholm Weltmeister.
22. Juni 1913:
In Hannover läuft Georg Mickler aus Berlin Weltrekord über 1000 Meter.
8. Februar 1914:
Weltrekord im Dauerfliegen durch den Münchner Karl Ingold, der mit einem Doppeldecker 16 Stunden und 20 Minuten in der Luft blieb.
24. Mai 1914:
Willy Lützow schwimmt in Magdeburg Weltrekord über 100 sowie 200 m Brust.
26. August 1916:
Ausnahme-Schwimmerin Erna Murray stellt in Berlin einen Weltrekord über 100 Meter auf, den sie in den kommenden Jahren mehrfach verbessern kann. Insgesamt erreicht sie im Verlauf ihrer großartigen Karriere neun Weltbestzeiten.
11. Juli 1920:
Weltrekord durch Erich Rademacher über 400 Meter Brustschwimmen in Berlin, den er in den kommenden Jahren noch mehrfach verbessern kann.
21. August 1921:
Marie Kießling läuft in Hamburg die 100 Meter in 12,8 Sekunden. Weltrekord!
2. Oktober 1921:
Schwimm-Weltrekord durch Gustav Fröhlich über 100 Meter, aufgestellt in Darmstadt.
29. September 1923:
Bernhard Skamper schwimmt in Darmstadt Weltrekord über 200 Meter Rücken.
8. Februar 1926:
In Stockholm wird die Österreicherin Herma Jarosz-Szabo zum fünften Male Weltmeisterin im Eiskunstlauf.

30. August 1926:
Als erster Deutscher durchschwimmt Ernst Vierkötter den Ärmelkanal in der bisher schnellsten Zeit von zwölf Stunden und 43 Minuten.
12. Juni 1927:
Weltrekorde durch deutsche Leichtathletinnen in Berlin: Eva von Bredow läuft die 800 Meter Hürden in 12,8 Sekunden, Anneliese Hargus schleudert den Speer auf 37,57 Meter.
7. August 1927:
Deutsche Leichtathletikmeisterschaften in Breslau: Lina Radke läuft Weltrekord über 800 Meter. Ein Jahr später kann sie die Marke weiter verbessern.
4. September 1927:
Die deutsche Weitspringerin Gertrud Gladitsch springt Weltrekord (5,62 m).
15. April 1928:
Lotte Mühe schwimmt in Magdeburg Weltrekord über 200 Meter Brust, den sie anschließend weiter verbessern kann.
3. Juni 1928:
In Berlin läuft die deutsche 4 x 100-Meter-Staffel der Herren Weltrekord.
19. August 1928:
Helmut Körnig läuft in Berlin einen Europarekord über 200 Meter, der dann 26 Jahre von keinem Läufer der Welt unterboten werden kann.
26. August 1928:
Emil Hirschfeld übertrifft im Kugelstoßen erstmals die 16-Meter-Grenze.
19. September 1929:
Ernst Henne fährt auf BMW in München Geschwindigkeits-Weltrekord für Motorräder: 216,75 Stundenkilometer.
10. Februar 1930:
2:1 gegen die Schweiz: Deutschland ist Eishockey-Europameister!
9. September 1930:
Speerwurf-Weltrekord durch Else Schumann in Prag (42,32 Meter).

Die unschlagbaren Fußballer
1931: Geburtsstunde der österreichischen „Wunderelf"

Es ist der 16. Mai 1931: Ungezählte Sportfreunde trauen ihren Augen nicht. In Wien fegt die österreichische Fußballmannschaft die bärenstarken und in Europa bis dahin unbesiegten Schotten durch zwei Tore von Karl Zischek und weitere Treffer von Schall, Vogl und Gschweidl mit 5:0 vom Platz. Von diesem Tag werden sie in Österreich noch lange erzählen. Es ist die Geburtsstunde der legendären „Wunderelf". Niemand kann diese Mannschaft in den kommenden Monaten besiegen. Deutschland kommt mit 5:0 und mit 6:0 unter die Räder. Die Schweiz wird mit 8:1 geschlagen, Ungarn 8:2. In neun Spielen erzielt die Truppe ein Torverhältnis von 39:7. Die „Wunderelf": Rudolf Hiden, Roman Schramseis, Pepi Blum, Georg Braun, Josef Smistik, Karl Gall, Karl Zischek, Fritz Gschweidl, Matthias Sindelar, Toni Schall, Adolf Vogl. Aus dieser Mannschaft ragt neben Torwart Hiden in erster Linie Stürmer Matthias Sindelar besonders heraus. 1998 wurde er zu „Österreichs Fußballer des Jahrhunderts" gewählt. Zwischen 1926 und 1937 schoss er in 43 Länderspielen 27 Tore. Der aus Mähren stammende Torjäger war der unumstrittene Kopf der Wundermannschaft. Die legendäre Truppe spielte wie von einem anderen Stern. Es war sehenswert, wie die Spieler miteinander harmonierten und jeden Gegner in die Knie zwangen. Matthias Sindelar wurde am 10. Februar 1903 als Sohn eines Maurers, der im Ersten Weltkrieg als Soldat an der Isonzo-Front fiel, geboren. Die Familie zog frühzeitig nach Wien, und der Junge entwickelte sich zu dem, was heute respektvoll ein „Straßenfußballer" genannt wird. Er

Matthias Sindelar

kickte in jeder freien Minute mit den Kindern der Umgebung auf den Kopfsteinpflastern der Gassen. Hier wurde er entdeckt und kam zur Hertha aus Wien. „Der Papierne" wurde er damals schon genannt, weil Sindelar ein Leichtgewicht war. Körperlich konnte er sich gegen seine Gegner kaum durchsetzen, aber mit Spielwitz, mit überragenden technischen Fähigkeiten sowie enormem Einfallsreichtum meisterte er auf dem Spielfeld jede Situation. Sindelar, mittlerweile gelernter Maschinenbauschlosser, setzte sich durch und spielte schon bald in der ersten Elf. Sein weiterer Weg führte ihn ab September 1924 zur Wiener „Austria", und fortan war das Fußballspielen sein Beruf. Sindelar verdiente für damalige Verhältnisse nicht schlecht und trat sogar für mehrere Produkte werbend in Erscheinung; ein Vorreiter heutiger Zustände sozusagen.

Der fußballerische Ausnahmekönner schoss seinen Klub schließlich zu den größten Erfolgen der Vereinsgeschichte. Zweimal gewann die Mannschaft den damaligen „Mitropacup" (ein Vorläufer der heutigen „Champions League"). Unvergessen ist dabei das Finale von 1933, als man die Mannschaft aus Mailand nach einer 1:2-Auswärtsniederlage im Rückspiel mit 3:1 besiegte. Matthias Sindelar schoss alle drei vielumjubelten Tore.

1936 kam Austria Wien im Endspiel gegen Sparta Prag zunächst über ein 0:0 im eigenen Stadion nicht hinaus. Dafür siegte man dann im „Hexenkessel" von Prag mit 1:0 und gewann den begehrten Pokal. Mit der Austria wurde Sindelar 1925/26 österreichischer Meister. Fünf Pokalsiege kamen hinzu. Stürmer-Kollege Pepi Stroh über seinen Mannschaftskameraden: „Er ist ein Arbeiterkind gewesen, und er ist eines geblieben. Trotz seiner Größe im Fußball war er immer der bescheidene

Sindelar." Am 26. Dezember 1938 lief er letztmals für seinen Verein auf. Dann kam es zu einer Tragödie …

Gegen Mittag des 23. Januar 1939 wurden Matthias Sindelar und seine Geliebte in einer Wohnung in Wien tot aufgefunden. Wie ein Lauffeuer verbreitete sich in der Stadt die schreckliche Nachricht. Als Todesursache wurde eine Rauchvergiftung festgestellt. Eine Kette unglücklicher Umstände hatte zum „Tod durch Kohlenoxydgasvergiftung" geführt. Obwohl es eigentlich keinen Grund gibt, an einem äußerst tragischen Unfall zu zweifeln, ranken sich bis heute die verrücktesten Gerüchte und Geschichten um das Ableben des Wiener Fußballkönigs. Insbesondere „antifaschistische" Kreise treiben die Vereinnahmung auf die Spitze und wollen unbedingt einen politischen Zusammenhang konstruieren, nachdem der Fußballer nicht gerade als NS-Sympathisant galt und zum Zeitpunkt des Unfalls eine jüdische Geliebte hatte, die ebenfalls an der Folgen der Vergiftung starb. Abenteuerliche Mord-Theorien sind aber in keiner Weise realistisch.

Die österreichische „Wundermannschaft".

Berlin im Glanz der Spiele

1936: Tilly Fleischer eröffnet Medaillenregen

Auch im Sport herrschten die Regeln von „Kriegsgewinnlern“: Die parlamentarisch-demokratisch verfasste Weimarer Republik wurde auf Druck der Sieger des Ersten Weltkrieges vom internationalen Sport ausgegrenzt. Deutsche Athleten durften an zahlreichen internationalen Wettkämpfen, Weltmeisterschaften sowie an Olympischen Spielen der 20er Jahre nicht teilnehmen. Um so größer war die Begeisterung im deutschen Volk, als das Internationale Olympische Komitee am 13. Mai 1931 verkündete: Die Spiele des Jahres 1936 gehen nach Berlin! Erstmals also sollten olympische Wettkämpfe auf deutschem Boden stattfinden. 1916 hatte der Weltkrieg die Austragung in der deutschen Hauptstadt verhindert.

Rückblickend sind die Spiele von 1936 oft als „Nazi-Spiele“ verhöhnt und „bewältigt“ worden. Wahr aber ist: Die Olympischen Spiele des Jahres 1936 wurden vom IOC, von den Sportlern, von ausländischen Gästen und von der gewaltigen Mehrheit der internationalen Presseorgane begeistert bejubelt. IOC-Präsident Baillet-Latour verkündete, Berlin markiere den Höhepunkt aller Olympischen Spiele. Am 9. Juni 1939 vergab das IOC nach einer Sitzung in London die Olympischen Winterspiele 1940 erneut nach Deutschland. Kriegsbedingt kam es dazu dann jedoch nicht.

Die Olympischen Spiele von 1936 bewiesen aber auch, dass es in der gewaltigen Mehrheit des deutschen Volkes eben keine Verankerung für menschenverachtenden Rassismus gab. Man jubelte dem schwarzen Superstar Jesse Owens wie keinem zweiten zu. Man feuerte begeistert die für Deutschland startende jü-

Olympiasiegerin Tilly Fleischer bei der Siegerehrung.

dische Fechterin Helene Mayer an, die Silber gewann. Man begrüßte frenetisch in den Reihen der deutschen Eishockey-Nationalmannschaft Rudi Ball, einen Spieler jüdischer Herkunft. Und der Präsident des deutschen Organisationskomitees der Olympischen Spiele war Dr. Theodor Lewald, ein großer Deutscher aus jüdischer Familie. Seinem Einsatz war die Vergabe der Spiele nach Berlin in erster Linie zu verdanken. Gemeinsam mit Carl Diem, Karl Ritter von Halt, Adolf-Friedrich zu Mecklenburg-Schwerin und den Architekten Walter und Werner March, die für ihren städtebaulichen Entwurf „Reichssportfeld“ eine Goldmedaille der IOC-Kunstwettbewerbe 1936 erhielten, plante und realisierte Lewald diese denkwürdigen Spiele.

Natürlich freuten sich die Deutschen vor allem über die phänomenalen Erfolge ihrer Wettkämpfer. Und sie werteten den regen internationalen Sportbetrieb im Deutschen Reich und mit dem Deutschen Reich als Zeichen des Friedens, was in raffinierter Manier von der nationalsozialistischen Propaganda auch verbreitet wurde. Die Völker konnten nicht ahnen, dass hinter den Kulissen die Weichen in eine ganz andere Richtung gestellt wurden und dass sich – verborgen vor den Augen der Weltöffentlichkeit – eine Verschwörung gegen den Frieden auf höchster Ebene bildete.

Bei den 11. Olympischen Sommerspielen in Berlin wurden insgesamt 14 Weltrekorde aufgestellt, davon die Hälfte in der Leichtathletik, sowie 40 olympische Rekorde. Besonders faszinierten die Deutschen: Sie holten sage und schreibe 101 Medaillen, davon 33 goldene. Die hochfavorisierten US-Amerikaner mussten sich mit 57 Medaillen zufrieden geben. In der Leichtathletik überzeugten deutsche Werfer über alle Maßen: Aus sechs Wurfübungen brachten die Deutschen fünf Gold-, zwei Silber- und zwei Bronzemedaillen mit.

2. August 1936: 100 000 Menschen im Berliner Olympiastadion halten den Atem an. Die erste olympische Entscheidung steht an. Speerwerfen der Frauen. 14 Mädchen streiten um Gold. Die Polin Maria Kwasniewska legt vor: 41,80 Meter. Raunen im weiten Rund. Was macht die deutsche Meisterin, Tilly Fleischer? 38,60 Meter! Enttäuschung. Ist der Wettkampf schon entschieden? Nächster Durchgang. Tilly Fleischer ist hochkonzentriert. Dann schleudert sie den Speer auf sensationelle 44,49 Meter. Olympischer Rekord! Die Polin kann nicht mehr kontern. Begeisterung im Olympiastadion. Tilly Fleischer ist in der Form ihres Lebens und überbietet im letzten Versuch ihre Bestleistung abermals: 45,18 Meter. Und als mit Luise Krüger einer weiteren deutschen Teilnehmerin mit 43,29 m ein spektakulärer Wurf gelingt, ist der deutsche Doppelsieg perfekt. Welch ein Jubel in Berlin!

1936: Eindrucksvolle Eröffnungsfeier im Berliner Olympiastadion.

Größter Erfolg seit 1896

1936: Deutsche Turner unschlagbar

D ie Olympischen Spiele von Berlin 1936 begeisterten die ganze Welt. Insbesondere die Eröffnungsfeier am 1. August übertraf alles bisher Dagewesene. Trompetengeschmetter, ein bunter Festzug, 3000 Sänger und ein riesiges Orchester unter Stabführung des ganz in Weiß gekleideten Richard Strauß faszinierten besonders die vielen ausländischen Ehrengäste im Stadion. Ungezählte weiße Tauben stiegen als Zeichen des Friedens empor. Die riesige Olympische Glocke mit der Aufschrift „Ich rufe die Jugend der Welt" läutete die Spiele ein, während über dem Stadion das Luftschiff „Hindenburg" mit olympischer Flagge kreiste.

Nach einer Idee von Carl Diem, dem Generalsekretär des Organisationskomitees, war das olympische Feuer am 21. Juli in einem Parabolspiegel im heiligen Hain von Olympia feierlich entzündet und von 3075 Fackelläufern über ebenso viele Kilometer durch sechs Länder nach Berlin getragen worden. Am 1. August erreichte dann der letzte Fackelläufer das vollbesetzte Olympiastadion.

Noch nie wurden Olympische Spiele aufwändiger präsentiert. Spektakuläre Neuerungen der Wettkampfstätten waren zu bestaunen, das großzügig eingerichtete Olympische Dorf in Döberitz ließ die ausländischen Athleten ins Schwärmen geraten. Die Berliner erwiesen sich als hervorragende Gastgeber: Festlich, heiter, begeisterungsfähig und aufgeschlossen. Ein abwechslungsreiches Kultur- und Unterhaltungsprogramm und die touristische Rundumbetreuung rundeten den weltweit gerühmten Gesamteindruck ab. Eine „Olympia-Zeitung" erschien für die Dauer der Spiele. Der Rundfunk

1936: Deutsche Turnerinnen (hier Käthe Sohnemann) und Turner endlich wieder an der Weltspitze.

übertrug in 41 Länder. Das Fernsehen brachte die ersten Originalübertragungen der Welt. Und Leni Riefenstahl setzte mit ihrem weltberühmten Olympia-Film neue Maßstäbe auf dem Gebiet der modernen Sportdokumentation.

Da blieben sportliche Höchstleistungen nicht aus: In der Liste der erfolgreichsten Teilnehmer dieser Spiele rangieren gleich hinter dem unvergessenen Jesse Owens die beiden deutschen Turner Konrad Frey (dreimal Gold, einmal Silber, zweimal Bronze) und Alfred Schwarzmann (drei Gold- und zwei Bronzemedaillen). Die fabelhaften Leistungen beider Sportler zählten zu den Höhepunkten der eindrucksvollen Spiele von 1936.

10. und 11. August 1936: Nie zuvor waren zu einem olympischen Turnwettbewerb 100 000 Zuschauer gekommen, wie an diesen Tagen auf der Dietrich-Eckart-Freilichtbühne. Und 40 Jahre hat es gedauert, bis deutsche Turner ihren Erfolg von 1896 wiederholen können. Sie gewinnen die Mannschaftswertung im Zwölfkampf nach zahlreichen dramatischen Augenblicken und vielen strittigen Entscheidungen der Punktrichter vor der eigentlich favorisierten Schweiz und Finnland.

Die Vorentscheidung um Gold fällt im Pferdsprung (Pflicht) zwischen dem Deutschen Schwarzmann und dem Schweizer Mack. Der Deutsche setzt sich nach vorbildlicher Leistung trotz eines unverständlichen Punkteabzugs gegen den ebenbürtigen Gegner durch. Der Jubel kennt keine Grenzen. In den Kürübungen lassen sich die deutschen Turner, allen voran Frey und Schwarzmann,

den Vorsprung nicht mehr nehmen. Mit Alfred Schwarzmann, Sieger in der Einzelwertung des Zwölfkampfes und im Pferdsprung, Dritter am Barren, Zweiter am Reck, Dritter im Zwölfkampf und im Bodenturnen, stellen die Deutschen den erfolgreichsten Teilnehmer. Bei den Damen gewinnen die Deutschen ihren ersten internationalen Wettbewerb überhaupt. Sie erreichen im Achtkampf Gold vor der Tschechoslowakei.

Gold für Deutschland, Gold auch für Berlin: Die Spiele von 1936 brachten eine Wiedergeburt nicht nur des deutschen Turnsportes. Nach komplizierten und langweiligen Wettkämpfen bei anderen internationalen Turnieren der Vergangenheit hatten so genannte Experten schon das Ende des Turnens als olympische Disziplin vorausgesagt. Ein wunderbares Publikum, eine perfekte Organisation der spannenden Wettbewerbe und natürlich großartige sportliche Leistungen hauchten dem Turnen hier neues Leben ein.

Gold für die deutschen Turnerinnen.

Deutsche Ruderer nicht zu stoppen

1936: Fünffach Gold für Deutschland

Untrennbar mit den Olympischen Spielen von Berlin ist der weltberühmte „Olympia"-Film von Leni Riefenstahl verbunden, der sogar bis in unsere Tage hinein Bewunderung erntet. Mit filmkünstlerischer Genialität hatte sie mit Hilfe von 80 Kameramännern und mit für damalige Verhältnisse grandiosen Aufnahmetechniken die Tage der Olympischen Spiele auf 400 000 Meter Film festgehalten, aus denen schließlich ihr Meisterwerk in zwei Teilen („Fest der Völker", „Fest der Schönheit") entstand. Ein Machwerk im Dienste der NS-Propaganda, wie später oft behauptet? Als das Filmwerk nach dem Zusammenbruch von den Siegern auf die so genannte Schwarze Liste gesetzt wurde, ließ Leni Riefenstahl nicht locker. Sie legte später die Dokumentation der Freiwilligen Selbstkontrolle vor und musste aus dem ersten Teil lediglich 86,5 Meter und aus dem zweiten Teil nur 1,5 Meter herausschneiden, um den neuen Ansprüchen zu genügen.

Alle sportlichen Glanzleistungen sind im Riefenstahl-Film eindrucksvoll festgehalten. So auch die der deutschen Ruderer. 14. August 1936: Die Tribünen am Ziel der Regattastrecke sind mit 30 000 Zuschauern vollbesetzt. Tausende lagern an den Ufern des Langen Sees von Grünau. Erstmals starten die Boote mit einem „Sechsbahnenstart", was zusätzliche Spannung für den Zuschauer bedeutet. Überhaupt überzeugt vor allem die technische Abwicklung der Rennen. Pünktlich auf die Minute senkt sich die Startflagge. Ein Kurzwellen-Sendeboot übermittelt einen Rennbericht für die ersten 800 Meter, dann informieren bei 1000 Metern und bei 1500 Metern Sprecher von

Gustav Schäfer nach seinem Sieg.

eigens für diesen Zweck errichteten Türmen. Somit sind auch die Zuschauer vor Ort ständig über den Verlauf der Rennen informiert, ehe der Zieleinlauf erfolgt.

Zuerst startet der Vierer mit Steuermann. Die Schweizer gehen in Führung, bei 1000 m ziehen die Deutschen gleich. Erstmals an diesem Tage hält es die Zuschauer nicht mehr auf ihren Plätzen. Es folgt ein harter Bord-an-Bord-Kampf. Bei 1800 Meter sind die erstklassigen Schweizer niedergekämpft. Es siegen Hans Maier, Walter Volle, Ernst Gaber, Paul Söllner und Fritz Bauer. Grenzenloser Jubel: Gold für Deutschland.

Danach der Zweier ohne Steuermann: Führung von Argentinien und Dänemark. Nach 1000 m kommen die Deutschen auf. Jubel auf den Rängen. Dann versteuern sich Willi Eichhorn und Hugo Strauß, fallen wieder zurück. Es droht sogar ein Zusammenstoß mit dem ungarischen Boot. Der Sieg scheint leichtfertig verspielt. Doch durch eine wunderbare Energieleistung liegen die beiden Deutschen am Ende mit 1,5 Längen Vorsprung vorn. Den dritten deutschen Sieg fährt im Einer ganz überlegen Gustav „Gummi" Schäfer heraus.

Im Zweier mit Steuermann kommt wieder Dramatik auf: In diesem Rennen ist das deutsche Boot klar favorisiert. Nach 1000 Metern aber liegen Italiener und Franzosen knapp in Front. Dann legen die Deutschen einen atemberaubenden Spurt hin. Gerhard Gustmann, Herbert Adamski und Steuermann Dieter Arend rudern bis zum Ziel noch einen Drei-Längen-Sieg heraus. Vor den jubelnden Menschenmassen am Ziel erhöhen sie nochmals das Tempo und lassen sich mit „Deutschland, Deutschland"-Sprechchören feiern.

Im Vierer ohne Steuermann gibt es eine Überraschung. Nicht die favorisierten Schweizer bieten dem deutschen Boot Paroli, sondern die Engländer verlangen Rudi Eckstein, Toni Rom, Martin Karl und Willi Menne alles ab. Der erbitterte Zweikampf tobt fast über die gesamte Rennstrecke. Am Ziel setzt sich dann die Hartnäckigkeit der Deutschen durch, die ihre Gegner einfach nicht vorbeiziehen lassen. Am Ende sind dann doch fast fünf Sekunden Vorsprung herausgefahren.

Fünf Rennen, fünf deutsche Siege! An einem Tag mehr Goldmedaillen als insgesamt in 36 Jahren zuvor! In weiteren Wettbewerben kamen noch eine Silber- und eine Bronzemedaille hinzu. Diese Ausbeute krönte alle Feierlichkeiten zum 100-jährigen Bestehen des deutschen Rudersports. Gestoppt war der Siegeszug amerikanischer Boote, die bei den Spielen 1928 und 1932 für einen Medaillenregen sorgten. Die neue Rudermacht hieß Deutschland!

Blick auf die Olympia-Regattabahn in Grünau.

Schwerverletzt zum Sieg

1936: Der Triumph deutscher Reiter

D ie deutschen Erfolge bei den 11. Olympischen Spielen von 1936 hielten Tag für Tag an. Doch ganz im Gegensatz zu den späteren „Bewälti-gungs"-Darstellungen bejubelten die deutschen Zuschauer auch die großarti-gen Leistungen fremder Athleten herz-lich. „Das schönste Erlebnis meines Le-bens", bekundete denn auch Japans Wun-derläufer Kohei Murakose noch Jahr-zehnte später. Der jüdische Olympia-Teilnehmer Marty Glickmann in den 80er Jahren: „Ich erinnere mich mit Begeiste-rung." Der Präsident des Internationalen Olympischen Komitees, Graf de Baillet-Latour: „In dieser herzlichen Feststim-mung konnten die Olympischen Spiele 1936 in einem grandiosen Rahmen und in einer Atmosphäre allgemeiner Sympa-thie, die durch keine politischen Schwie-rigkeiten getrübt wurden, stattfinden." Und der britische „Observer" urteilte da-mals über die Spiele von Berlin: „Das großartigste Sportereignis, das die Welt je gesehen hat."

Publikumsliebling von 1936 war der vierfache Medaillengewinner Jesse Owens aus den USA. Die später behaup-tete Darstellung, Hitler habe dem schwarzen Superstar demonstrativ den Handschlag verweigert, ist falsch. Das IOC hat die korrekten Zusammenhänge längst klargestellt. NOK-Präsident Willi Daume nahm 1984 die Einweihung einer Jesse-Owens-Straße in Berlin zum An-lass, die Wahrheit erneut kundzutun: Der Empfang von Goldmedaillengewinnern durch politische Führer Deutschlands stieß damals auf Kritik beim IOC. Auf Wunsch seines Präsidenten Baillet-La-tour unterblieben weitere Empfänge durch den Reichskanzler, da Politik und

Oberleutnant Freiherr von Wangenheim vor seinem legendären Ritt im Jagdspringen.

Sport nach Ansicht des IOC streng ge-schieden werden sollten. Deshalb gab es keinen „offiziellen Händedruck".

Owens war schon Sport-Legende, als er in Berlin antrat. Unvergessen war der 25. Mai 1935, als er in den USA innerhalb von 45 Minuten einen Weltrekord ein-stellte und drei neue Weltrekorde auf-stellte. Er hielt, was sich die Deutschen von ihm erwarteten. Er wurde in Berlin zum Serien-Gewinner in den Leichtathle-tik-Wettbewerben: Gold über 100 m, Gold im Weitsprung, Gold über 200 m, Gold in der 4 x 100-m-Staffel. „Berlin 1936 war ein einmalig schönes Ereignis", erinnerte sich Jesse Owens später. – Owens, der erfolgreichste Athlet dieser Spiele. Dann bald schon folgten die deut-schen Reiter, die alle sechs Goldmedaillen, die Große Dressurprüfung und den „Preis der Nationen" gewannen.

Der unglaublichste Sieg gelingt Freiherr Konrad von Wangenheim. Er stürzt mit seinem Pferd „Kurfürst" beim Geländeritt der Military im Teich schwer und bricht sich das Schlüsselbein. Dennoch sitzt er ohne fremde Hilfe wieder auf und beendet den Ritt in guter Zeit. Um den Mannschaftssieg zu sichern, muss er zum Jagdspringen erneut antreten.

Brausender Jubel empfängt den Reiter, dessen geschienter Arm fest verbunden ist. Kann das gutgehen? Bei einer scharfen Wendung stürzt Freiherr von Wangenheim mit „Kurfürst" abermals. Das Pferd bleibt minutenlang reglos liegen. Entsetzen unter den Zuschauern. Um Gold für die deutsche Mannschaft zu sichern, müssen Reiter und Pferd ins Ziel. Mit schmerzverzerrtem Gesicht wehrt Wangenheim alle Helfer ab. Tatsächlich kommt „Kurfürst" wieder auf die Beine. Der praktisch einarmige Reiter sitzt auf und reitet unter einem Jubelorkan zum Sieg. Gold für Deutschland; ein Erfolg, der erst mehr als 50 Jahre später wiederholt werden kann (1988 in Seoul). Die Einzelwertung von 1936 gewinnt Hauptmann Ludwig Stubbendorff auf „Nurmi". Konrad Freiherr von Wangenheim ist später nach achtjähriger Haft im sowjetischen Archipel Gulag zu Tode gekommen.

Dramatik auch beim „Preis der Nationen": Von 54 Reitern bleibt keiner fehlerlos. Erst im Stechen und mit dem letzten Ritt des Tages sichert Oberleutnant Kurt Hasse auf der einzigartigen „Tora" den Sieg für Deutschland. Hasse ist durch einen glänzenden Ritt auch Garant für den Mannschaftssieg, den er mit Hauptmann Marten von Barnekow auf „Nordland" und Rittmeister Heinz Brandt auf „Alchimist" erringt. In der Dressur kommen Oberleutnant Heinz Pollay auf „Kronos" und Friedrich Gerhard auf „Absinth" zu einem Doppelerfolg vor dem Leiter der berühmten Spanischen Hofreitschule in Wien, Alois Podhajsky auf „Nero". Die Mannschaftswertung gewinnen Pollay und Gerhard gemeinsam mit Rittmeister Hermann von Oppeln-Bronikowski. Diese deutschen Erfolge, errungen zwischen dem 12. und dem 18. August 1936, sorgten weltweit für Aufsehen.

Olympiasieger: Oberleutnant Pollay auf „Kronos".

33 Goldmedaillen für Deutschland

1936: Einzigartiger Olympia-Gesamtsieg

Mit 33 Goldmedaillen erreichten die deutschen Olympiateilnehmer 1936 in Berlin einen beispiellosen Gesamtsieg. 26 Silber- und 30 Bronzemedaillen kamen hinzu. Nie waren deutsche Sportler erfolgreicher.

Goldmedaillen für Deutschland

Speerwerfen: **Gerhard Stöck**
Kugelstoßen: **Hans Woellke**
Hammerwerfen: **Karl Hein**
Diskus, Frauen: **Gisela Mauermayer**
Speerwerfen, Frauen: **Tilly Fleischer**
Gewichtheben (Schwer): **Josef Manger**
Boxen, Fliegengewicht: **Willi Kaiser**
Boxen, Schwergewicht: **Herbert Runge**
Turnen, Zwölfkampf:
Karl Schwarzmann
Turnen, Mannschaft: **Deutschland**
(Franz Ernst Beckert, Konrad Frey, Karl Schwarzmann, Willi Stadel, Innozenz Stangl, Walter Steffens, Matthias Volz, Ernst Winter)
Turnen, Seitpferd: **Konrad Frey**
Turnen, Barren: **Konrad Frey**
Turnen, Langpferd: **Karl Schwarzmann**
Turnen, Frauen-Mannschaft:
Deutschland
(Anita Bärwirth, Erna Bürger, Isolde Frölian, Friedl Iby, Trudl Meyer, Paula Pöhlsen, Julie Schmitt, Käthe Sohnemann)
Schießen, 25 m beliebig:
Cornelius van Oyen
Mod. Fünfkampf: **Gotthard Handrick**
Reiten, Dressur: **Heinz Pollay**
Reiten, Dressur, Mannschaft:
Deutschland
(Heinz Pollay, Friedrich Gerhard, Hermann von Oppeln-Bronikowski)
Reiten, Vielseitigkeit:
Ludwig Stubbendorf

Olympiasieger: Der deutsche Gewichtheber Josef Manger.

Reiten, Vielseitigkeit: **Deutschland**
(Ludwig Stubbendorf, Rudolf Lippert, Freiherr Konrad von Wangenheim)
Reiten, Großes Jagdspringen:
Kurt Hasse
Reiten, Großes Jagdspringen, Mannschaft: **Deutschland**
(Kurt Hasse, Marten von Barnekow, Heinz Brandt)
Rudern, Einer: **Gustav Schäfer**
Rudern, Zweier ohne Steuermann:
Deutschland
(Willi Eichhorn, Hugo Strauß)
Rudern, Zweier mit Steuermann:
Deutschland
(Gerhard Gustmann, Herbert Adamski, Steuermann Dieter Arend)

Rudern, Vierer ohne Steuermann:
Deutschland
(Rudi Eckstein, Toni Rom, Martin Karl,
Willi Menne)
Rudern, Vierer mit Steuermann:
Deutschland
(Hans Maier, Walter Volle, Ernst Graber,
Paul Söllner, Steuermann Fritz Bauer)
Kajak, Einer, 10000 Meter: **Ernst Krebs**
Kajak: Zweier, 10000 Meter: **Deutschland**
(Paul Wevers, Ludwig Landen)
Segeln, Star-Klasse: **Dr. Peter Bischof**
Radfahren, 1000 Meter: **Toni Merkens**
Radfahren, 2-km-Tandem: **Deutschland**
(Ernst Ihbe, Carl Lorenz)
Handball: **Deutschland**
(Willy Bandholz, Wilhelm Baumann,
Helmut Berthold, Helmut Braselmann,
Wilhelm Brinkmann, Georg Dascher, Kurt
Dossin, Fritz Fromm, Herrmann Hansen,
Hans Keiter, Heinrich Keimig, Alfred
Klinger, Arthur Knautz, Heinz Körvers,
Karl Kreutzberg, Wilhelm Müller, Gün-

ther Ortmann, Edgar Reinhard, Fritz
Spengler, Rudolf Stahl, Hans Theilig)

Die Spiele von Berlin waren die Spiele der Rekorde. Allein in 29 leichtathletischen Wettbewerben wurde zwölfmal jeweils der Weltrekord verbessert und weitere viermal eingestellt. In 47 Fällen wurden olympische Rekorde überboten. Immer wieder hatten deutsche Sportler hervorragenden Anteil an diesen Höchstleistungen. US-Amerikaner belegten mit 24 Goldmedaillen Platz zwei der Medaillenwertung. Mit weitem Abstand folgten sodann Ungarn, Italiener, Finnen, Schweden, Japaner, Holländer und Engländer. Bei den Schlussfeiern stiegen die Fahnen Deutschlands, Griechenlands und Japans empor. Die nächsten Olympischen Spiele sollten 1940 in Tokio ausgetragen werden. Sie fanden dort erst im Jahre 1963 statt. Dazwischen lag der entsetzlichste Krieg der Menschheitsgeschichte.

Ein Bild, über das noch Jahrzehnte diskutiert wurde: Bei der Siegerehrung der Florett-
fechterinnen präsentiert sich die jüdische Silbermedaillengewinnerin Helene Mayer
mit „Deutschem Gruß". Im Bild links: Ellen Preis (Österreich) und – in der Mitte –
Ilona Schacherer-Elek aus Ungarn, die Gold gewann.

Fest der Völker

1936: Einblicke und Emotionen

Einmarsch der deutschen Mannschaft

Kontrahenten, die sich verstehen:
Luz Long und Jesse Owens

Gute Laune bei US-Ruderern

Sieger im Hürdenlauf (400 Meter):
Glen Hardin (USA), John Loaring (Kanada)

Dietrich-Eckert-Freilichtbühne,
Schauplatz des Turnens

Mexikanische Basketballspieler in ihrer Freizeit

Giulio Gaudini, Italiens Fechter,
gibt deutschen Turnerinnen Autogramme

Faszinierend:
Gymnastikvorführung schwedischer Turner

Der „Preis der Nationen" im Olympiastadion

Prächtige Stimmung bei Italienern und Indern

US-Zehnkämpfer

Japans Rekord-Dreispringer Naoto Tajima

*Ungarische Athletinnen vor dem
Olympiastadion*

*Die Schnellsten der Welt:
Jesse Owens und Helen Stephens*

Schlussfeier im Olympiastadion

Olympiasieger: Ungarns Wasserballer

Olympiasieg und Wehrmachtrock

Soldaten im sportlichen Wettkampf

Die Erfolgsbilanz deutscher Sportler bei den Olympischen Spielen von 1936 wurde auch durch die großartigen Leistungen von Wehrmachtsoldaten in den einzelnen Wettkämpfen ermöglicht. Zwölf Gold-, sechs Silber- und sechs Bronzemedaillen gewannen deutsche Soldaten. Darüber hinaus leisteten sie bei den Vorbereitungs- und Organisationsaufgaben rund um die Spiele Vorbildliches. Beispielsweise wurde den Gästen jeder Nation ein junger Offizier als Betreuer zur Seite gestellt, der mit Sprache und Gebräuchen des jeweiligen Landes vertraut war. Unvergessen blieben zahlreiche festliche Veranstaltungen, die Soldaten der Wehrmacht für in- und ausländische Gäste durchführten.

Eines der sportlichen Glanzlichter dieser denkwürdigen Spiele von Berlin setzte zum Beispiel der Wünsdorfer Unteroffizier Albert Schwarzmann im Turnen. Er errang die Goldmedaillen im Zwölfkampf (Einzel und Mannschaft) und am Pferd sowie jeweils Bronze am Barren und am Reck. Wegen dieser herausragenden Leistungen wurde er zunächst zum Feldwebel, dann zum Leutnant befördert. Feldwebel Erwin Blask gewann im Hammerwerfen mit 55,04 Metern die Silbermedaille. Der Polizeiangehörige Hans Woellke, im Zweiten Weltkrieg an der Ostfront gefallen, errang mit 16,20 Metern den zweiten Platz im Kugelstoßen. Leutnant Friedrich von Stülpnagel und Feldwebel Wilhelm Leichum waren am Gewinn der Bronzemedaille der 4 x 100-Meter-Staffel beteiligt. Leichum belegte außerdem mit 7,73 Metern den vierten Platz im Weitsprung. Der Weitsprung-Europameister von 1934 und 1938 fiel Anfang August 1941 als Leutnant im Os-

Eichenlaubträger Heinrich Hax

ten. Im Olympischen Zehnkampf belegte der Wehrmachtangehörige Erwin Huber mit 7087 Punkten den 4. Platz. Bei den Schwimmwettkämpfen wurde Wachtmeister Leo Esser Sechster im Kunstspringen.

Unteroffizier Ludwig Schweikert erkämpfte die Silbermedaille im griechisch-römischen Ringen (Mittelgewicht), Unteroffizier Erich Siebert die Bronzemedaille im Freistilringen (Halbschwergewicht), und Grenadier Joachim Pirsch war an der Silbermedaille im Rudern (Doppelzweier) beteiligt. Gefreiter Erich Koschik holte Bronze im Kanufahren (Einer-Kanadier). Gerhard Gustmann, Mitglied der Besatzung des siegreichen Zweiers mit Steuermann, wurde unmittelbar nach dem Gewinn der Gold-medaille zum Leutnant befördert.

Von den 22 Spielern der siegreichen deutschen Handballmannschaft waren allein zehn Soldaten: Gefreiter Heinz Körvers, Unteroffizier Willy Bandholz, Feldwebel Arthur Knautz, Feldwebel Georg Dascher, Unteroffizier Wilhelm Brinkmann, Unteroffizier Alfred Klinger, Gefreiter Heinrich Keimig, Gefreiter Kurt Dossin, Unteroffizier Rudolf Stahl und Unteroffizier Herrmann Hansen. Im Hockey war Fahnenjunker Alfred Gerdes am Gewinn der Silbermedaille beteiligt. Oberleutnant Gotthardt Handrick wurde nach seinem Sieg im Modernen Fünfkampf zum Hauptmann befördert. Im Schnellfeuerschießen errang Hauptmann Heinrich Hax, später Eichenlaubträger, die silberne Medaille für Deutschland.

Deutsche Soldaten sorgten dafür, dass alle Goldmedaillen bei den Reitern gewonnen wurden. Hauptmann Ludwig Stubbendorf, später im Zweiten Weltkrieg gefallen, siegte in der Military. Rittmeister Rudolf Lippert und Oberstleutnant Karl Freiherr von Wangenheim sorgten schließlich für den Mannschaftserfolg. Wangenheim geriet zum Ende des Zweiten Weltkriegs in sowjetische Gefangenschaft. Da er seine militärischen Kenntnisse dort nicht preisgeben wollte, wählte er im Januar 1953 im Sowjet-Lager Stalingrad II den Freitod. In der Großen Dressurprüfung siegte Oberleutnant Pollay, daraufhin zum Rittmeister befördert.

Major Friedrich Gerhard, der langjährige Reiter des Schulstalles der Kavallerieschule, gewann in der Großen Dressurprüfung die Silbermedaille, Rittmeister Hermann von Oppeln-Bronikowski sicherte mit seinem Ritt maßgeblich die Mannschafts-Goldmedaille. Die Bronzemedaille erkämpfte der österreichische Major Alois Podhajsky. Ältester Olympia-Teilnehmer war übrigens der 72-jährige österreichische Husaren-Generalmajor Artur von Pongratz. Im Preis der Nationen setzte sich Oberleutnant Kurt Hasse gegen 54 teilnehmende Reiter aus 18 Nationen durch. Hasse starb am 9. Januar 1944 als Oberstleutnant und Adjutant eines Panzerkorps den Soldatentod.

Die Sieger im Schnellfeuer-Pistolenschießen v. l.: Ullman (Schweden, Bronze), van Oyen (Deutschland, Gold), Hax (Deutschland, Silber).

Olympiasieg und Eichenlaub

An Hermann von Oppeln-Bronikowski erinnert

Bei den Olympischen Spielen 1936 von Berlin triumphierten deutsche Reiter auch in der Dressur. Mit einer perfekten Darbietung sicherte Rittmeister Hermann von Oppeln-Bronikowski auf „Gimpel" die Goldmedaille. Zuvor waren Oberleutnant Heinz Pollay und Major Friedrich Gerhard fehlerlos geblieben. Oppeln-Bronikowski gehörte später zu den herausragendsten Soldaten der Deutschen Wehrmacht. Seine einmalige Art der Menschenführung und seine beispielgebende Tapferkeit wurden zur Erfolgsgrundlage der gesamten Truppe an allen Frontabschnitten. Das lautere und durch und durch soldatische Wesen des Generals brachte ihm höchste Anerkennung seiner Soldaten ein.

Hermann von Oppeln-Bronikowski wurde am 2. Januar 1899 als Sohn eines Majors und Bataillionskommandeurs in Berlin geboren. Er wurde im Kadettenkorps erzogen und kam 1917 zur Armee (10. Ulanenregiment). Als Waffengattung hatte er sich die Kavallerie erwählt. Die Liebe zum Pferd hatte schon seine Kindheit geprägt. Als er gegen Weihnachten 1917 Leutnant geworden war, meldete er sich zur Infanterie, zeichnete sich als Stoßtruppführer aus. Mit 19 Jahren erhielt er das Eiserne Kreuz, 1. Klasse. Die Friedensjahre verbrachte Hermann von Oppeln-Bronikowski, unterbrochen von verschiedenen Kommandos, beim Reiter-(Kavallerie-)Regiment 10 in Züllichau und Torgau. Drei Jahre war er Regiments-Nachrichtenoffizier, fünf Jahre Regimentsadjutant. Seine reiterliche Begabung war die Veranlassung für seine Kommandierung zur Infanterie-Schule Ohrdruf, wo er als Aufsichtsoffizier und Reitlehrer wirkte. Von 1933 bis 1936

Hermann von Oppeln-Bronikowski

wurde Rittmeister von Oppeln-Bronikowski zur weltberühmten Kavallerieschule in Hannover kommandiert, als Abteilungsadjutant, Reitlehrer und Bereiter im Schulstall.

Zu Beginn des Zweiten Weltkrieges war er Kommandeur der Aufklärungsabteilung 24 und bewährte sich im Polenfeldzug außerordentlich, war maßgeblich an der Inbesitznahme der Warthe-Brücke beteiligt. Anschließend wurde er in den Stab des Generals der Schnellen Truppen im Oberkommando des Heeres versetzt. Sein Aufgabengebiet waren die Kavallerie und die gesamte Heeres-Aufklärung. Anschließend kam von Oppeln-Bronikowski zur Panzerwaffe (Panzerbrigade Eberbach). An der Ostfront führte er, zwischenzeitlich Oberst geworden, ab Januar 1942 als Kommandeur das Panzerregiment 35, später das Panzerregiment 204 und ab März 1943 das Panzerregiment 11. Ab Oktober 1943 war er Kommandeur des Panzerregiments 22 an der Westfront.

Durch kühne Angriffe zeichnete sich von Oppeln-Bronikowski besonders bei den Kämpfen bei Donschtschinka, am Tschir und bei Warlamow aus. Allein in der Zeit zwischen dem 6. Dezember 1942 und dem 5. Januar 1943 vernichteten oder erbeuteten vor allem von Oppelns Männer 451 Feindpanzer, 209 Geschütze und 752 Infanteriewaffen. Die letzte deutsche Großoffensive im Osten, das „Unternehmen Zitadelle" war der größte Panzerangriff des Hermann von Oppeln-Bronikowski. Er befehligte 240 Panzer. An der Invasionsfront hielt von Oppeln-Bronikowski 32 Tage lang seine Stellungen im Raum Caen gegen vielfache alliierte Übermacht. Am 28. Juli 1944 wurde er mit dem Eichenlaub ausgezeichnet.

Im Oktober 1944 wurde er mit der Führung der 20. Panzerdivision betraut, Neujahr 1945 war er Generalmajor. Bis zuletzt behielt er auch in den brenzligsten Situationen die Nerven. Am 27. Januar 1945 griff von Oppeln-Bronikowski im oberschlesischen Industriegebiet nach Süden an, wurde zweimal im gepanzerten Fahrzeug abgeschossen und öffnete der Masse der eingeschlossenen Divisionen den Weg in neue Stellungen. Am 7. Februar 1945 setzte er sich an die Spitze des erfolgreichen Nachtangriffs bei Grottkau. Vom 15. bis zum 17. März 1945 war es dem Feind gelungen, von Grottkau in südlicher Richtung gegen Neiße einen tiefen Einbruch zu erzielen. Die 20. Panzerdivision hielt ihn nördlich Neiße auf. Durch blitzschnelles Handeln konnten auch in den folgenden Tagen Feindstöße abgewehrt und der Durchbruch auf die Stadt Neiße-Ottmachau verhindert werden. Am 18. April 1945 erhielt er für diese kühnen Taten die Schwerter.

In den Wirren des Zusammenbruchs entzog dieser große deutsche Soldat mit viel Geschick seine Männer und sich dem sowjetischen Zugriff. Er geriet in amerikanische Gefangenschaft und durchlief bis 1947 verschiedene Lager der Sieger. Hermann von Oppeln-Bronikowski verstarb am 18. September 1966 in Geißbach (Bayern).

Mannschaftssieger im Dressurreiten v. l.: Pollay, Gerhard, v. Oppeln-Bronikowski.

Der Kampf aller Kämpfe

1936: Max Schmeling schlägt Joe Louis

Am 12. Juni 1930 war Max Schmeling durch den Disqualifikationssieg gegen Jack Sharkey Box-Weltmeister aller Klassen geworden. Ganz Deutschland war stolz auf „unseren Maxe". Jetzt galt es, den Titel zu behaupten, zumal es im Ausland noch immer viele Neider gab, die Schmeling vorhielten, er habe gegen Sharkey nur „ruhmlos" durch Disqualifikation gewinnen können. Am 3. Juli 1931 bezwang der Deutsche dann hochverdient den US-Boxer Wiliam „Young" Stribling und blamierte somit seine Kritiker eindrucksvoll.

21. Juni 1932: Deutsche und Amerikaner fieberten diesem Tag gleichermaßen entgegen. Schmeling hatte seinem alten Rivalen Sharkey die Möglichkeit zur Revanche eingeräumt: Neuer Kampf in New York. Bis zur fünften Runde erlebten mehr als 70 000 Zuschauer ein ausgeglichenes Faustgefecht. Dann setzte sich die Klasse Schmelings durch. Sensationell: Die Sympathien eines Großteils des US-Publikums waren aufseiten des Deutschen. Sharkey war nicht mehr in der Form von 1930. Nur mit Mühe erreichte er den Schlussgong. Was folgte, gilt bis heute als einer der größten Box-Skandale. Der US-Mann wurde von den Punktrichtern zum Sieger erklärt. Sollte dies das Ende der Karriere von Max Schmeling sein?

Schmeling wollte nicht aufgeben. Mit einem Sieg über Micky Walker (26. September 1932) und Niederlagen gegen Max Baer (8. Juni 1933) sowie Steve Hamas (13. Februar 1934) blieb er zwar im Geschäft, sein Stern aber sank. Auf nationaler Ebene musste er sich wieder herankämpfen. Mit Erfolg: Er besiegte noch

Die Zuschauer waren von Schmeling-Kämpfen über Jahre hinweg hingerissen.

1934 die neue deutsche Hoffnung, Walter Neusel. Anschließend gelang in Hamburg die Revanche gegen Hamas (10. März 1935) vor 25 000 Zuschauern, die anschließend spontan das Deutschlandlied anstimmten. Als Schmeling am 7. Juli 1935 auch noch den Spanier Paolino Uzcudun schlug, war er endgültig in die Weltspitze zurückgekehrt. In den USA hatte mittlerweile der „braune Bomber" Joe Louis für Furore gesorgt. Er galt unumstritten als weltbester Boxer, als Kampfmaschine, als unbesiegbar. Überall auf der Welt wurde der „Fight" Louis gegen Schmeling gefordert. Und tatsächlich: Für den 19. Juni 1936 wird dieser Boxkampf angesetzt.

Als sich die beiden Boxer in New York bereitmachen, wird in Deutschland die

Nacht zum Tag. In ungezählten deutschen Häusern erklingen die Wecker, werden die Radios eingeschaltet. Es wird der erwartete harte Kampf – aber für beide. Sie schenken sich nichts. In der 4. Runde muss der hochfavorisierte Louis sensationell zu Boden. Die Halle bebt. Doch der Kampf geht weiter. Schmeling will nachsetzen, will nicht wieder von Punktrichtern betrogen werden. Ein Niederschlag muss her! Er schlägt sich in einen wahren Rausch. In der Halle herrscht ohrenbetäubender Lärm. Zeitweise muss die Radioübertragung unterbrochen werden. „Maxe" drischt auf Louis ein. Der ist fix und fertig. Aber er fällt nicht. In der elften Runde ist Joe Louis, das amerikanische Box-Wunder, am Boden. Sieg für Schmeling!

Max Schmeling hat sich an diesem Abend unsterblich gemacht. Eine amerikanische Zeitung berichtet am nächsten Tag: „Kommende Generationen werden ihren Kindern berichten: Eines Tages brachen die Kontinente auseinander. Eines Tages besiegte Max Schmeling Joe Louis. Eines Tages stürzten die Pyramiden ein." Der Kampf Schmeling gegen Louis gilt bis heute als der denkwürdigs-

te aller Zeiten. 1938 gelang Louis zwar die Revanche, doch stand dieser neuerliche Kampf in den USA unter keinem guten Stern. Die Polizei musste Schmeling von einer tobenden Menge schützen, die von antideutschen Medien zur Raserei gebracht worden war. Schmeling konnte 1939 noch den Europameistertitel im Schwergewicht erkämpfen.

Max Schmeling: 70-mal stand er als Profi im Ring. Nicht ein einziges Mal ist er auch nur verwarnt worden. 1933 hatte er die Schauspielerin Anny Ondra geheiratet. In den dreißiger Jahren wirkte er selbst in einigen Filmen mit. 1936 entstand die deutsch-amerikanische Filmproduktion „Max Schmelings Sieg – ein deutscher Sieg". Nach einigen Kämpfen in der Nachkriegszeit nahm Schmeling 1948 endgültig Abschied vom Ring. Hatte ihm die US-Propaganda 1945 sogar ein Wirken als „KZ-Schinder" angedichtet, wurde er später in der Bundesrepublik Repräsentant des Coca-Cola-Konzerns und 1967 in den Vereinigten Staaten von Amerika als fairster Sportler der Welt mit dem Sport-„Oscar" ausgezeichnet. Max Schmeling ist u. a. Ehrenbürger von Las Vegas und Los Angeles.

Der Schmeling-Sieg über Joe Louis war die Box-Sensation des Jahrhunderts.

Siegeszug eines Draufgängers

1936: Bernd Rosemeyers Triumph

Die großen Erfolge von Rennfahrer-Idol Rudolf Caracciola hatten in Deutschland zu einer unglaublichen Begeisterung rund um den Automobilsport geführt. Seit einiger Zeit ließen neben „Caratsch" weitere Fahrer aufhorchen, darunter Legenden des Motorsports wie Hans Stuck, Manfred von Brauchitsch und Bernd Rosemeyer. Vor allem Rosemeyer faszinierte wegen seines draufgängerischen Fahrstils die Massen. Seit 1934 war er, am 14. Oktober 1909 in Lingen geboren, bei der Auto-Union unter Vertrag. Im Jahre 1935 siegte er überraschend auf dem Masaryk-Ring beim Großen Preis von Brünn – sein erster Grand-Prix-Erfolg. Das bisher einzige direkte Aufeinandertreffen mit Rudolf Caracciola hatte der Altmeister Anfang 1935 noch für sich entscheiden können. Bernd Rosemeyers ganz große Stunde aber sollte noch folgen …

14. Juni 1936, Nürburgring: Die Eifel zeigt sich im Sommer 1936 von ihrer unfreundlichsten Seite, wird zur „grünen Hölle". Doch Nebel und Regenwetter können 250 000 Zuschauer nicht davon abhalten, zur Rennstrecke zu kommen. Niemand bereut sein Erscheinen. Von der ersten Runde an liefern sich die berühmten Fahrer packende Duelle. Zunächst übernimmt Caracciola im Mercedes die Führung. Als sich die Wetterlage weiter verschlechtert, lässt „Caratsch" Rosemeyer und Nuvolari passieren und fällt zurück. Jetzt liefern sich der Italiener und der Deutsche einen halsbrecherischen Zweikampf. Die Sichtweite liegt teilweise unter 20 Meter. Rosemeyer riskiert Kopf und Kragen. Schließlich kann er dem erfahrenen Tazio Nuvolari 51 Sekunden abnehmen und gewinnt dieses

Rosemeyer beim legendären Eifel-Rennen von 1936.

Nebelrennen, das in die Sportgeschichte eingeht. Rosemeyers Draufgängertum ist der Sieges-Garant an diesem Nachmittag. Drei Monate später – am 13. September 1936 – wird Rosemeyer auch beim Großen Preis in Italien siegen und Europameister werden – der Höhepunkt seiner Laufbahn.

Spätestens jetzt war Bernd Rosemeyer ein Idol in Deutschland. Insbesondere junge Menschen waren von dem Unerschrockenen fasziniert. Das öffentliche Interesse an seiner Person spitzte sich weiter zu, als er 1936 die kaum weniger populäre Kunstfliegerin Elly Beinhorn heiratete. Sie war vor allem durch ihren Alleinflug nach Afrika im Jahre 1931 berühmt geworden. Elly Beinhorn hatte damals notlanden müssen, galt mehrere Tage als verschollen und konnte sich mit einem Gewaltmarsch durch die Wüste retten. Noch im selben Jahr war sie dann als erste Frau zum Alleinflug um die Welt aufgebrochen und wurde für diese Leistung dann 1933 vom Reichspräsidenten höchstpersönlich mit dem Hindenburg-Pokal ausgezeichnet. Elly Beinhorn stellte später noch zahlreiche Flug-Weltrekorde auf und war neben Hanna Reitsch Deutschlands erfolgreichste Pilotin.

Bernd Rosemeyer setzte seine Karriere vor allem mit der Jagd nach immer neuen Geschwindigkeitsrekorden fort. Er wurde Weltrekord-Halter über einen Kilometer und über eine Meile. Anfang 1938 erreichte er mit einem neuen Rekordwagen auf der Autobahn bei Darmstadt mehr als 400 km/h. Rosemeyer setzte immer alles auf eine Karte. Rudolf Caracciola soll mehrmals warnend auf seinen jungen Konkurrenten eingeredet haben. Vergeblich. Rosemeyer blieb seiner Linie treu. Die sollte ihm bald schon zum Verhängnis werden …

Am 28. Januar 1938 kam es an der Autobahn Frankfurt am Main Richtung Darmstadt zu einem folgenschweren Unfall. Rudolf Caracciola hatte mit 432,692 km/h den Rosemeyer-Geschwindigkeitsrekord geknackt. Wegen aufkommenden Windes brach er weitere Testfahrten anschließend ab. Bernd Rosemeyer aber wollte es noch einmal wissen, als er vom neuen Rekord der Konkurrenz erfuhr. Als sich Rosemeyer ans Steuer setzte, hatte Caracciola ihn zunächst zurückhalten wollen. Dann aber entschied er sich anders, um nicht missverstanden zu werden. Es sollte nicht so aussehen, als wolle er seinen gerade eingefahrenen Rekord retten. Also rief er nur: „Viel Glück, Bernd!"

Sekunden später – es war gegen 11 Uhr vormittags – wurde dann der Rennleitung von Union per Funk ein Unfall Rosemeyers gemeldet. Mehrere Leute der Union-Mannschaft fuhren sofort zur Unfallstelle. Ein Windstoß hatte das Auto bei mehr als 400 Stundenkilometern erfasst und gegen eine Brückenböschung geschleudert. Hinter einer Autobahnüberführung lagen die ersten Wagentrümmer. Der Fahrer wurde über viele Meter in einen Wald geschleudert. Jede Hilfe kam zu spät. Bernd Rosemeyer war tot. Er wurde nur 28 Jahre alt.

Bernd Rosemeyer

Sieg über die „Wand der Wände"

1938: Deutsche bezwingen Eiger-Nordwand

Es ist der 24. Juli 1938, der in die Geschichte nicht nur des Bergsteigens eingeht. Es ist der Tag, ein Sonntag, an dem die Deutschen Anderl Heckmair, Heinrich Harrer, Fritz Kasparek und Ludwig Vörg die Eiger-Nordwand bezwingen. Die 1800 Meter steile „Wand der Wände" ist seit 15.30 Uhr nicht mehr die letzte unbezwungene Nordwand der Alpen. Es ist vollbracht! Zahlreiche Tragödien hatte die „Mordwand" bis zu diesem Tage erlebt. Doch seit heute ist der Mythos von der Unbezwingbarkeit zerstört.

Der Eiger ist mit seinen 3970 Metern der niedrigste Gipfel des berühmten Dreigestirns Eiger, Mönch (4099) und Jungfrau (4158) im Berner Oberland. Während der Eigergipfel schon am 11. August 1858 von den Grindelwalder Bergführern Christian Almer und Peter Bohren zusammen mit ihrem irischen Gast Charles Barrington bezwungen werden konnte, wartete die Nordwand bis zu jenen Tagen im Jahre 1938 auf die Erstbesteigung, die dann an Dramatik kaum zu überbieten war: Ludwig Vörg und Anderl Heckmair, beide aus München, waren zu Beginn ihres Unternehmens natürlich gewarnt. Die Tragödien, die sich in den Wochen und Monaten zuvor an der Nordwand abgespielt hatten, waren um die Welt gegangen. Monatelang hatten die beiden Deutschen gewissenhaft trainiert und sich auf ihren Aufstieg vorbereitet. Sie waren nach Kräften bemüht, so wenig wie möglich dem Zufall zu überlassen. Im deutschen Volk nahm man jeden Versuch, die Nordwand zu bezwingen, mit großem Interesse und enormer Anteilnahme zur Kenntnis.

Erschöpft: Heckmair und Vörg

Die „Mordwand": Im Jahre 1935 waren die beiden Münchner Karl Mehringer und Max Sedlmayr bei ihrem Versuch, das Unmögliche zu schaffen, erfroren. Im Jahre 1936 traf es die erstklassigen Bergsteiger Andreas Hinterstoisser aus Bad Reichenhall, Toni Kurz aus Berchtesgaden und die beiden Österreicher Edi Rainer und Willy Angerer. Nach Wetterumschwung wurden ihnen Stein- und Eislawinen zum tödlichen Verhängnis. Alle starben. Am 21. Juni 1938 verunglückten die beiden Italiener Mario Monti und Bartolo Sandri ebenfalls tödlich. Seit 1936 sind an der Eiger-Nordwand 50 Bergsteiger ums Leben gekommen.

Am 22. Juli, es war 11.30 Uhr, erlebten Vörg und Heckmair eine Überraschung: Sie trafen auf die Tiroler Heinrich Harrer und Fritz Kasparek. Man beschloss spontan, auf einen „Wettlauf" zum Gipfel zu verzichten, sondern sich fortan gemeinsam auf den Weg zu machen. Tatsächlich meisterten die Bergkameraden anschließend mit dem so genannten Hinterstoisser-Quergang einen der entscheidenden Abschnitte. Dann aber brach ein Gewitter herein, das das Unternehmen erheblich gefährdete. Kasparek verletzte sich durch Steinschlag. Als es schien, dass der Aufstieg abgebrochen werden musste, klarte es in der Nacht überraschend wieder auf.

Am Morgen des 24. Juni setzte erneut Regen ein. Doch jetzt dachte niemand mehr an Aufgabe. Nur noch 300 Meter bis zum Ziel! Aber es wurden noch beschwerliche fünf Stunden, ehe dieses erreicht werden konnte. Nach insgesamt drei Tagen war es dann vollbracht. Die vier Nordwand-Bezwinger erreichten den Gipfel und präsentierten sich nach erfolgreichem Abstieg überglücklich. Eine alpinische Sensation! Heinrich Harrer später strahlend: „Wir haben die Eigerwand bestiegen, weil wir bei ihrem Anblick die unwiderstehliche Herausforderung unseres Mutes und unserer Abenteuerlust verspürten."

Anderl Heckmaier, mit Jahrgang 1906 der Älteste des Quartetts, galt als Anführer seiner Kameraden. Er wurde später Ehrenbürger von Oberstdorf und mit dem Bundesverdienstkreuz am Bande ausgezeichnet. 1968 wurde auf seine Initiative hin der Berufsverband der Deutschen Berg- und Skiführer gegründet.

Heinrich Harrer, 1912 in Kärnten geboren, war 1936 Teilnehmer der Olympischen Spiele für Österreich. 1939 gehörte er zur deutschen Nanga-Parbat-Expedition. Bei der Rückkehr wurde er in Karatschi mit seinen Kameraden interniert und in ein britisches Lager gesperrt. 1944 gelang ihm die Flucht nach Tibet, wo er zum Lehrer und Berater des Dalai Lama avancierte. In den Nachkriegsjahren war er erfolgreicher Publizist und Filmer. Fritz Kasparek stammte aus Wien. Er fasste seine Erlebnisse 1951 in einem Buch zusammen. Drei Jahre später verunglückte er beim Bergsteigen in Peru tödlich. Ludwig Vörg fiel im Krieg.

Die Münchner Sedlmayr und Mehringer verunglückten an der „Mordwand" tödlich.

Das deutsche „Königspaar"

1939: Eiskunstlauf-Triumph von Herber/Baier

Sie gelten weltweit als Traumpaar des Eiskunstlaufes und werden seit Jahren als „deutsches Königspaar" gefeiert: Maxie Herber aus München und Ernst Baier aus dem sächsischen Zittau. Sie haben das Eiskunstlaufen der dreißiger Jahre vollends geprägt. Unvergessen ihr Auftritt bei den Olympischen Winterspielen von Garmisch-Partenkirchen im Jahre 1936, als sie die Fachwelt mit einem völlig neuen Stil begeisterten und Gold gewannen. Heute, am 19. Februar 1939, überzeugen sie bei den Eiskunstlauf-Weltmeisterschaften in Budapest erneut. Dabei hatte sich Maxie Herber wegen einer Verletzung kaum auf diese Entscheidung vorbereiten können. Das Paar aber läuft eine neue, schwierige Kür und besteht alle Hürden sicher.

Für die Punktrichter ist dies der Anlass, mit Höchstwertungen auch das Gesamtwerk dieser deutschen Ausnahmeläufer in den vergangenen Jahren zu würdigen. Denn die Tagesform hätte vielleicht sogar für einen Sieg des Geschwisterpaares Ilse und Erik Pausin aus Wien gesprochen, die heute besonders spektakulär gelaufen sind und vom Publikum begeistert gefeiert werden. Wie schon in den vergangenen Jahren aber bleibt für sie auch heute nur der zweite Platz. Mit der Wertung soll dem „Königspaar" ein würdiger Karriere-Abschluss bereitet werden. Maxie Herber und Ernst Baier werden an diesem Tage zum vierten Male Eiskunstlauf-Weltmeister.

Erstmals hatte sich das Paar im Februar 1936 den WM-Titel geholt. Die Öffentlichkeit war über alle Maßen begeistert. Die Olympischen Winterspiele waren gerade beendet, und in aller Welt war man auf den Geschmack gekommen, was den

Olympische Spiele: Herber und Baier bei ihrer großartigen Kür.

Wintersport angeht. So war die Aufmerksamkeit auch in Bezug auf die Eiskunstlauf-Weltmeisterschaften in Paris enorm groß. Und vor aller Welt konnten Maxie Herber und Ernst Baier mit sensationellen Darbietungen glänzen. Es war ein völlig neuer Paarlauf-Stil, den die beiden Deutschen präsentierten.

Maxie Herber, geboren am 8. Mai 1920, hatte schon als 13-Jährige die deutsche Damen-Meisterschaft gewonnen, Ernst Baier, am 27. September 1905 zur Welt gekommen, war von 1933 bis 1937 deutscher Kunstlaufmeister. Mit vier Weltmeistertiteln, fünf Europameisterschafts-Erfolgen und der Goldmedaille von Garmisch-Partenkirchen stellen die beiden das erfolgreichste deutsche Eiskunstlauf-

Paar aller Zeiten. Im Jahre 1940 heirateten sie. Während des Zweiten Weltkrieges wirkte Ernst Baier als Architekt für große staatliche Bauaufträge und wurde schließlich als Soldat zur Wehrmacht eingezogen. Das Paar trat im Rahmen der Truppenbetreuung auf. Als „Symbole der Nazizeit" hatten beide die ersten Jahre nach 1945 Auftrittsverbot. Ab Ende der vierziger Jahre gingen sie dann für vielumjubeltes Schaulaufen aufs Eis.

Als Maxie Herber und Ernst Baier das Eis räumten, war es für lange Zeit vorbei mit der deutschen Eiskunstlauf-Herrlichkeit. Allein Ria und Paul Falk konnten Anfang der fünfziger Jahre nochmals für Furore sorgen. Bei den Winterspielen des Jahres 1952 von Oslo gelang es den beiden sogar, die hochfavorisierten US-Amerikaner Karol und Peter Kennedy zu schlagen und die Goldmedaille zu gewinnen; eine absolute Sensation, die eine wahre Sternstunde des deutschen Eiskunstlaufes bedeutete. Zehn Jahre später wurden Marika Kilius und Hans-Jürgen Bäumler Doppel-Weltmeister. Sie gewannen den begehrten WM-Titel in den Jahren 1963 und 1964. Zuvor (1956) wa-

ren Sissy Schwarz und Kurt Oppelt die besten Eiskunstläufer der Welt; deutsche Erfolge, die in den kommenden Jahrzehnten nur noch Sabine Baess und Tassilo Thierbach für die DDR und – völlig überraschend – Mandy Wötzel und Ingo Steuer im Jahre 1997 erreichen konnten. In den 80er Jahren beherrschte Katarina Witt, geboren im Jahre 1965 im mitteldeutschen Staaken die Eiskunstlauf-Welt bei den Damen sozusagen nach Belieben. 1984 wurde sie in Los Angeles und 1988 in Seoul jeweils Olympiasiegerin. Unvergessen die hochdramatische Auseinandersetzung mit der US-Amerikanerin Debra Thomas am 27. Februar 1988 um olympisches Gold. „Kati" Witt zeigte ungewohnte Schwächen, doch ihre große Konkurrentin konnte die Gunst der Stunde nicht nutzen und patzte völlig. 1984, 1985, 1987 und 1988 konnte Katarina Witt sich als Weltmeisterin, von 1983 bis 1988 darüber hinaus ununterbrochen als Europameisterin feiern lassen. Ferner errang sie acht DDR-Meistertitel und ist mit diesen Erfolgen die mit Abstand erfolgreichste deutsche Eiskunstläuferin aller Zeiten.

Maxie Herber und Ernst Baier (hier bei den Olympischen Spielen 1936) begeisterten über Jahre hinweg die Sportfreunde.

Sportgeschichte in 1:46,6 Minuten

1939: Rudolf Harbigs Fabel-Weltrekord

Es sind nicht sehr viele Zuschauer, die sich am 13. Juli 1939 in Mailand zum ersten Tag des Leichtathletik-Wettkampfes zwischen Italien und Deutschland eingefunden haben. Noch ahnen sie nicht, dass sie in den nächsten Minuten Zeugen einer der denkwürdigsten Laufentscheidungen aller Zeiten werden …

Der Startschuss zum 800-Meter-Lauf ist bereits gefallen. Man rechnet mit einer interessanten Auseinandersetzung zwischen dem italienischen Meister Mario Lanzi und dem Deutschen Rudolf Harbig vom Dresdner Sport-Club, der im vergangenen Jahr in Dresden Europameister über diese Strecke wurde und dabei Lanzi schlagen konnte. Die beiden großartigen Sportler haben in den vergangenen Monaten unter Beweis gestellt, dass sie diese Strecke in weniger als 1:50,0 Minuten bewältigen können.

Unterdessen tritt Lanzi die Flucht nach vorn an. Wie ein Kurzstrecken-Mann geht er die 800 Meter an. Nach 400 Metern liegt er deutlich vorn. Harbig hat Mühe, das Tempo zu halten, lässt sich aber nicht abschütteln. Die weiteren Läufer sind chancenlos. Jetzt geht es in die Zielkurve. Natürlich weiß Lanzi um die Endspurt-Stärke des Deutschen. Sein Vorsprung aber beträgt mehrere Meter. Dann tritt Harbig an. Lanzi kann das hohe Tempo nicht steigern. Es sieht aus, als bliebe der Italiener einfach stehen. Auf unnachahmliche Weise zieht der Deutsche an ihm vorbei. Tatsächlich bleiben beide Läufer im Ziel unter der magischen Minuten-Grenze von 1:50,0. Für Lanzi werden 1:49,0 min. gestoppt. Harbigs Zeit aber wird morgen weltweit Schlagzeilen machen: 1:46,6 Minuten! Weltrekord!

Rudolf Harbigs (Zweiter v. rechts) erster Erfolg: Bronze mit der 4 x 400-Meter-Staffel bei den Olympischen Spielen 1936.

Harbigs unglaublicher Fabel-Weltrekord hatte die nächsten 16 Jahre lang Bestand. Noch im Jahre 1986 wäre er mit dieser Leistung deutscher Meister geworden. Erst am 3. August 1955 gelang es dem Läufer Roger Moens, in Oslo für Belgien startend, die Harbig-Zeit mit 1:45,7 Minuten zu unterbieten. Harbig und Lanzi liefen vierzehn Tage nach ihrem denkwürdigen Wettstreit erneut gegeneinander. Wieder siegte Harbig. Am 12. August 1939 gelang es den beiden Läufern, ihre historische Auseinandersetzung vom Juli nahezu zu kopieren. Diesmal bei einem Sportfest in Frankfurt am Main über 400 Meter.

Wieder lag Lanzi vom Start weg vorn, wieder schlug Harbig auf den letzten Metern zu. Wieder Sieg! Und wieder lief der Deutsche Weltrekord: 46,0 Sekunden! Auch dieser Rekord hielt lange Zeit; erst neun Jahre später konnte er von Herbert McKinley aus Jamaika unterboten werden.

Spätestens nach diesen Leistungen war Rudolf Harbig einer der weltweit bekanntesten und besten Sportler. Der am 8. November 1913 in Dresden geborene Ausnahme-Mittelstreckenläufer wurde im Laufe seiner Karriere siebenmal deutscher Meister und zweifacher Europameister (800 Meter, 4 x 400-Meter-Staffel). Über 400 Meter, 800 Meter, 1000 Meter und 4 x 800 Meter stellte er Weltrekorde auf, dazu gelangen ihm 15 deutsche Rekorde. Bei den Olympischen Spielen von 1936 in Berlin gewann er mit seinen Kameraden Hamann, von Stülpnagel und Voigt in der 4 x 400-Meter-Staffel die Bronzemedaille. Zwischen 1936 und 1940 gab es keinen Läufer der Welt, der Rudolf Harbig auf der 800-Meter-Strecke schlagen konnte. Er blieb in 47 Läufen unbesiegt.

Immer wieder stellte ihn sein legendärer Trainer Woldemar Gerschler großartig auf die Wettkämpfe ein. Gerschler betonte mehrfach, dass Harbig kein „Naturwunder" sei, sondern sich jeder Erfolg auf unermüdlichen Fleiß und großartige Trainingsleistungen zurückführen lasse. In Rudolf Harbig hatte er einen besonders lehrreichen Schüler geformt, dessen disziplinierte Lebensweise – kein Alkohol, kein Nikotin – zum Garant seines Erfolges wurde. Rudolf Harbig war zudem als Konditionstrainer für die Fußballer des Dresdner SC, darunter Helmut Schön, tätig.

Nach Kriegsausbruch meldete er sich Rudolf Harbig zur Deutschen Wehrmacht. Er fiel am 5. März 1944 an der Ostfront bei Korowograd (Ukraine). Ihm zu Ehren trägt der alljährlich verliehene Preis des Deutschen Leichtathletik-Verbandes die Bezeichnung „Harbig-Preis". Nach der Wiedervereinigung von West- und Mitteldeutschland erhielt das Fußballstadion von Dynamo Dresden seine ursprüngliche Bezeichnung zurück: „Rudolf-Harbig-Stadion".

Rudolf Harbig am Ziel seines legendären 800-Meter-Laufes in Mailand.

Sport im Krieg

Not, Spiele und ein Gräuelmärchen

Es war allgemein überraschend und im internationalen Vergleich ganz unüblich, dass die NS-Führung nach Kriegsausbruch 1939 weiterhin auf Sport und Spiel zur Ablenkung der Massen setzte. Innerhalb der Wehrmacht beispielsweise war man angehalten, den ungezählten Einrückenden Ausgleichssport zu bieten. Natürlich waren unter den Soldaten auch Sportler der Spitzen- und gar der Weltklasse. Und schon bald kam dem Wehrmachtsport eine besondere Bedeutung zu.

Typische Heeres-Mannschaften beispielsweise entstanden am jeweiligen Standort, auch in den besetzten Gebieten. Die Mannschaften, zumeist Fußball- oder Handballtruppen, aber auch Schwimm- oder Boxstaffeln, traten mehr oder weniger regelmäßig gegeneinander an. Oft wurde hochklassiger Sport geboten, der nicht selten tausende Zuschauer anlockte. Als Beispiel mag die „Pariser Soldatenelf" gelten, die über Jahre hinweg als beste Wehrmachtself galt. Mit ihr ist das Schicksal von Georg Powrawa, einem erstklassigen Mittelstürmer, verbunden. Nachdem er in 20 Spielen 27 Tore für die „Pariser" geschossen hatte und ihm bereits eine Berufung in die Nationalmannschaft in Aussicht gestellt worden war, kam er bei einem Bombenangriff ums Leben.

Eine besondere Erwähnung verdient zum Beispiel Pepi Stroh, legendärer Kicker bei den „Belgradern", und auch die Heeresunteroffiziersschule Marienwerder erregte Aufsehen. Den Schülern gelang im Jahre 1942, was vor ihnen erst einem Verein (1936 dem Berliner SV) gelungen war: Sie wurden Gaumeister im Fußball, Handball und Landhockey. Zu den sport-

LSV Hamburg gegen die „Roten Jäger" (mit Fritz Walter). Solche Spiele begeisterten die Massen. Im Bild Hermann Graf und LSV-Spielführer Reinhold Münzenberg.

lichen Höhepunkten der Truppenbetreuung gehörten Fußballspiele zwischen Heer und Marine. Der Handballsport war eine besondere Domäne von SS-Vereinen, etwa aus Stuttgart, Prag oder Berlin. Auch und vor allem in den Reihen der Luftwaffe entstanden Fußballmannschaften. Vereine wie der LSV-„Immelmann"-Breslau oder der LSV-„Richthofen" Schweidnitz gehörten zur sportlichen Spitze. In Krakau kämpften die Mannschaften „Boelcke" und „Mölders" gegeneinander. Ab 1943 sorgte vor allem der LSV Markersdorf-Wien für Furore, der unvergessene Spieler wie Karl Sesta von Austria Wien in der Abwehr oder Max Merkel, später bekannter Fußball-Trainer, als Mittelläufer einsetzen konnte. Großereignisse, wie der 3:2-Sieg einer deutschen Fliegerauswahl gegen den spanischen Meister Athletico Aviacion sorgten für Schlagzeilen. Der in Hamburg gegründete LSV wurde in ganz Deutschland populär.

Dem Wehrmachtsport haben sich später auch Vergangenheitsbewältiger angenommen. Lange Jahre geisterte die Geschichte vom „Fußballmord von Kiew" durch Massenmedien. Behauptet wurde, Wehrmachtsoldaten hätten 1942 nach einem verlorenen Fußballspiel gegen sowjetische Kriegsgefangene in Kiew aus Rache vier Spieler der gegnerischen Mannschaft erschossen. Man errichtete in Kiew sogar ein Denkmal für diese „Opfer der deutschen faschistischen Horden".

Das Märchen ist in Wahrheit von der sowjetischen Propaganda aufgebracht worden. Als die Geschichte in den 80er Jahren erneut von Medien verbreitet wurde, richtete die „National-Zeitung" (München) an die zuständige Strafverfolgungsbehörde eine Anfrage. Mit Schreiben vom 30. September 1985 entkräftete der zuständige Oberstaatsanwalt von der Staatsanwaltschaft bei dem Hanseatischen Oberlandesgericht Hamburg die Vorwürfe.

Aus dem Schreiben des Oberstaatsanwaltes: „Die ‚Stuttgarter Zeitung' berichtete am 5.12.1973 über ein Fußballspiel im Frühjahr 1942 in Kiew zwischen einer dort stationierten deutschen Luftwaffeneinheit und sowjetischen Kriegsgefangenen. Nach dem Fußballspiel sollen vier Kriegsgefangene erschossen worden sein, weil die sowjetische Mannschaft gewonnen hatte.

Die von der Staatsanwaltschaft Hamburg daraufhin in dieser Sache geführten Ermittlungen führten zu keiner Klärung der Vorwürfe. Auch nach Maßgabe der von den sowjetischen Behörden erbetenen und von diesen auch geleisteten Rechtshilfe konnte weder ein Vorgang der behaupteten Art selbst, noch ein – wie von der Stuttgarter Zeitung beschriebenen – Sonderlager für sowjetische Kriegsgefangene, noch eine Luftwaffeneinheit, die für die behauptete Ausschreitung in Betracht kommen könnte, festgestellt werden. Die sowjetischen Behörden haben keine Zeugen für die Tat benannt. Da weitere Beweismittel nicht zur Verfügung standen, musste das Verfahren im März 1976 eingestellt werden. (Aktenzeichen Jpr 162/85)."

Fußball-Auswahl der Kriegsmarine. In Uniform: Betreuer Ernst Lehner, langjähriger Nationalspieler.

Deutsche setzt neue Traummarke

1939: Christel Schulz mit Weitsprung-Weltrekord

Auch drei Jahre nach den Olympischen Sommerspielen von Berlin ist die Begeisterung der Deutschen für die Leichtathletik ungebrochen. Heute, am 30. Juli 1939, sind 30 000 Zuschauer ins Olympiastadion der deutschen Hauptstadt gepilgert, um einem hochklassig besetzten Sportfest beizuwohnen. Sportler aus zwölf verschiedenen Staaten nehmen teil. Die Wettkämpfe gelten als Vorbereitung und Prüfung mit Blick auf die Olympischen Spiele im kommenden Jahr (die dann bekanntlich nicht stattfanden).

Zu einem Höhepunkt dieses Sportfestes entwickelt sich der Weitsprung-Wettbewerb bei den Damen. Im Mittelpunkt: Die Westfälin Christel Schulz, erst 18 Jahre alt, deutsche Meisterin vom TV 1862 Münster. Experten haben vorausgesagt, dass heute eine Schallmauer der Leichtathletik durchbrochen werden könnte. Nie zuvor ist eine Frau sechs Meter weit gesprungen. Chancen werden aber nicht nur Christel Schulz, sondern vor allem auch Francina „Fanny" Koen aus Holland eingeräumt. Sie ist den Deutschen bestens bekannt, begann doch ihre Karriere bei den Olympischen Spielen von Berlin. In ihrem Weitsprung-Versuch hat sie soeben 5,97 Meter geschafft. Damit ist sie bis auf einen einzigen Zentimeter an die Weltrekordmarke der Japanerin Kinue Hitomi herangekommen. Die Spannung steigt im weiten Rund des Stadions.

Im vergangenen Jahr hatte bereits die deutsche Weitspringerin Erika Junghans aus Naumburg einen sensationellen Sprung über 6,07 Meter vollbracht. Doch wegen nicht vorschriftsmäßiger Bedingungen wurde dem Weltrekord dann die

Christel Schulz in Aktion

Anerkennung versagt. Und auch die Polin Stanislawa Walasiewicz war in Lodz schon 6,04 Meter gesprungen. Auch ihre Bestleistung fiel den stets strengen Überwachungen regelkonformer Rahmenbedingungen zum Opfer. Es scheint angesichts dieser „Vorboten" aber tatsächlich nur eine Frage der Zeit, wann der Weltrekord gebrochen wird, als sich Christel Schulz für ihren Versuch bereit macht.

Heute in Berlin stimmen jedenfalls die Bedingungen. Darauf haben die Veranstalter peinlich genau geachtet. Christel Schulz, die wie so viele Weitspringer gleichzeitig auch eine erstklassige 100-Meter-Läuferin ist, wirft anschließend schon beim Anlauf ihre ganze Schnelligkeit in die Waagschale, trifft dazu den Absprungbalken optimal und landet tatsächlich bei sagenhaften 6,12 Metern in der Sprunggrube. Der Jubel im Olympiastadion kennt keine Grenzen. Christel Schulz winkt überglücklich ins Publikum. Mit diesem Sprung hat sie Sportgeschichte geschrieben. In den Jahren 1941 und 1942 sollte sie später noch weitere Meistertitel gewinnen.

Der Weltrekord von Christel Schulz hielt bis zum 19. September 1943. Dann nahm die Holländerin „Fanny" Koen Revanche. In Leiden schaffte sie 6,25 Meter. Wenige Wochen zuvor hatte sie auch im Hochsprung mit 1,71 Metern einen neuen Weltrekord aufgestellt. Und sogar über 100 Meter gelang ihr mit 11,5 Sekunden eine neue Bestzeit, die aber international nicht anerkannt wurde, weil sie mangels Konkurrentinnen gegen Männer gelaufen war. Christel Schulz und Fanny Koen wären sicherlich überragende Olympionen in den Jahren 1940 und 1944 geworden, wären die Spiele nicht den Kriegswirren zum Opfer gefallen.

Der Weitsprung-Weltrekord von „Fanny" Koen wurde erst im Jahre 1956 durch Elözbieta Krzesinska aus Polen (6,35 Meter) überboten. Neben Christel Schulz haben weitere deutsche Frauen die Weltrekordentwicklung in dieser traditionsreichen Leichtathletik-Disziplin, die bereits in der Antike zum Fünfkampf gehörte, geprägt. Heide Rosendahl sprang im Jahre 1976 sensationelle 6,92 Meter; ein Weltrekord, der 1976 durch die Mitteldeutsche Angela Voigt auf 6,92 m und im gleichen Jahr von der DDR-Springerin Siegrun Siegl (6,99 m) verbessert wurde.

1985 war es dann Heike Drechsler, die mit 7,44 Metern Weltrekord sprang. Ein Jahr später schraubte sie selbst die Bestmarke noch auf 7,45 Meter hoch. Heike Drechsler gilt durch ihre Erfolge als beste Weitspringerin aller Zeiten.

Bei den Herren erreichte US-Athlet Bob Beamon im Jahre 1968 mit 8,90 Meter im Weitsprung-Wettbewerb der Olympischen Spiele von Mexiko einen der berühmtesten Weltrekorde der gesamten Leichtathletik-Geschichte. Seine Fabel-Weite schaffte er gleich mit seinem ersten Versuch. Die automatische Messanlage war nur bis 8,60 Meter eingerichtet.

Der Rekord hielt mehr als zwei Jahrzehnte und wurde erst 1991 von Mike Powell (ebenfalls USA) auf 8,95 Meter verbessert. Alle Welt feierte damals diesen „Sprung in das nächste Jahrtausend", vollbracht an der Weitsprunganlage im Nationalstadion von Tokio. Seit Jahren war es das Ziel von international erfolgreichen Weitspringern, eines Tages den Beamon-Sprung zu überbieten. Nun war es vollbracht.

Weitsprung: Weltrekorde
(Auswahl)

Herren

1991: Mike Powell (USA) 8,95 m
1968: Bob Beamon (USA) 8,90 m
1965: Ralph Boston (USA) 8,35 m
1962: Igor Ter-Owanesian (URS) 8,31 m
1961: Ralph Boston (USA) 8,28 m
1960: Ralph Boston (USA) 8,21 m
1935: Jesse Owens (USA) 8,13 m
1931: Chuhei Nambu (JPN) 7,98 m
1928: Edward Hamm (USA) 7,90 m
1921: Edward Gourdin (USA) 7,69 m
1901: Peter O'Connor (GBR) 7,61 m
1900: Myer Prinstein (USA) 7,50 m

Damen

1988: Galina Tschistjakowa (URS) 7,72 m
1986: Heike Drechsler (BRD) 7,45 m
1983: Anisoara Cusmir (ROM) 7,20 m
1979: Wilma Bardauskiene (URS) 7,09 m
1976: Siegrun Siegl (DDR) 6,99 m
1976: Angela Voigt (DDR) 6,92 m
1970: Heide Rosendahl (BRD) 6,84 m
1968: Viorca Viscopoleanu (ROM) 6,82 m
1964: Mary Rand (GBR) 6,76 m
1956: Elözbieta Krzesinska (POL) 6,35 m
1943: Fanny Koen (NL) 6,25 m
1939: Christel Schulz (D) 6,12 m

Der deutsche Rennbaron

1940: Huschke von Hansteins großer Triumph

Es ist der 28. April 1940. Ein Sonntag. Die „Mille Miglia" steht an, mit 1600 Kilometern das längste und schwierigste, vor allem aber das wohl bedeutendste Straßenrennen dieser Zeit. Seit 1927 wird diese Veranstaltung, die Motorsport-Freunde überall auf der Welt fasziniert, regelmäßig ausgetragen. Die italienischen Organisatoren haben sich diesmal für einen Kurs von Brescia über Cremona und Mantua entschieden, der neunmal umrundet werden muss. Mit der Startnummer „70" gehen die deutschen Fahrer Fritz Huschke von Hanstein und Walter Bäumer auf „BMW 328 Mille Miglia Coupé" an den Start. Ihnen werden allenfalls Außenseiterchancen eingeräumt, denn die Alfa-Romeo-Werksmannschaft scheint übermächtig …

Nach dem Start setzen sich von Hanstein und Bäumer sogleich an die Spitze. Offenbar haben sie sich entschieden, das lange Rennen von der Führungsposition aus zu fahren. Gegen 73 weitere Teilnehmer müssen sie sich durchsetzen. Und es sieht gut aus. Die ausgetüftelte Taktik scheint aufzugehen. Der „Rannbaron", wie Huschke von Hanstein respektvoll selbst unter Kontrahenten genannt wird, stellt seine ganze Klasse unter Beweis. Der BMW legt die Strecke mit einer Durchschnittsgeschwindigkeit von 170 Stundenkilometern zurück und ist nach 8:54:46,6 Stunden im Ziel. Das ist der sensationelle Sieg; und zwar mit unglaublichen 15 Minuten Vorsprung auf die als unschlagbar geltenden Fahrer von Alfa Romeo.

Für Fritz Huschke von Hanstein war dies ein Sieg, der ihn als Rennfahrer weltberühmt werden ließ. Zudem war er 1938 deutscher Sportwagenmeister auf BMW.

Fritz Huschke von Hanstein

Auf allen Rennstrecken fühlte er sich zu Hause, egal ob im Gelände, auf der Rundstrecke oder bei Langstreckenprüfungen; egal, ob auf vier oder auf zwei Rädern. Auch bei Motorradrennen zog er der Konkurrenz davon. Insgesamt stellte er fünf Weltrekorde auf. Einen mindestens ebenso großen Namen erwarb sich der charakterstarke von Hanstein später als Rennleiter bei Porsche.

Geboren wurde er am 3. Januar 1911 als Sohn des Husaren-Rittmeisters Carlo von Hanstein in Halle an der Saale. Auf dem Rittergut seiner Familie im Werratal wuchs er auf. Nach dem Abitur absolvierte Huschke von Hanstein eine landwirtschaftliche und kaufmännische Lehre, studierte Jura und legte schließlich ein

Dolmetscher-Examen ab. Eigentlich sah es so aus, als sollte er als kühner Reiter die Sportwelt erobern. Dann aber entdeckte er seine Liebe zum Motorsport.

Nach dem Krieg baute Fritz Huschke von Hanstein die Rennabteilung und die Öffentlichkeitsarbeit bei Porsche perfekt aus. Beide Bereiche leitete er selbst bis 1968. Noch im Jahre 1958 startete er in 15 Rennen, von denen er 12 auch gewinnen konnte. 1960 wurde er, 49-jährig, Europa-Bergmeister in der GT-Wertung. Große Verdienste hat Huschke von Hanstein auch im Zusammenhang mit dem Sicherheitsdenken der Fahrer erworben. Hier nahm er zu jeder Zeit eine Vorreiter-Rolle ein.

Weltweite Anerkennung verdiente sich Huschke von Hanstein als Sportpräsident des Automobilclubs von Deutschland, als Präsident der Obersten Nationalen Sportkommission, als deutscher Sportpräsident des Internationalen Automobilverbandes und als Vizepräsident des Internationalen Automobilsportverbandes. Formel-1-Weltmeister Michael Schumacher über diesen großartigen Mann: „Huschke von Hanstein gehörte zu den schillerndsten Persönlichkeiten auf und neben der Rennstrecke – über Jahrzehnte und Generationen."

Fritz Huschke von Hanstein verstarb am 4. März 1996 in Stuttgart. Bis zuletzt war er auch politisch engagiert und setzte sich an der Seite von Dr. Gerhard Frey als Ehrenmitglied der Deutschen Volksunion (DVU) vehement für die Durchsetzung deutscher Interessen ein. In einem Interview mit der „National-Zeitung" verurteilte er unter anderem „ultralinke Meinungsmacher unserer Fernsehanstalten". Auf die Frage, welche soldatischen Leistungen er bewundere, antwortete Fritz Huschke von Hanstein: „Die Verteidigung Deutschlands durch Heer und Waffen-SS auf dem schon hoffnungslosen Rückzug aus Russland."

Der legendäre „BMW 328 Mille Miglia Coupé".

Rapid Wien deutscher Meister

1941: Fußball-Sternstunde in Berlin

Der deutsche Fußballsport hat in seiner langjährigen Geschichte jede Menge erlebt. Aber so etwas noch nicht. 95 000 Zuschauern im Berliner Olympiastadion stockt der Atem. Sie sind Zeugen eines der dramatischsten Fußballspiele der Geschichte. Im Endspiel um die deutsche Meisterschaft stehen sich Schalke 04 und Rapid Wien gegenüber. Der FC Schalke 04 ist der Fußballstolz der Deutschen. 1935, 1937, 1939, 1940 und 1942 war die „Jahrhunderttruppe" um Fußball-Legenden wie Ernst Kuzorra und Fritz Szepan Meister geworden, 1937 außerdem Pokalsieger. Zwischen 1933 und 1944 gewann die Mannschaft darüber hinaus sämtliche elf Gaumeisterschaften und blieb in vier Spielzeiten nacheinander ungeschlagen. Wo Schalke spielte, faszinierte die Truppe die Massen. Keine Frage: Rapid Wien ist heute, am 22. Juni 1941, nur krasser Außenseiter.

Die „Knappen" legen entsprechend ihrer Favoritenrolle los. Und nach einer Stunde scheint das Spiel entschieden. 3:0 für Szepan, Kuzorra und Kameraden. Niemand im weiten Rund gibt Rapid auch nur noch die kleinste Chance auf den Meistertitel. Als Wien aus heiterem Himmel zum vermeintlichen Ehrentor kommt, schlägt die Stunde des unvergessenen Wiener Stürmers Franz „Bimbo" Binder. Sein Name steht bis heute für eine der denkwürdigsten Aufholjagden der Sportgeschichte. Er allein dreht binnen weniger Minuten das Spiel.

In der 63. Spielminute gibt es Freistoß für Rapid. Binders Schuss aus 22 Metern fliegt wie ein Strich ins Tor. Nur noch 2:3! Seine weiteren Treffer in der 64. und 70. Spielminute bedeuten das 4:3. Und

Schlagzeile des „Sport-Montag" einen Tag nach dem „Jahrhundert-Spiel".

dabei bleibt es schließlich. Rapid Wien ist deutscher Fußballmeister. Ein Spiel für die Sportgeschichte. Noch heute sprechen Sportfreunde von der berühmten „Rapid-Viertelstunde".

„Bimbo" Binder, der fast zwei Meter große, stets etwas steif wirkende Stürmer, schoss für Rapid in 19 Jahren und 756 Spielen sagenhafte 1006 Tore. Für die gesamtdeutsche Nationalmannschaft schoss er zehn Tore in neun Spielen. Binder war in St. Pölten als Sohn eines Eisenbahners aufgewachsen. Mit Rapid wurde er sechsmal österreichischer Meister und einmal Pokalsieger. Nach dem Krieg arbeitete er erfolgreich als Trainer, unter anderem bei Rapid Wien, dem PSV Eindhofen, dem 1. FC Nürnberg und dem TSV 1860 München.

Zahlreiche Gerüchte und Geschichten ranken sich bis heute um dieses unvergessene Endspiel im Olympiastadion von Berlin. Haben Nationalsozialisten das Ergebnis gekauft oder sonstwie das Spiel geschoben, um Rapid den Titel zukommen zu lassen? Überzeugend hat beispielsweise Wolfgang Hempel, einst Radio- und Rundfunkreporter, und – als Schalke-Anhänger – Augenzeuge des

Spiels, diesen Unsinn widerlegt: „Das stimmt nicht. Die Schalker, die hatten in der ersten Halbzeit gezaubert und waren nach dem Vorsprung überheblich. Die dachten, die hätten das Spiel schon gewonnen. Und dann war es auch noch ein konditionelles Problem für die Schalker Stars, für Szepan und Kuzorra, die ja schon Mitte dreißig waren – es war nämlich ziemlich heiß. Und Rapid war, im Gegensatz zur Austria, eine kampfstarke, eine kernige Mannschaft."

Und weiter: „Geschoben war da nichts. Entscheidend war vielmehr, dass Schalkes Trainer Bumbas Schmidt den Otto Tibulski gegen Binder gestellt hat. Binder war über 1,90 Meter groß, Tibulski nur 1,73 Meter oder 1,74 Meter. Der Tibulski ist ja immer am Rücken von Binder abgerutscht. Der hat dann ja auch einen Elfmeter verursacht." Gleich nach dem Spiel hatten die Schalker den Siegern aus Wien anständig gratuliert und sich trotz des spektakulären Spielverlaufs als gute Verlierer präsentiert.

Schalke als „Nazi-Meister"? Bewältiger haben nach dem Krieg auch in diesem Zusammenhang ihre Spur aufgenommen. Herbert Burdenski, mit Schalke in den Jahren 1940 und 1942 Deutscher Meister, sagte dazu: „Die Distanz zu den Nazis war sehr groß. Schalke war ganz neutral. Wir waren mit dieser Sache nicht so verbunden, wie es immer heißt. Die Nazis haben natürlich versucht, mit uns, weil wir erfolgreich waren, Kontakt aufzunehmen, aber das hat nicht geklappt (…) Politik hat uns überhaupt nicht interessiert. Wir hatten andere Themen, haben uns gefreut, wenn wir Fußballspielen konnten. Wir wurden vor den Spielen gebeten, den Hitlergruß zu machen, also haben wir das gemacht."

Nach dem Krieg war es mit der Herrlichkeit des FC Schalke 04 dann vorbei. Der Serienmeister der dreißiger Jahre fuhr anschließend nur noch einen Meistertitel (1958) ein. Zeitweise war „Königsblau" sogar zweitklassig. Zuletzt aber ging es wieder aufwärts: DFB-Pokal-Sieger 2001, UEFA-Pokal-Sieger 1998.

Rapid Wien: Deutscher Meister 1941

Unschlagbar auch im Sport

An Hermann Graf erinnert

Der Wehrmachtsport wurde ganz entscheidend von Hermann Graf, dem berühmten Jagdflieger, geprägt. Er war in den dreißiger Jahren einer der besten deutschen Fußball-Torhüter. Es gab kaum ein großes Fußballspiel, bei dem Graf nicht als Ehrengast begrüßt wurde. Im Jahre 1943 gründete er seine eigene Geschwadermannschaft, die berühmten „Roten Jäger". Die Truppe galt als unschlagbar. Neben Graf spielten dort auch Größen wie Alfons Mogg aus Köln oder Fritz Walter, der spätere Weltmeister. Die „Roten Jäger" konnten mit den besten Vereinsmannschaften Europas mithalten. Hermann Graf zählt zudem zu den berühmtesten Soldaten der Deutschen Wehrmacht, geehrt mit der höchsten deutschen Tapferkeitsauszeichnung, den Brillanten. Graf war letzter Kommandant des erfolgreichsten Jagdgeschwaders der Luftwaffe (JG 52), das fast 11 000 Abschüsse erzielte. Als erster deutscher Flieger meldete Graf einen 200. Luftsieg. Er glänzte stets durch kämpferischen Einsatz, war zudem ein ausgezeichneter Flieger und zuverlässiger Kamerad. Hermann Graf wurde am 12. Oktober 1912 in Engen (Hegau) geboren. Schon von Kindesbeinen an begeisterte er sich für die Fliegerei. Nach einer Verwaltungslehre meldete er sich, nachdem er als Segelflieger alle Prüfungen bestanden hatte, im Jahre 1936 zur Wehrmacht und war ab 1939 für die Luftwaffe im Einsatz, zuerst im Frankreichfeldzug und später im Osten. Am 4. August 1941 schoss er seinen ersten Gegner ab. Insgesamt erzielte er bei 830 Feindflügen 212 bestätigte Luftsiege. Am 24. September 1942 vernichtete er zehn feindliche Bomber an einem Tag. Am 17. Mai 1942 wur-

Brillanten-Träger Hermann Graf

de Graf mit dem Eichenlaub und nur zwei Tage später mit den Schwertern ausgezeichnet. Die Brillanten, die er als fünfter Soldat der Wehrmacht erhielt, kamen am 16. September des gleichen Jahres hinzu. Es gab keinen zweiten Soldaten, der sich diese höchsten Auszeichnungen in so kurzer Zeit verdient hat. Wie andere herausragende Jagdflieger, deren Erfahrung man bei der Ausbildung benötigte, erhielt er danach für einige Zeit Flugverbot und wurde Kommandeur einer Ergänzungsjagdgruppe, die in Frankreich stationiert war. 1943 übernahm er das Jagdgeschwader 11, das zur Reichsverteidigung eingesetzt war und gegen die alliierten Bomberströme flog. Im Frühjahr 1944 erfolgte seine Versetzung an die Ostfront, wo er als Oberst zum berühmten Jagdgeschwader 52 zurückkam.

Graf war ein außerordentlich anständiger Luftkämpfer. Mit Hochachtung sprach er von seinen Gegnern, die für ihn „prächtige Kerle" waren. Seinen Soldaten war er Vorbild. Wann immer Graf zwischen den Einsätzen Zeit hatte, wurde Fußball gespielt. Besonnenheit war Grafs Stärke auch während der Wirren der Kapitulation. So ließ er alle Flugmaschinen sprengen. Sie sollten nicht in die Hände des Feindes fallen. Einen Befehl, sich in Dortmund Engländern zu ergeben, lehnte Graf ab. 2000 Frauen, Kinder und alte Menschen hatten bei ihm und weiteren Soldaten, darunter auch Erich Hartmann, Schutz gesucht. Für sie fühlte sich Graf verantwortlich. Es gelang ihm, die Armen vor dem Zugriff der Roten Armee zu retten und in US-amerikanische Gefangenschaft zu überführen. Graf und seine Männer trauten ihren Augen nicht, als die „Geretteten" dann von Amerikanern an die Sowjets ausgeliefert wurden.

So geriet auch Graf in sowjetische Gefangenschaft. Dort setzte er sich immer wieder mutig für seine Mithäftlinge ein, konnte sogar verhältnismäßig ausreichende Verpflegungssätze aushandeln und organisierte wiederum Fußballspiele. Nach fünf Jahren wurde er aus der Gefangenschaft entlassen. Vorwürfen, er hätte in der Haft mit den Sowjets gemeinsame Sache gemacht, um seine eigene Situation zu verbessern, entgegnete Graf: „Es ist unwahr und durch nichts zu beweisen, dass ich mich für die Russen entschieden hätte. Ich fühle mich (...) als Opfer einer heimtückischen Legende, die nach dem Krieg hinsichtlich meiner Haltung in russischer Gefangenschaft verbreitet wurde."

Sepp Herberger, legendärer Fußball-Lehrer deutscher Nationalmannschaften, stand nach dem Krieg weiter zu ihm und verhalf Graf zu einer Stellung in der Elektro-Schweißindustrie, die er mit viel Energie und trotz Krankheit bis zu seinem 65. Lebensjahr ausfüllte. Hermann Graf starb am 4. November 1988 in seinem Geburtsort Engen bei Rastatt.

Hermann Graf und Fritz Walter, beide aktiv für die legendären „Roten Jäger".

Deutsche mit revolutionärem Stil

1943: Weltrekord durch Gisela Graß

D er Zweite Weltkrieg bestimmte das Tagesgeschehen auch im Jahre 1943. International ruhten zahlreiche sportliche Wettkämpfe. Die Olympischen Spiele des Jahres 1940, vorgesehen in Tokio und nach dem japanischen Verzicht im Jahre 1938 erneut nach Deutschland vergeben, entfielen. In Frankreich wurde 1940 die Tour de France abgesagt, in England die traditionellen Fußball-Pokalendspiele in Wembley ab 1939.
Auch in Deutschland gab es viele Einschränkungen, obwohl sich die NS-Führung nach Kräften bemühte, den Sportbetrieb weiter durchzuführen. Ein am 15. März 1940 ins Leben gerufener „Kriegssportausschuss" begründete dies noch am 20. Juni 1940 wie folgt: „Die Leibesübungen sind von besonderer Bedeutung für die Ertüchtigung unseres Volkes. Während des Krieges bilden sie ein wichtiges Mittel zur Erhaltung der Widerstandskraft der Nation." Und so wurde zumindest bis 1944 überregional an den Sonntagen gespielt, gelaufen, geboxt und geschwommen, teilweise vor zigtausenden Zuschauern. Im Jahre 1942 zum Beispiel bestritt Deutschland noch 72 Länderkämpfe gegen 13 verschiedene Nationen, von denen 49 gewonnen wurden. Auf lokaler Ebene gingen die Wettbewerbe sogar nach 1944 noch weiter. Manchmal – so Zeitzeugen – übertönte der Donner der heranrückenden Front die Schiedsrichterpfeife. Zumindest phasenweise konnten die Menschen für Stunden bei Sportveranstaltungen ihre Existenzsorgen im Krieg vergessen. Dafür sorgte die NS-Propaganda, schon um von eigenen Verbrechen so gut wie möglich abzulenken.

Weltrekord-Schwimmerin Gisela Graß

Ausgetragene Wettbewerbe stießen in Deutschland durchaus auf breites öffentliches Interesse. So auch der Auftritt von Gisela Graß, der deutschen Meisterin im Brustschwimmen (200 Meter in 2:59,0 Minuten) am 9. Mai 1943 in Leipzig. Deutsche Schwimmerinnen und Schwimmer haben noch immer einen glänzenden Ruf, den sie seit Jahren immer wieder durch Weltklasseleistungen bestätigen. Dass Gisela Graß an diesem Tag einen neuen Weltrekord über 100 Meter Brustschwimmen aufstellt, ist bereits eine aufsehenerregende und vielumjubelte Tatsache. Wirklich atemberaubend aber ist darüber hinaus die faszinierende Art und revolutionäre Weise, wie sie dies anstellt … Gisela Graß überrascht die Sportexperten an diesem Tag mit dem so genannten Schmetterling-Stil. Diese Taktik hatte im Jahre 1935 erstmals der US-Schwimmer Jack Sieg erfolgreich angewandt. Sein Landsmann Arnold Brydenthal perfektionierte schließlich das „Butterfly"-Schwimmen in den folgenden Jahren. Beide Arme werden hierbei gleichzeitig über dem Wasser nach vorn geworfen und anschließend unter Wasser rückwärts durchgezogen. Dabei müssen die Schultern bei geradegehaltenem Körper waagerecht über dem Wasser liegen.

Gisela Graß hatte sich ausgiebig auf diesen Wettkampftag vorbereitet und immer wieder an ihrer außergewöhnlichen Taktik gefeilt. Zusätzlich mussten die Wettkampfrichter im Vorfeld von der Regelgerechtigkeit ihres neuen Stils überzeugt werden. Kein leichtes Unterfangen! Der zuständige Verband, die „Fédération Internationale de Nation Amateur" (FINA) aber gab vor ihrem Start schließlich grünes Licht und anerkannte diese Technik als zum Brustschwimmen gehörig. Aufatmen bei der deutschen Schwimmerin. Gisela Graß weiß: Ihre Technik ist ganz besonders kraftraubend. Das setzt eine kluge und ausgeklügelte Einteilung der Kräfte voraus.

Die Deutsche hat Erfolg. Und wie! Sie geht als erste Europäerin in die Geschichte ein, die diesen neuen Schwimmstil erfolgreich im Wettkampf einsetzt. Unmittelbar nach dem Start präsentiert sie kraftvoll den Schmetterling-Stil und erarbeitet sich auf diese Weise rasch einen gehörigen Vorsprung vor ihren Konkurrentinnen. Weil das Rennen auf diese Weise aber kräftemäßig nicht durchzuhalten ist, geht Gisela Graß nach genau 50 Metern in den klassischen Stil des Brustschwimmens über. Auf den letzten 20 Metern „schmettert" sie erneut. Die Taktik geht auf. Gisela Graß siegt! Sozusagen „nebenbei" erfährt sie, dass ihre Siegeszeit einen neuen Weltrekord bedeutet. 1:19,8 Minuten. Bei einer Intensivierung des Krafttrainings könne man den neuen Stil auch über die gesamte Strecke durchhalten, erläutert sie den staunenden Medienvertretern am Ziel.

Teilweise mit aller Macht wurde der Spielbetrieb während des Krieges aufrechterhalten. Beispiel Fußball: Am 27. Juni 1943 wurde erstmals der Dresdner SC deutscher Meister. Vor 80 000 Zuschauern bezwangen die Sachsen im Endspiel von Berlin den FV Saarbrücken mit 3:0. Im Trikot der Dresdner kickte u.a. der spätere Bundestrainer Helmut Schön. Am 31. Oktober 1943 gewann ferner Vienna Wien den DFB-Pokal. Im Finale von Stuttgart wurde der Luftwaffen-Sport-Verein Hamburg mit 3:2 nach Verlängerung bezwungen.

Schon 16 Fußballländerspiele im Kriege!

Mit dem Fußball-Länderspiel am 17. November 1940 in Hamburg gegen Dänemark hat der deutsche Fußballsport den internationalen Spielverkehr für 1940 abgeschlossen. In 15 Kriegsmonaten wurden nicht weniger als 16 Länderkämpfe ausgetragen. Und wenngleich die Leistungen der Nationalmannschaft durch Einberufungen und Militärdienst der Spieler natürlich beeinflußt wurden, gab es doch eine sehr gute Bilanz.

Die NS-Führung mühte sich nach Kräften, den Sportbetrieb auch während des Krieges aufrechtzuerhalten. Dies wurde der Bevölkerung auch entsprechend vermittelt, wie diese Schlagzeile aus der „Frankfurter Zeitung" vom 2. Dezember 1940 verdeutlicht.

Schneller, höher, weiter

1931 – 1950: Noch mehr deutsche Sporterfolge

Neben den vorgestellten Sternstunden des deutschen Sports und vor allem auch neben olympischen Sommer- und Winterspielen gab es zu jeder Zeit viele weitere famose Leistungen unserer Athleten. Nachfolgend eine kleine Auswahl.

31. Januar 1931:
Bei den Bob-Weltmeisterschaften gewinnen Deutsche die Titel im Zweier und Vierer.

3. Juli 1931:
Tennis-Sensation: Mit Cilly Aussem siegt erstmals eine Deutsche in Wimbledon.

16. August 1931:
Kugelstoßen: Weltrekord durch Grete Heublein in Bielefeld (13,70 Meter).

3. Oktober 1931:
Rudolf Ismayr wird Europameister im Gewichtheben.

12. Juni 1932:
Ellen Braumüller stellt in Berlin einen Speerwurf-Weltrekord auf (44,64 Meter).

14. Juni 1932:
Leichtathletik-Weltrekord durch die 4 x 100-Meter-Staffel der Deutschen in Berlin.

19. Juni 1932:
Grete Heublein jetzt auch Weltrekordhalterin im Diskuswurf (40,84 Meter).

4. August 1932:
Jakob Brendel wird Olympiasieger im Ringen (Bantamgewicht).

20. März 1933:
Kurt Hornfischer wird in Helsinki Europameister der Ringer im Schwergewicht.

23. Juli 1933:
Zehnkampf-Weltrekord durch Hans-Heinrich Sievert in Hamburg, den er am 8. Juli 1934 nochmals verbessert.

6. August 1933:
Die Frauenstaffel des VfB Breslau läuft Weltrekord über 3 x 800 Meter.

3. Februar 1934:
Max Stiepl aus Österreich stellt einen Weltrekord im Eisschnelllauf auf; Christl Cranz wird Doppel-Weltmeisterin im Skifahren (Slalom und Kombination), Franz Pfnür Slalom-Weltmeister bei den Herren. Die Österreicherin Christl Cranz gewinnt im Verlauf ihrer fabelhaften Karriere insgesamt 14 Weltmeister-Titel und zwei olympische Goldmedaillen.

Christl Cranz

12. Juni 1934:
Ernst Winter wird Turnweltmeister (Reck).

14. Juli 1934:
Gisela Mauermayer stellt in Warschau einen neuen Weltrekord im Kugelstoßen auf (14,38 Meter). Insgesamt gelingen ihr in ihrer Laufbahn acht Weltrekorde.

11. August 1934:
Bei den Weltspielen der Frauen in London gewinnen deutsche Leichtathleten neun von elf Wettbewerben. Ruth Engelhard läuft dabei Weltrekord über 80 Meter Hürden.

15. März 1935:
Erwin Sietas schwimmt in Düsseldorf Weltrekord über 200 Meter Brust.

28. April 1935:
Diskus-Weltrekord durch Willy Schröder im Magdeburg.

11. August 1935:
Toni Merkens wird in Leipzig Sprint-Weltmeister der Rad-Amateure.

13. März 1936:
Hanni Hölzer schwimmt in Plauen Weltrekord über 200 Meter Brust.

15. März 1936:
Weltrekord im Skifliegen durch Sepp Bradl aus Österreich.

24. März 1936:
Auf der Autobahn Frankfurt am Main - Heidelberg stellt Hans Stuck fünf Weltrekorde auf.

28. August 1937:
Radsport: Der Bochumer Walter Lohmann gewinnt die Steher-Weltmeisterschaft in Kopenhagen.

12. September 1937:
Neuer Weltrekord im Dreikampf der Gewichtheber durch Josef Manger aus Bayern.

28. November 1937:
Ernst Henne fährt auf BMW absoluten Motorrad-Geschwindigkeits-Rekord: 279,503 Stundenkilometer.

6. Februar 1938:
Erste Handball-Hallen-WM in Berlin: Deutschland wird Weltmeister.

5. März 1938:
Die Vereinsstaffel des Bremer SV schwimmt auf Norderney Weltrekord über 4 x 100 Meter.

10. Juli 1938:
Feldhandball-WM-Finale:
Deutschland – Schweiz: 23:0

19. Juli 1938:
Karl Kontratschek aus Österreich stellt einen Dreisprung-Weltrekord auf: 15,28 Meter!

27. August 1938:
Hammerwurf-Weltrekord durch Erwin Blask in Stockholm (59 Meter).

19. Februar 1939:
Bei den Nordischen Ski-Weltmeisterschaften in Zakopane gewinnt der Sudetendeutsche Gustav Berauer als erster Mitteleuropäer die Nordische Kombination.

9. Juli 1939:
In Berlin läuft Friedrich-Wilhelm Hölling über 400 Meter Hürden einen neuen Europarekord (51,6 Sekunden).

20. August 1939:
Nach seinem fünften Saisonsieg beim Automobilrennen im Berner Bremgarten steht Hermann Lang als Europameister fest.

7. März 1941:
Deutsche Skispringer auf Weltrekordjagd: Rudi Gehring, Max Mair aus Südtirol, Paul Kraus und Hans Lahr überbieten sich mit Bestmarken gegenseitig. Am Ende setzt Gehring mit 118 Metern den Schlusspunkt.

19. März 1941:
Anni Kappel stellt in Düsseldorf einen Schwimm-Weltrekord über 200 Meter Brust auf.

27. April 1941:
Weltrekord im 30-Kilometer-Gehen durch den Deutschen Hermann Schmidt.

21. Juni 1942:
Speerwerferin Anneliese Steinhauer wirft in Frankfurt am Main 47,24 Meter. Weltrekord!

26. Juni 1947:
Weltrekord im Speerwerfen durch die Österreicherin Herma Bauma.

14. März 1950:
Die Österreicherinnen Trude Jochum-Beiser (Abfahrt) und Dagmar Rom (Slalom und Riesenslalom) gewinnen Ski-Weltmeistertitel.

Deutschlands große Stunde

1954: Triumph bei Fußball-Weltmeisterschaft

Der Triumph von Bern, der Gewinn der Fußball-Weltmeisterschaft von 1954, war unbestritten das gewaltigste Ereignis des deutschen Sports. Ein Sieg für Deutschland, ein Sieg zur rechten Zeit. Ein Sieg, mit dem zuvor niemand gerechnet hatte. Noch bis zum Mai 1949 waren im Rahmen des Weltfußball-Verbandes sportliche Auseinandersetzungen mit Deutschen untersagt. Die Fußball-Mannen um ihren Lehrer Josef „Sepp" Herberger mussten bis zum 22. November 1950 warten, ehe sie ihr erstes offizielles Nachkriegs-Länderspiel in Stuttgart gegen die Schweiz (1:0) bestreiten konnten.

Die Nationalmannschaft, die Sepp Herberger schließlich zu dem großen Turnier in die Schweiz entsandte, war nicht nur sportlich perfekt vorbereitet. Spielführer Fritz Walter erinnerte sich später: „Seine Parole, an die wir uns tausendprozentig gehalten haben, lautete, den deutschen Fußball und unser Land nicht nur im Spiel, sondern auch außerhalb des Spielfeldes ehrenvoll zu vertreten." Mit einem 4:1-Sieg gegen die Türkei hatte die deutsche Elf einen guten Turnierstart. Am 20. Juni 1954 folgte die Auseinandersetzung mit der „Wundermannschaft" der hochfavorisierten Ungarn. Die Herberger-Elf unterlag 3:8. Der gerissene Trainer hatte nur die „zweite Elf" aufgeboten, um seine Stammspieler zu schonen. Ein riskantes Unterfangen, denn eine weitere Niederlage im Entscheidungsspiel gegen die Türkei hätte das Aus für die deutschen Mannen bedeutet. Aber die Spieler um Fritz Walter siegten mit 7:2. Im anschließenden Viertelfinale wurde Jugoslawien mit 2:0, im Halbfinale schließlich Österreich mit 6:1 besiegt. Deutsch-

Deutschlands WM-Sieg war das herausragende Ereignis nicht nur der 50er Jahre. Hier: Sepp Herberger als Titelbild des Nachrichtenmagazins „Der Spiegel".

land war im Endspiel. Dort warteten erneut die Ungarn.

Niemand im mit 60 000 Zuschauern ausverkauften Berner Wankdorf-Stadion zweifelt an jenem verregneten 4. Juli 1954 an einem Sieg der Ungarn um ihren Ausnahmespieler Ferenc Puskás. Nach acht Spielminuten führt die ungarische Mannschaft bereits mit 2:0. Die Deutschen aber spielen konzentriert weiter. Dem Halbrechten Morlock gelingt der Anschlusstreffer. Und zur Halbzeit steht es 2:2. Nach einer Ecke hatte Helmut Rahn den Ball zum Ausgleich ins Tor gedroschen. Eine Sensation liegt in der Luft, denn die Ungarn verzetteln sich zunehmend in ihren Angriffsaktionen.

In der 84. Minute schlägt dann eine ganz große Stunde des deutschen Sports. Helmut Rahn erwischt die Lederkugel voll. Ein Schuss wie ein Strich. In seiner berühmten Radio-Reportage ruft Herbert Zimmermann aus: „Tor! Tor! Tor! Tor für Deutschland – 3:2!" Sechs Minuten später pfeift der englische Schiedsrichter ab. Elf überglückliche Spieler fallen sich in die Arme: Weltmeister! Die deutsche Mannschaft, die hier Geschichte schrieb, setzte sich wie folgt zusammen: Toni Turek, Jupp Posipal, Werner Kohlmeyer, Horst Eckel, Werner Liebrich, Karl Mai, Helmut Rahn, Max Morlock, Ottmar Walter, Fritz Walter, Hans Schäfer. Einen Tag später bereiteten ungezählte Deutsche ihren Helden einen gigantischen Empfang. In der Heimat hatten sich nach dem Triumph unbeschreibliche Szenen abgespielt. Fernsehgeräte waren aufgekauft. Ein Fußball-Sieg als Balsam für das durch Sieger-Willkür vielfach gedemütigte Deutschland. Und der „Spiegel" vom 7. Juli 1954 formulierte: „Deutschland erhob sich, und Europa erbebte, weil Josef Herberger, ein gemütlicher kleiner Mannheimer mit verwittertem Bergbauern-Gesicht, die von ihm trainierte deutsche Mannschaft zum größten Triumph der deutschen Sportgeschichte geführt hatte."

Ausländische Presseorgane nahmen den WM-Triumph zum Anlass, in die antideutsche Schmuddelkiste zu greifen. Der französische „Le Monde" vom 8. Juli: „Achtung! Achtung! Die Musik intoniert Deutschland, Deutschland über alles. Die Menge singt mit. Die Erde zittert. Jung, fest, begeistert singen die Deutschen machtvoll, auf dass es die ganze Welt höre und wisse, dass Deutschland wieder einmal ‚über alles' erhoben ist. Achtung!" Der englische „Manchester Guardian" kommentierte: „Der furchtbare deutsche Angriff war eine echte Rückkehr zum alten Blitzkrieg. Die Ungarn wankten unter den deutschen Hammerschlägen." Bundeskanzler Adenauer ließ sich wenig beeindrucken und sandte folgendes Telegramm an die frischgebackenen Weltmeister: „An Ihrem großartigen Sieg nimmt das ganze deutsche Volk mit großer Freude Anteil. Ich spreche der deutschen Fußball-Nationalmannschaft meine herzlichsten Glückwünsche aus und übersende Ihnen allen meine besten Grüße."

Überschäumende Freude nach dem Schlusspfiff: Deutschland ist Weltmeister!

Deutschland erstmals Weltmeister

Die Endrunden-Turniere 1930 – 1954

Fußball-Weltmeisterschaft in Uruguay
13. Juli bis 30. Juli 1930

Gruppe 1

Argentinien - Frankreich	1:0
Frankreich - Mexico	4:1
Chile - Mexiko	3:0
Chile - Frankreich	1:0
Argentinien - Mexiko	6:3
Argentinien - Chile	3:1

Gruppe 3

Rumänien - Peru	3:1
Uruguay - Peru	1:0
Uruguay - Rumänien	4:0

Vorschlussrunde

Argentinien - USA	6:1
Uruguay - Jugoslawien	6:1

Gruppe 2

Jugoslawien - Brasilien	2:1
Jugoslawien - Bolivien	4:0
Brasilien - Bolivien	4:0

Gruppe 4

USA - Belgien	3:0
USA - Paraguay	3:0
Paraguay - Belgien	1:0

Finale

Uruguay - Argentinien	4:2

Fußball-Weltmeisterschaft in Italien
27. Mai bis 10. Juni 1934

1. Runde

Italien - USA	7:1
Tschechoslowakei - Rumänien	2:1
Österreich - Frankreich	3:2 n. V.
Spanien - Brasilien	3:1
Schweiz - Holland	3:2
Schweden - Argentinien	3:2
Ungarn - Ägypten	4:2
Deutschland - Belgien	5:2

Spiel um Platz 3

Deutschland - Österreich	3:2

Viertelfinale

Österreich - Ungarn	2:1
Tschechoslowakei - Schweiz	3:2
Italien - Spanien	1:1
Deutschland - Schweden	2:1
Italien - Spanien	1:0

Halbfinale

Italien - Österreich	1:0
Tschechoslowakei - Deutschland	3:1

Finale

Italien - Tschechoslowakei	2:1 n. V.

Fußball-Weltmeisterschaft in Frankreich
4. Juni bis 19. Juni 1938

1. Runde

Deutschland - Schweiz	1:1 n. V.
Frankreich - Belgien	3:1
Brasilien - Polen	6:5 n. V.
Tschechoslowakei.- Holland	3:0 n. V.

Viertelfinale

Ungarn - Schweiz	2:0
Brasilien - Tschechoslowakei	1:1 n. V.
Italien - Frankreich	3:1
Schweden - Kuba	8:0

Kuba - Rumänien	3:3 n. V.	Brasilien - Tschechoslowakei	2:1
Italien - Norwegen	2:1	*Halbfinale*	
Ungarn - Niederl.-Indien	6:0	Ungarn - Schweden	5:1
Deutschland - Schweiz	2:4	Italien - Brasilien	2:1
Kuba - Rumänien	2:1		
Spiel um Platz 3		*Finale*	
Brasilien - Schweden	4:2	Italien - Ungarn	4:2

Fußball-Weltmeisterschaft in Brasilien
24. Juni bis 16. Juli 1950

Gruppenspiele		Italien - Paraguay	2:0
Brasilien - Mexiko	4:0	Uruguay - Bolivien	8:0
Jugoslawien - Schweiz	3:0		
Brasilien - Schweiz	2:2	*Endrunde*	
Jugoslawien - Mexiko	4:1	Brasilien - Schweden	7:1
Brasilien - Jugoslawien	2:0	Uruguay - Spanien	2:2
Schweiz - Mexiko	2:1	Spanien - Brasilien	1:6
England - USA	0:1	Uruguay - Schweden	3:2
Spanien - England	1:0	Schweden - Spanien	3:1
Chile - USA	5:2	Uruguay - Brasilien	2:1
Italien - Schweden	2:3		
Schweden - Paraguay	2:2	*Weltmeister:* Uruguay	

Fußball-Weltmeisterschaft in der Schweiz
16. Juni bis 4. Juli 1954

Gruppe 1			*Gruppe 2*		
Brasilien - Mexiko		5:0	Ungarn - Südkorea	9:0	
Jugoslawien - Frankreich		1:0	Deutschland - Türkei	4:1	
Brasilien - Jugoslawien		1:1 n. V.	Ungarn - Deutschland	8:3	
Frankreich - Mexiko		3:2	Türkei - Südkorea	7:0	
Gruppe 3			1. Ungarn	17:3	4:0
Österreich - Schottland		1:0	2. Deutschland	7:9	2:2
Tschechoslowakei - Uruguay		0:2	3. Türkei	8:4	2:2
Tschechoslowakei - Österreich		0:5	4. Südkorea	0:16	0:4
Uruguay - Schottland		7:0	Deutschland - Türkei	7:2	
1. Uruguay	9:0	4:0	*Gruppe 4*		
2. Österreich	6:0	4:0	England - Belgien	4:4 n. V.	
3. Tschechoslowakei	0:7	0:4	Italien - Schweiz	1:2	
4. Schottland	0:8	0:4	England - Schweiz	2:0	
			Italien - Belgien	4:1	
Viertelfinale			Schweiz - Italien	4:1	
Österreich - Schweiz		7:5	*Halbfinale*		
Uruguay - England		4:2	Deutschland - Österreich	6:1	
Deutschland - Jugoslawien		2:0	Ungarn - Uruguay	4:2 n. V.	
Ungarn -Brasilien		4:2	*Finale:* Deutschland - Ungarn	3:2	

Wiedergeburt im Motorsport

1954: Werner Haas erneut Weltmeister

Als sich Werner Haas, Deutschlands populärster Motorrad-Rennfahrer, beim Großen Preis von Holland in Assen am 11. Juli 1954 durch seinen Sieg auf NSU die Weltmeisterschaft in der 250-ccm-Klasse sichert, ist der Jubel in Deutschland enorm. Wenige Tage nach dem Gewinn der Fußball-Weltmeisterschaft von Bern zählt auch dieser famose Sieg zur eindrucksvollen deutschen Wiedergeburt im Sport, die nun – bald ein Jahrzehnt nach Beendigung des Zweiten Weltkrieges – weltweit zur Kenntnis genommen werden muss. Nach vielen Schmähungen, Ausschlüssen und Ungerechtigkeiten sind die Deutschen wieder da. Das beweisen unsere Fußballer, aber auch so großartige Sportler wie Werner Haas.

Werner Haas hatte maßgeblichen Anteil daran, dass der Motorrad-Rennsport nach 1945 so einen raschen Aufstieg nehmen konnte. Vor allem die schnellen Maschinen von BMW und NSU, ausgestattet mit hochmoderner Stromlinienverkleidung, waren weitere Erfolgsgaranten. Niemand beherrschte damals das Motorrad so perfekt wie Werner Haas. Der Lohn: Schon 1953 war er – völlig überraschend – Weltmeister geworden, sogar der erste deutsche Doppel-Weltmeister in der Geschichte des Motorradsports, noch dazu siegreich auf dem heimischen Hockenheimring. Er siegte in der 125-ccm-Klasse auf der NSU-Rennfox und auch noch mit der NSU-Rennmax (250 ccm). Werner Haas der beste Motorrad-Fahrer der Welt! Welch ein Triumph!

Werner Haas wurde am 20. Mai 1927 in Augsburg als Sohn eines Postschaffners geboren. Nach einer Lehre als Kraftfahrzeugmechaniker startete er seine Lauf-

Werner Haas: Seine großen Erfolge

Die eindrucksvollen Siege des Werner Haas:

1953: Sieger bei der „Tourist Trophy" in der 125- und 250-ccm-Klasse auf der Insel Man, Sieger beim „Feldberg"- und „Solitude"-Rennen, 1. Platz beim Großen Preis der Niederlande in der 125- und 250-ccm-Klasse, 1. Platz beim Großen Preis von Deutschland in der 250-ccm-Klasse, 2. Platz in der 125-ccm-Klasse, 1. Platz beim Großen Preis von Monza in der 125-ccm-Klasse, Doppelweltmeister in der 125- und 250-ccm-Klasse.
1954: Weltmeister in der 250-ccm-Klasse, Deutscher Meister in der 125- und 250-ccm-Klasse.

bahn als Versuchsfahrer. 1947 nahm er auf einer selbst gebastelten Maschine erstmals an einem Straßen- und Sandbahnrennen teil. 1952 hatte er die Rennfahrer-Lizenz erhalten und fuhr in Riem, Dieburg und Hockenheim seine ersten Rennen für Puch. Mit aufsehenerregenden Erfolgen fuhr er mehr und mehr in die Weltspitze vor, wurde Werksfahrer bei NSU und schließlich Weltmeister. Ein rasanter Aufstieg in ganz kurzer Zeit, der nicht nur in Deutschland enormes Aufsehen erregte.

Auch nach den WM-Titeln schrieb Werner Haas seine einmalige Erfolgsgeschichte weiter: Bei der weltberühmten „Tourist-Trophy" auf der Insel Man fuhr er in der 125-ccm-Klasse wie auch in der 250-ccm-Klasse zweite Plätze ein. Er siegte im bedeutenden Feldberg-Rennen wie auch auf der berüchtigten „Solitude"-Rennstrecke bei Stuttgart (jeweils in der 125-ccm-Klasse). Der in Assen herausgefahrene WM-Titel war der Höhepunkt seiner großen Karriere. Werner Haas erhielt für seine glanzvollen sportlichen Erfolge zahlreiche Auszeichnungen, darunter die „Goldene Sportnadel des ADAC mit goldenem Schild". Mit überwältigender Mehrheit wurde er im Jahre 1953 zum „Sportler des Jahres" gewählt. Darüber hinaus erhielt er 1954 mit dem „Silbernen Lorbeerblatt" die höchste Sportauszeichnung.

Nach dem NSU-Rückzug vom aktiven Rennsport neigte sich auch die sportliche Karriere des Werner Haas dem Ende zu. Einige Male noch bewies er bei spektakulären Geländefahrten in den Jahren 1955 und 1956 sein außergewöhnliches Können. Ansonsten kümmerte er sich beruflich um eine Tankstelle, die er zur Gründung einer bürgerlichen Existenz erworben hatte. Nebenbei widmete er sich der Segelfliegerei. Er hatte gerade seinen Flugschein erworben, als er mit einem Sportflugzeug am 13. November 1956 in

der Nähe des Flughafens Zell bei Neuburg an der Donau tödlich verunglückte. Werner Haas wurde nur 29 Jahre alt.

Durch Werner Haas, aber auch durch andere exzellente Fahrer haben Deutsche bei den Entscheidungen in der Motorrad-Grand-Prix-Geschichte immer ein gewichtiges Wort mitgeredet. Entscheidend zu dem positiven Gesamtbild hat beispielsweise auch Toni Mang aus Süddeutschland beigetragen. Zwischen 1980 und 1987 wurde er fünffacher Weltmeister und gewann insgesamt 42 Grand-Prix-Rennen. Unvergessen auch die Erfolge von Hans Anscheidt, dreifacher Weltmeister zwischen 1966 und 1968 in der 50-ccm-Klasse. Insgesamt werden Deutsche in der Rangliste der Motorrad-„Weltmeisterschaftsnationen" auf Platz vier mit 16 WM-Titeln und 169 Grand-Prix-Siegen geführt. Der großartige deutsche Fahrer Ralf Waldmann, wie Haas ein Spezialist der 125-ccm-Klasse sowie der 250-ccm-Klasse, gewann allein 20 Rennen. Nur der Weltmeisterschaftstitel blieb dem Rheinländer versagt.

Alle deutschen Weltmeister in der GP-Geschichte

Toni Mang	1980	250 ccm	Kawasaki
Toni Mang	1981	250 ccm	Kawasaki
Toni Mang	1981	350 ccm	Kawasaki
Toni Mang	1982	350 ccm	Kawasaki
Toni Mang	1987	250 ccm	Honda
Hans Anscheidt	1966	50 ccm	Suzuki
Hans Anscheidt	1967	50 ccm	Suzuki
Hans Anscheidt	1968	50 ccm	Suzuki
Werner Haas	1953	125 ccm	NSU
Werner Haas	1953	250 ccm	NSU
Werner Haas	1954	250 ccm	NSU
Dieter Braun	1970	125 ccm	Suzuki
Dieter Braun	1973	250 ccm	Yamaha
Ernst Degner	1962	50 ccm	Suzuki
Dirk Raudies	1993	125 ccm	Honda
Hermann Müller	1955	250 ccm	NSU

Der „weiße Blitz" triumphiert

1954: Doppel-Europameister Heinz Fütterer

Genau 53 Tage ist es her, dass die deutsche Fußball-Nationalmannschaft in Bern Weltmeister wurde. Heute, am 29. August 1954, schreibt wiederum in Bern ein Deutscher Sportgeschichte. Schnellläufer Heinz Fütterer ist soeben Europameister über 100 Meter geworden. Seine Zeit: 10,5 Sekunden! Jetzt macht er sich auf, auch noch den Titel über 200 Meter zu gewinnen. Im Kurvenlauf gilt der Deutsche vom Karlsruher SC als unschlagbar. Und so zieht er kraftvoll der Konkurrenz davon und feiert seinen Doppel-Triumph. 20,9 Sekunden! Das ist zudem Europarekord. Zufrieden lässt sich der „weiße Blitz" feiern. So nennt man den blonden Läufer, seit er im vorigen Jahr bei einem Hallensportfest in Paris der versammelten schwarzafrikanischen Weltspitze im gleißenden Scheinwerferlicht davonlief und als erster Europäer die Vorherrschaft der US-Sprinter durchbrach.

Heinz Fütterer

„Heinz Fütterer, der weiße Blitz" – So lautete im Jahre 1955 denn auch der Titel eines Buches über den herausragenden deutschen Athleten. Fütterer wurde am 14. Oktober 1931 in Illingen am Oberrhein geboren. In Jugendjahren begeisterte er sich in erster Linie für das Fußballspiel und kickte als Mittelstürmer bei seinem Heimatverein, dem FC Illingen. Im Rahmen einer Leichtathletik-Jugendmeisterschaft nahm er dann – barfuß! – am 100-Meter-Lauf teil und siegte in großartigen 12,4 Sekunden. Damit war sein Weg in die Leichtathletik vorgegeben. Über 100 Meter und auch im Weitsprung überzeugte er auf Anhieb. Seine Startschnelligkeit ließ mehrere Trainer auf ihn aufmerksam werden. 1949 sicher-te sich Heinz Fütterer über 100 Meter seinen ersten nationalen Jugend-Meistertitel, 1951 bereits war er Deutscher Meister bei den Senioren. Seine Zeiten über 100 Meter näherten sich mehr und mehr der europäischen Spitzenklasse.

Ein Muskelriss warf ihn dann zurück. Doch im Jahre 1953 war Heinz Fütterer wieder da. Über 100 Meter und 200 Meter wurde er Deutscher Meister. Jetzt eilte er von Erfolg zu Erfolg. Unmittelbar nach seinem Doppelsieg von Bern verbesserte er bei einem Sportfest in Schwenningen seine persönliche Bestzeit über 100 Meter auf 10,3 Sekunden. Das bedeutete gleichzeitig die Einstellung des bestehenden deutschen Rekordes. Im Rahmen einer Wettkampfreise des Deutschen Leichtathletik-Verbandes nach Japan setzte Fütterer am 31. Oktober 1954 noch einen Paukenschlag. In Yokohama lief er die 100 Meter in sagenhaften 10,2 Sekunden. Diese Zeit bedeutete nicht nur neuen Europarekord, sondern darüber hinaus die Einstellung des mittlerweile 18 Jahre gültigen Rekordes des einzigartigen Jesse Owens. Sozusagen „nebenbei" verbesserte Fütterer in Japan auch noch den Europarekord über 200 Meter auf 20,8 Sekunden.

1955 konnte Fütterer in Köln seinen eigenen Rekord über 200 Meter noch einmal steigern: 20,6 Sekunden! Zudem wurde er über seine beiden Paradestrecken erneut jeweils Deutscher Meister. Es folgten neuerliche Verletzungen. Mehrfach drohte sein frühzeitiges Karriereende. Doch das Muskelpaket verabschiedete sich stilvoll von der Leichtathletik-Bühne; nämlich mit dem Europameistertitel 1958 in Stockholm in der 4 x 100-Meter-Staffel, die er gemeinsam mit Manfred Germar, Martin Lauer und Manfred Steinbach gewann.

Im Verlauf seiner großen Karriere sammelte Fütterer drei Europameistertitel und eine olympische Bronzemedaille. Er war sechsfacher Deutscher Meister, stellte zwei Weltrekorde und mehrere Europarekorde auf. Die 100 Meter lief er insgesamt zweimal in 10,2 Sekunden, dreimal in 10,3, 18-mal in 10,4 und 38-mal in 10,5 Sekunden; ein eindrucksvoller Beweis seiner kontinuierlichen Leistungsstärke. Fütterer wurde im Jahre 1954 zum „Sportler des Jahres" gewählt, ist Träger verschiedener Auszeichnungen und Orden, darunter der Rudolf-Harbig-Gedächtnispreis, das Silberne Lorbeerblatt und das Bundesverdienstkreuz.

Heinz Fütterer, gelernter Fischer und Kaufmann, begann anschließend eine über alle Maßen erfolgreiche berufliche Laufbahn bei einem Sportartikelhersteller. Später übernahm er eine Anstellung als sportlicher Betreuer bei einer Gesellschaft, die platzsparende und besonders umweltfreundliche Golfplätze baut. Er ist mit einer Österreicherin verheiratet und Vater zweier Kinder. Im Jahre 1990 überstand er eine komplizierte Gehirnoperation. In seinem Heimatort Illingen entspannt er sich beim Angeln und beim Golf. Einen Zweitwohnsitz hat der Hobby-Skifahrer in Kitzbühel.

Historischer Triumph

Einen deutschen Doppel-Europameister über 100 Meter und 200 Meter hat es in der Leichtathletik-Geschichte weder vor noch nach dem Triumph des Heinz Fütterer gegeben. Seine Leistung von 1954 war also in jeder Hinsicht einmalig. Vier Jahre später siegten Armin Hary über 100 Meter und Manfred Germar über 200 Meter. Lediglich im Jahre 1982 gelang es den Deutschen dann nochmals, EM-Titel über diese Strecken zu gewinnen. Frank Emmelmann (100 Meter) und Olaf Prenzler (200 Meter) ließen der Konkurrenz keine Chance. Bei den Damen schrieben Petra Vogt (1969), Renate Stecher (1971) und Katrin Krabbe (1990) mit jeweils Doppel-Europameisterschaftssiegen über 100 Meter und 200 Meter Sportgeschichte. Weitere EM-Gewinnerinnen: Marlies Göhr (100-Meter-Europameisterin in den Jahren 1978, 1982 und 1986), Heike Drechsler (200-Meter-Europameisterin von 1986), Bärbel Wöckel (1982 Europameisterin über 200 Meter) und Jutta Heine (Europameisterin über 200 Meter im Jahre 1962).

Der „Blitz vom Kitz"

1956: Toni Sailers Siegeszug

Die olympischen Winterspiele des Jahres 1956 von Cortina d'Ampezzo sind bis heute mit dem Namen eines Mannes verbunden: Toni Sailer. Der österreichische Skiläufer wird am 3. Februar 1956 berühmt. Der Riesenslalom steht an. Die Organisatoren haben mit Witterungs-Problemen zu kämpfen. Schneemangel! Vor dem Rennen durfte hier nicht trainiert werden. Der große Favorit Andreas Molterer, ebenfalls aus Österreich, lässt sich durch solche Umstände nicht aus dem Konzept bringen. Er setzt seine ganze Erfahrung ein und legt mit 3:06,3 Minuten eine glänzende Zeit vor, die auch sein österreichischer Konkurrent Ernst Hinterseer nicht unterbieten kann. Gold scheint schon vergeben. Aber da ist ja noch Toni Sailer. Mit der Startnummer 18 geht er ins Rennen. Drei Minuten später ist der 20-Jährige Olympiasieger. Und wie! Um satte sechs Sekunden lässt er Molterer hinter sich.

Toni Sailers Siegeszug bei diesen Olympischen Spielen findet zwei Tage später eine eindrucksvolle Fortsetzung. Als das Slalom-Gold ausgefahren werden soll, gibt es wieder erhebliche Probleme. Der Hang erweist sich als gefährlich und unberechenbar. Beim ersten Durchgang herrscht Nebel mit einer Sichtweite unter 30 Metern. Von 89 Teilnehmern scheiden 32 aus. Toni Sailer nicht. Er läuft in beiden Durchgängen Bestzeit und deklassiert die Konkurrenz. Wieder Gold!

Es folgt der Abfahrtslauf. 24 Grad Kälte, scharfer Wind. Irreguläre Bedingungen. Wieder scheiden die Fahrer reihenweise aus. Toni Sailer wirkt völlig gelassen. Diesmal bringt ihm die Startnummer 14 Glück. Wieder siegt er über Molterer.

Toni Sailer

Vier Sekunden ist er schneller. Andere Fahrer sind völlig chancenlos. Erneut Gold! Drei Olympiasiege binnen weniger Tage! Und weil die Spiele von Cortina gleichzeitig als Weltmeisterschaften für die Kombination ausgeschrieben sind, nimmt Sailer das WM-Gold auch noch mit! In Österreich bricht in den kommenden Tagen eine ungekannte Euphorie um Toni Sailer aus. Sie feiern den „Blitz von Kitz".

Toni Sailer wurde am 17. November 1935 in Kitzbühel geboren. Sein Vater war ein exzellenter Skiläufer und brachte seine Kinder frühzeitig mit dem Sport in Verbindung. Bald schon sorgte Toni Sailer mit großartigen Leistungen für Aufsehen. 1953 empfahl er sich endgültig für höhere Aufgaben: Er gewann bei den Tiroler Landesmeisterschaften der Männer nacheinander Abfahrt, Slalom und Riesenslalom. 1955 siegte er beim berühmten Lauberhorn-Rennen in Wengen. Die Olympischen Spiele waren schließlich sein Durchbruch. Anschließend stellte er auch in US-Amerika seine Klasse unter Beweis, gewann dort zahlreiche Rennen. Das Interesse an seiner Person hielt ungebrochen an. Mehrere Angebote für Filmrollen lagen ihm vor. Zunächst aber stellte er im Februar 1958 nochmals sein Ausnahmekönnen zur Schau. Bei der Weltmeisterschaft von Badgastein räumte Sailer scheinbar mühelos ab: Er gewann drei Goldmedaillen (Abfahrt, Riesenslalom, Kombination) sowie einmal Silber (Slalom). Dazu kam sein Sieg im Kitzbüheler Hahnenkamm-Rennen. Damit hatte er binnen zweier Jahre zehn Goldmedaillen errungen. Selbst Konkurrenten waren von seinem Leistungsvermögen fasziniert, zumal Sailer immer den Eindruck erweckte, er würde seine Siege mit spielerischer Leichtigkeit einfahren. In Wahrheit hatte selbstverständlich auch Toni Sailer Erfolg für Erfolg mit hartem Training erarbeiten müssen. Kurzerhand und für viele völlig überraschend beendete er nach seinen Erfolgen von 1958 seine sportliche Laufbahn und

widmete sich ganz seinem Schaffen als Schauspieler. Er hatte bereits erste Versuche vor der Kamera gewagt und war daher mit den Regeln des Amateursports in Konflikt geraten, die es untersagten, aus der sportlichen Tätigkeit finanziellen Nutzen zu ziehen. Toni Sailer hatte nie einen Hehl daraus gemacht, seine Popularität nicht nur genießen, sondern auch entsprechend nutzen zu wollen.

Toni Sailer wirkte fortan in 30 Filmen mit. In Streifen wie „Der schwarze Blitz vom Kitz" (1958) oder „Herr der weißen Ringe" (1960) feierte er bemerkenswerte Erfolge. Als Schlagersänger nahm er 18 Schallplatten auf. Und auch am Theater bewies er ab 1962 Talent. 1976 heiratete Toni Sailer. Er ist Vater eines Sohnes. In Kitzbühel übernahm er die Leitung einer Kinder-Skischule und wurde Präsident des heimischen Golfklubs. Bei den Olympischen Spielen des Jahres 1964 war er Chef der österreichischen Ski-Mannschaft und wirkte von 1972 bis 1976 als technischer Direktor des österreichischen Skiverbandes. Das Hahnenkamm-Rennen betreute er fortan als Rennleiter.

Nach seinen großen sportlichen Erfolgen widmete sich Toni Sailer ganz seiner Karriere als Sänger und Filmschauspieler. Auch an der Seite von Heinz Erhardt stand er vor der Kamera.

Deutsches Wunder in Stockholm

1956: Hans Günter Winklers großer Triumph

Hans Günter Winkler, erfolgreichster Springreiter der Welt, geboren am 24. Juli 1926 in Barmen (Wuppertal), hat sportlich alles erreicht. Sechs Teilnahmen bei Olympischen Spielen bescherten dem einstigen Wehrmachtsoldaten in einem Zeitraum von zwanzig Jahren fünf Goldmedaillen, eine Silber- und eine Bronzemedaille. Nur drei deutsche Sportler waren jemals erfolgreicher (Reiner Klimke, Roland Matthes und Kristin Otto). Mit seinem Wunderpferd „Halla" gewann er insgesamt 128 Turniersiege, darunter eine Europa- und zwei Weltmeisterschaften. „HGW" ist zweifacher „Sportler des Jahres" und sogar „Sportler des Jahrzehnts".
Erfolge über Erfolge. Doch sein einzigartiger Auftritt bei den Olympischen Spielen von Stockholm überstrahlt alle Triumphe und wird immer unvergessen bleiben. Es war der 16. Juni 1956. Winkler, amtierender Weltmeister, gehörte zu den Favoriten des olympischen Reitturnieres in Schweden. Allerdings war das Teilnehmerfeld wohl das stärkste, das jemals um reiterliche Ehren gestritten hatte. Der Preis der Nationen konnte beginnen. Alfons Lütke-Westhues und Fritz Thiedemann hatten mit ihren Auftritten die deutsche Mannschaft bereits in eine gute Position gebracht, als Hans Günter Winkler an die Reihe kam …
Großer Beifall empfängt den Deutschen auf „Halla". Er tritt den Durchgang gewohnt meisterhaft an. Kein Hindernis ist „Halla" zu schwierig. Winkler erinnert sich: „Sauber nimmt Halla einen Sprung nach dem anderen: Die Hürde am Start, die schwedische Koppel, das Gutstor an der Schmalseite des Olympiastadions, den so genannten Afrikanischen Schwei-

Hans Günter Winkler im Jahre 1956, hier auf seinem Nachwuchspferd „Ostara".

nestall, den Doppelsprung, bestehend aus zwei Birkenoxern, den Wassergraben, dann mit mächtigem Schwung den fünf Meter breiten Wassergraben und die Irische Gartenmauer." Dann der vorletzte Sprung. „Halla" streckt sich urplötzlich. Winkler verliert den Steigbügel, verspürt einen stechenden Schmerz in der Leistengegend, „als hätte man mir einen Dolch durch den Körper gejagt", so Winkler. Er kann das Pferd nicht mehr kontrollieren. „Halla" zeigt Disziplin, reißt zwar das letzte Hindernis, bringt aber ihren Reiter sicher ins Ziel. Zu diesem Zeitpunkt führt Deutschland die Gesamtwertung mit knappem Vorsprung vor England und Italien an. Winkler wird mit schmerzverzerrtem Gesicht vom Sattel gehoben. Kann er den zweiten Durchgang noch bestreiten?

Unterdessen verbessern Lütke-Westhues auf „Ala" und Thiedemann auf „Meteor" das Ergebnis. Der deutsche Sieg ist greifbar nahe. Doch auch die Italiener sind bärenstark. Banger Blick zu den Betreuern: Keine Besserung bei Winkler! Eine Spritze soll die Schmerzen lindern. Ohne spürbaren Erfolg. Winkler aber will seine Kameraden nicht im Stich lassen. Er lässt sich auf das Pferd heben und reitet in die Arena. Das Publikum hält den Atem an. „HGW" kann „Halla" fast nicht führen. Es schlägt die Stunde seines treuen Pferdes. Die Stute nimmt die ersten Hindernisse fehlerfrei. Wie leblos sitzt Winkler im Sattel. Es ist totenstill im Stadion. Winklers Schmerzensschreie sind bei jedem Aufsprung zu hören. Auch jetzt vor dem Wassergraben kann Winkler seine „Halla" nicht antreiben. Es klappt dennoch. Winkler später: „Es war, als wenn auf einem kleinen Schiff der Kapitän ausgefallen ist und der Steuermann allein die Navigation übernommen hat, nachdem er hundertmal unter Anleitung seines Chefs das Ruder führte." „Halla" trägt ihren Reiter tatsächlich fehlerlos über das letzte Gatter. Sieg für Deutschland! Winkler ist fast besinnungslos vor Schmerz, kann den Triumph erst in den kommenden Stunden realisieren. Dann sagt er sichtlich gerührt: „Ich weiß nicht, wie ich das der Stute danken soll."

„Halla" wurde 34 Jahre alt, starb 1979. Das weltweit gefeierte Wunderpferd bestach durch Intelligenz und atemberaubendes Springvermögen. Die Stute war außergewöhnlich schwierig zu reiten, was sich immer dann zeigte, wenn die Turnierregeln „Pferdewechsel" vorgaben, wie beispielsweise bei der Weltmeisterschaft 1956 in Madrid. Hier zeigte sich, dass nur Hans Günter Winkler in der Lage war, „Halla", die er einst als „unreitbar" erhalten hatte, zu Erfolgen zu führen. Hans Günter Winkler nahm 1986 Abschied vom aktiven Reitsport.

Hans Günter Winkler auf seinem Wunderpferd „Halla".

Der Herr der Hürden

1959: Doppel-Weltrekord für Martin Lauer

Den 7. Juli 1959 haben Freunde der deutschen Leichtathletik nie vergessen. Es ist der Tag des Martin Lauer, 22 Jahre alt, deutscher Hürdenläufer, amtierender Europarekord-Halter. Am Morgen dieses denkwürdigen Tages besucht Lauer noch eine Maschinenbau-Vorlesung, dann verbringt er Stunden bei Freunden. Schließlich fliegt er nach Zürich zu einem internationalen Leichtathletik-Treffen im berühmten Letzigrund-Stadion – und schreibt Sportgeschichte.
In Zürich herrschen perfekte Bedingungen. 30 Grad und leichter Rückenwind. Ideal für die Schnellläufer. Wie ein Pfeil schießt Martin Lauer aus dem Startblock und läuft seiner Konkurrenz davon. Den 110-Meter-Hürdenlauf gewinnt er vor dem US-Amerikaner Billy May. 13,2 Sekunden lautet die Fabelzeit. Damit ist der bestehende Weltrekord des US-Amerikaners Jack Davis geknackt, und zwar um zwei Zehntelsekunden. Unglaublich: Kaum eine Stunde später gewinnt Martin Lauer auch den Hürdenlauf über 200 Meter. 22,5 Sekunden! Wieder Weltrekord! Diese Erfolge gehen als Sensationsmeldung um die Welt. Zwei Weltrekorde binnen einer Stunde! Lauer später: „Ich wusste schon, dass ich Weltrekord laufen würde, als ich in München ins Flugzeug stieg. Ich freute mich auf diesen Weltrekord und war mir so sicher, wie man das im Augenblick höchsten Selbstvertrauens sein kann." Die neue Bestzeit über 110-Meter-Hürden sollte die nächsten 14 Jahre halten, die über 200 Meter gar 39 Jahre! „Nebenbei" stellt er 1959 auch noch eine neue Weltjahresbestleistung im Zehnkampf auf.
Martin Lauer, das Phänomen. Er vermittelte stets den Eindruck, große Siege

Martin Lauer als Schlagersänger.

seien mit Leichtigkeit zu erringen. Er strotzte in allen Lebenslagen vor Selbstbewusstsein. Geboren wurde er am 2. Januar 1937 in Köln. Als Kind schon sportbegeistert, kam er zu Beginn der 50er Jahre zum ASV Köln. Jugendmeisterschaften räumte er serienweise ab. 1956 wurde er dann in Augsburg erstmals deutscher Zehnkampf-Meister. Bis zu seinem Doppel-Weltrekord von Zürich hatte sich seine sportliche Laufbahn geradezu kometenhaft gestaltet. Er war an jenem 7. Juli 1959 schon als Europameister in die Schweiz gekommen.

In Stockholm hatte Lauer 1958 den EM-Titel über 110-Meter-Hürden gewonnen. Mit dem Sieg trug er zu einem besonderen deutschen Triumph bei. Denn gleichzeitig gewannen Armin Hary über 100 Meter und Manfred Germar über 200 Meter. Mit Heinz Fütterer wurden Lauer, Germar und Hary darüber hinaus Staffel-Sieger über 4 x 100 Meter. Spätestens nach dem Sieg von Liesel Jakobi im Weitsprung-Wettbewerb und von Marianne Werner im Kugelstoßen waren die Europameisterschaften von Stockholm fest in „deutscher Hand". Und zwar im wahrsten Sinne: Denn als für die deutschen Sieger Ludwig van Beethovens „Ode an die Freude" erklang, stimmen die deutschen Zuschauer das Deutschlandlied an.

Europarekord-Halter, Europameister, Weltrekordler. Martin Lauer setzte bei den Olympischen Spielen von Rom im Jahre 1960 noch einen drauf. Mit der deutschen 4 x 100-Meter-Staffel gewann er die Goldmedaille. Ein Sieg von herausragender Bedeutung. Schließlich konnte die ewige Vorherrschaft der US-Läufer gebrochen werden. Die amerikanischen Seriensieger wurden disqualifiziert. Die Deutschen hätten aber auf jeden Fall gewonnen, schwören Lauer, Hary und Kameraden bis heute! Schließlich gewannen sie in Weltrekordzeit!

Zu diesem Zeitpunkt hatte der 24-Jährige sportlich alles erreicht: Diverse nationale Meistertitel, Europarekorde, Weltrekorde, die olympische Goldmedaille, Auszeichnungen als „Sportler des Jahres" und „Welt-Leichtathlet des Jahres" (jeweils 1959). Dann warf ihn eine Entzündung am Fußgelenk zurück, die noch dazu falsch behandelt wurde. Lauer wurde Opfer ärztlicher Kunstfehler und musste seine Karriere frühzeitig beenden.
Unermüdlich bastelte er fortan an seinem „neuen Leben". Ein Ingenieursstudium zog er bis zum Examen durch und startete seine Karriere als Sänger. Mit Titeln wie „Die letzte Rose der Prärie" oder „Taxi nach Paris" war er sechs Jahre lang überaus erfolgreich. Über vier Millionen Martin-Lauer-Tonträger wurden verkauft. Bis 1998 war er anschließend erfolgreich als Wirtschafts-Vertreter tätig. Zwischenzeitlich griff er immer wieder für Zeitungen und Zeitschriften zur Feder. Martin Lauer ist seit 1966 verheiratet und Vater zweier Kinder.

Martin Lauer im Einsatz (hier bei seinem Europarekord 1956 im traditionsreichen Hamburger Volksparkstadion).

Sternstunde des deutschen Skisports

1960: Sensations-Gold für Georg Thoma

D ie olympische Entscheidung in der Nordischen Kombination erregt zunächst kaum Aufmerksamkeit. Klar, dass heute, am 22. Februar 1960, die Norweger das Rennen machen. Da sind sich alle Fachleute einig. Dass nach dem Springen ein Deutscher in Führung liegt, ändert nichts an den Prognosen. Georg Thoma hatte im kalifornischen Squaw Valley mit 69 Metern immerhin Schanzenrekord aufgestellt. Doch in der Loipe dürfte ihm das nicht viel helfen. Der hochfavorisierte Norweger Tormod Knudsen muss über 15 Kilometer nur etwa eine Minute schneller laufen als Thoma, um den Deutschen zu verdrängen. Thoma weiß, dass er mit dem Springen seine Stärken bereits ausgespielt hat und ist realistisch: „Wenn es gut geht, reicht es für Platz sechs!"
Das Rennen läuft, wie vorauszusehen. Nach fünf Kilometern hat der Norweger dem 22-jährigen Läufer aus dem Schwarzwald bereits 16 Sekunden abgenommen – und der schwierigste Teil der Strecke folgt noch. Thoma kämpft. Nach zehn Kilometern hat sich sein Rückstand immerhin nicht vergrößert. Andere Läufer haben mit der Entscheidung um Gold überraschenderweise schon jetzt nichts mehr zu tun. Thoma oder Knudsen? Selbst die Silbermedaille wäre ein Riesenerfolg. Ein verbissenes Rennen spitzt sich zu. Hoffentlich hat sich Thoma nicht übernommen. Meter für Meter arbeitet er sich vorwärts und erreicht das Ziel. Und nun? Warten auf Knudsen, der sieben Minuten nach ihm gestartet war. Bange Minuten vergehen. Dann steht fest: Der Norweger kann Thoma nicht schlagen! Gold für den Deutschen! Der Sieg von Georg Thoma ist die größte Sensation

Georg Thomas Erfolge

1960: Olympiasieger / Nordische
  Kombination
1964: Olympische Bronzemedaille /
  Nordische Kombination
1966: Weltmeister / Nordische Kombination
1958 – 1966:
  9 x Deutscher Meister /Nordische Kombination
1960, 1961, 1963:
  3 x Deutscher Meister/
  Spezialsprung

dieser Winterspiele. Er ist der erste Mitteleuropäer, der die Nordische Kombination für sich entscheiden kann. Grenzenloser Jubel im deutschen Lager!
Georg Thoma, der Mann, der Skigeschichte schrieb, wurde am 20. August 1937 in Hinterzarten geboren. Schon als kleiner Junge begeisterte er sich für den Skisport. Sein Vater, ein Skilehrer, führte ihn behutsam an Wettkampfbedingungen heran. Mit großem Erfolg: 1954 und 1955 wurde Thoma nationaler Jugendmeister in der Nordischen Kombination, im Jahre 1957 gelang ihm der Sprung in die Nationalmannschaft. Das Sensations-Gold von Squaw Valley war – sozusagen aus heiterem Himmel – sein erster internationaler Titel.
Der Olympiasieg hatte Georg Thoma über Nacht bekannt werden lassen. Jetzt waren alle Augen auf ihn gerichtet. Würde er seinen Erfolg bestätigen können oder handelte es sich bei dem Überraschungssieg lediglich um ein Zusammentreffen ungewöhnlicher Umstände? Keine Frage, der Druck wurde stärker, zumal

Thoma bei den Weltmeisterschaften 1962 beim Springen stürzte und mit Rippenbruch ausschied.

Am 18. März 1963 aber bewies Georg Thoma seine ganze Klasse. Er gewann – wiederum als erster Mitteleuropäer – das sagenumwobene Holmenkollen-Rennen, noch dazu in einmaliger Überlegenheit. Thoma siegte im Springen und war der schnellste Läufer. Ein Sieg am Holmenkollen – das war wertvoller als ein WM-Sieg. Wer hier siegt, ist ein ganz Großer. Damit nicht genug: Auch in den kommenden beiden Jahren wiederholte Thoma dieses Kunststück. Ein dreifacher Sieg beim berühmtesten Kombinations-Wettbewerb der Welt – das war zuvor nur dem Norweger Thorleif Haug in den Jahren 1919 bis 1921 gelungen!

Im Februar 1966 krönte Thoma seine glanzvolle Karriere. Seine Holmenkollen-Siege, seine Goldmedaille von 1960 (1964 gewann er in Innsbruck auch noch Bronze) und seine zwölf deutschen Meistertitel wertete er genau sechs Jahre nach seinem Olympiasieg mit dem Weltmeistertitel auf. Dabei war er zunächst beim Springen auf der Holmenkollen-Schanze gestürzt. Mit zwei glänzenden Sprüngen konnte er dann aber Platz zwei vor dem 15-Kilometer-Lauf noch sichern. In der Loipe lieferte er sich dann mit dem Schweizer Alois Kälin einen erbitterten Zweikampf und konnte mit hauchdünnem Vorsprung siegen. Im Ziel keuchte er: „Ich höre auf!" Später erläuterte er seine Entscheidung: „Ich wollte als Sieger abtreten und nicht als Verlierer."

Georg Thoma absolvierte anschließend noch zahlreiche Volksläufe. Der Vater einer Tochter wurde Ehrenbürger von Hinterzarten und mit dem Bundesverdienstkreuz erster Klasse ausgezeichnet. Die Erfolge seines Neffen Dieter Thoma, ebenfalls Olympiasieger und Weltmeister, begleitete er zeitweise als Fernseh-Kommentator.

Faszinierende Persönlichkeit

Auch abseits der sportlichen Bühne war Georg Thoma eine bemerkenswerte Persönlichkeit. Das Internationale Sportarchiv von „Munzinger": „Nach dem Ende seiner Laufbahn blieb Georg Thoma dem Sport treu. Viele Volksläufe bestritt er noch, u. a. nahm er sechsmal an dem berühmten Wasa-Lauf in Schweden teil. Zum Beispiel im März 1980 belegte er den Platz 79 unter fast 12 000 Läufern. 1981 schaffte er eine Laufzeit von 4:32:66 Stunden für die fast 90 km. Es spricht für den sportbegeisterten Allrounder Thoma, dass er auch auf diese Ergebnisse stolz ist. Er möchte diese Herausforderungen in seinem Leben nicht missen. Seine breite Erfolgspalette reicht vom Olympiasieg bis zum Schwarzwaldmeister im 15-km-Langlauf mit 45 Jahren, und er sprang auf Normalschanzen 60 m weit, aber auch auf Flugschanzen bis zu 130 m.

Georg Thoma, er stammt aus einfachen Verhältnissen und hat noch sechs Geschwister, errang ungewöhnliche Popularität und er genoss es. Allerdings, und das machte ihn in aller Welt sympathisch, blieb er immer mit beiden Beinen auf der Erde. Sein Heimatort Hinterzarten, den er weltweit bekannt machte, ernannte ihn 1987 ob seiner Berühmt- und Beliebtheit zum ‚Ehrenbürger'. Auch beruflich hat er sich auf ebensolcher Breite entwickelt, wie er es im Sport tat. Er war Holzfäller, Postbote, Betreiber von Skilifts mit seinen Brüdern zusammen, Lehrer an einer Skischule (ab 1971 seiner eigenen), Versicherungsagent und Repräsentant für Schwarzwald-Sprudel."

Das 10-Sekunden-Wunder

1960: Armin Harys Jahrhundert-Lauf

Die Vorkommnisse um den weltberühmten 10-Sekunden-Fabel-Weltrekord des deutschen Schnellläufers Armin Hary über die 100-Meter-Strecke suchen ihresgleichen in der Sportgeschichte. Wir schreiben den 21. Juni 1960. Im Letzigrund-Stadion von Zürich findet ein internationales Leichtathletik-Treffen statt. Viele hochrangige Sportler aber fehlen. Unmittelbar vor den Olympischen Sommerspielen von Rom ist das Verletzungsrisiko zu groß. Auch für Armin Hary. Der deutsche Verband erteilt dem Europameister Startverbot. Hartnäckig bemühen sich die Veranstalter um eine Ausnahmegenehmigung. Und sie haben Erfolg. Armin Hary befindet sich wenige Stunden vor dem Start aber noch in Frankfurt. Der einzig mögliche Flug nach Zürich ist ausgebucht. Ein Mitreisender erkennt die Situation und lässt Hary den Vortritt. Und dann geht alles ganz schnell …

Armin Hary trifft in Zürich ein, und schon kurze Zeit später kauert er am Startblock. Nach genau zehn Sekunden ist der Deutsche im Ziel. Nie zuvor ist ein Mensch so schnell gelaufen. Die Zeitrichter (damals wurde noch per Hand und Stoppuhr gemessen) zögern. Sie trauen ihren eigenen Augen nicht. Dann plötzlich wird der Lauf für ungültig erklärt. Begründung: Hary sei zu früh gestartet. Welch ein Skandal!

Armin Hary ist erbost. Erinnerungen an den 6. September 1958 wurden wach. Schon damals war er bei einem Sportfest in Friedrichshafen die 100 Meter in zehn Sekunden gelaufen. Und schon damals erkannte man den Rekord nicht an. Statt Hary zum Weltrekordler zu küren, wurde seinerzeit die Laufbahn anschließend

100 Meter:
Der erste deutsche Olympiasieger

1896: Thomas Burke (USA)
1900: Frank Jarvis (USA)
1904: Archibald Hahn (USA)
1908: Riginald Walker (SAF)
1912: Ralph Craig (USA)
1930: Charles Paddock (USA)
1924: Harold Abrahams (GBR)
1928: Percy Williams (CAN)
1932: Eddie Tolan (USA)
1936: Jesse Owens (USA)
1948: Harrison Dillard (USA)
1952: Lindy Remigino (USA)
1956: Bobby Morrow (USA)
1960: Armin Harry (D)

Zentimeter um Zentimeter vermessen, um dann festzustellen, dass die Bahn ein Gefälle von elf Zentimetern aufwies. Erlaubt aber waren nur zehn Zentimeter. Und jetzt steht Armin Hary verzweifelt hier in Zürich. Er, gelernter Feinmechaniker und Sohn eines Bergmannes, will der Welt beweisen, dass er die magischen zehn Sekunden laufen kann. Unbedingt. Hary verlangt eine Wiederholung des Rennens. Das Regelwerk sieht vor, dass mindestens zwei Läufer gegen ihn antreten müssen. Es gelingt dem Saarländer, einen Mannschaftskollegen und einen Schweizer Läufer zu einem neuen Rennen zu überreden. Nur dreißig Minuten nach dem ersten Start tritt Hary erneut an. Unglaublich: Wieder zeigen die Uhren übereinstimmend an: 10,0 Sekunden! Da gibt es nichts mehr zu diskutieren: Der „blonde Blitz" hat den Weltrekord. Weltweit wurden fortan diese „Wunderläufe" diskutiert. Auch Neider meldeten sich zu Wort. Dann wurde auch dem Kanadier Harry Jerome ein Zehn-Sekunden-Lauf über 100 Meter bestätigt. Dave Sime, Frank Budd und Roy Norton, die Vorzeigeläufer aus den USA, kündigten an, Hary in Rom „zu zeigen, wer der Schnellste ist". Die Welt fieberte dem olympischen 100-Meter-Finale von Rom entgegen.

Am 1. September 1960 war es dann soweit. Die Anspannung unter den favorisierten Läufern war groß. Jerome war sensationell schon im Viertelfinale gescheitert. Armin Hary demonstrierte – mit Strohhut – Gelassenheit. Ihm wurde die Bahn 6 zugeteilt. Sime, der hartnäckigste US-Konkurrent, bereitete sich auf Bahn 1 auf den Start vor. Totenstille im Olympiastadion. Doch er erste Start misslang. Fehlstart. Ein Schuldiger konnte nicht ausgemacht werden. Neuer Versuch. Wieder Fehlstart! Diesmal war der Deutsche zu früh losgelaufen. Hary wurde verwarnt. Einen weiteren Fehlversuch konnte er sich nun nicht mehr erlauben. Die Spannung war nicht zu steigern.

Hary später: „Erst der vierte Versuch klappte. Ich musste mich mit einem Sicherheitsstart begnügen, um mein großes Ziel nicht zu gefährden. Doch auch so hatte ich schon nach zehn Metern einen Vorsprung herausgelaufen, den ich bis ins Ziel hinein verteidigte." Die vielfach vorlaute Konkurrenz war geschlagen. Sieg in 10,2 Sekunden. Gold für Armin Hary! Gold für Deutschland!

Der lange Weg zu „10.0"

1891	Luther Cary (USA)	10,8		1928	Richard Corts (D)	10,4
1893	Emile de Ré (BEL)	10,8		1928	Georg Lammers (D)	10,4
1895	Louis Atcherley (GBR)	10,8		1929	Eugen Eldracher (D)	10,4
1895	Harry Beatton (GBR)	10,8		1929	Eddie Tolan (USA)	10,4
1896	Harald Andersson (SWE)	10,8		1931	Percy Williams (CAN)	10,3
1898	Isaac Westergren (SWE)	10,8		1931	Eddie Tolan (USA)	10,3
1900	Walter Tewksbury (USA)	10,8		1932	Arthur Jonath (D)	10,3
1901	Jean Carré (FRA)	10,8		1932	Ralf Metcalfe (USA)	10,3
1903	Roger Kuhn (FRA)	10,8		1934	Erich Borchmeyer (D)	10,3
1903	Grimaldi Passat (FRA)	10,8		1934	Eulace Paecock (USA)	10,3
1903	Harald Grünfeldt (DEN)	10,8		1934	Christian Berger (HOL)	10,3
1903	Geo Malfait (FRA)	10,8		1935	Takayoshi Yoshioka (JPN)	10,3
1903	Erik Frick (FRA)	10,8		1936	Jesse Owens (USA)	10,2
1905	Vincent Duncker (SAF)	10,8		1941	Harold Davis (USA)	10,2
1906	Knut Lindberg (SWE)	10,8		1943	Lloyd LaBeach (CAN)	10,2
1906	Knut Lindberg (SWE)	10,6		1948	Norwood Ewell (USA)	10,2
1908	Reginald Walker (SAF)	10,6		1951	E. McDonald Bailey (GBR)	10,2
1911	Richard Rau (D)	10,6		1954	Heinz Fütterer (D)	10,2
1911	Emil Ketterer (D)	10,5		1956	Bobby Morrow (USA)	10,2
1911	Richard Rau (D)	10,4		1956	Ira Murchison (USA)	10,2
1921	Charles Paddock (USA)	10,4		1956	Thane Baker (USA)	10,2
1926	Helmut Körnig (D)	10,4		1956	Willie Williams (USA)	10,1
1927	Hubert Houben (D)	10,4		1956	Ira Murchison (USA)	10,1
1927	Jakob Schüller (D)	10,4		1959	Roy Norton (USA)	10,1
1928	Ernst Geerling (D)	10,4		1960	Charles Tidwell (USA)	10,1

Zwischen Triumph und Katastrophe

1961: Der Mythos des Graf Berghe von Trips

Der Formel-1-Fahrer, der nach dem Großen Preis von Holland 1961 in Zandervoort ganz oben auf dem Siegespodest steht, heißt Wolfgang Graf Berghe von Trips. Er ist der erste Deutsche, der nach dem Krieg ein Grand-Prix-Rennen gewinnen kann, der erste Deutsche seit Hermann Langs Sieg im Jahre 1939. Die Begeisterung in der Heimat ist enorm. Die deutsche Nachkriegsjugend schwärmt ohnehin schon seit Jahren für „ihren" deutschen Ferrari-Fahrer. Und jetzt dieser Sieg! Damit hat Berghe von Trips nun alle Möglichkeiten, als erster deutscher Formel-1-Weltmeister Sportgeschichte zu schreiben.

Die Saison verlief auch weiterhin prächtig für den 33-Jährigen. Als Gesamtwertungs-Führender konnte er die unvergleichliche Stimmung beim Großen Preis auf dem heimischen Nürburgring genießen. Er wurde Zweiter. Die Euphorie um seine Person war mitreißend.

Mit Berghe von Trips faszinierte hier jemand die Menschen, der gänzlich unbelastet vom Nationalsozialismus in Erscheinung treten konnte und sich auch einen Namen als großartiger Botschafter des tapferen deutschen Volkes machte. Er sprach fließend Englisch, Französisch und Italienisch. Die Deutschen genossen die unbeschwerte Freude über seine Erfolge. Berghe von Trips kommentierte die enorme Aufmerksamkeit, die ihm zuteil wurde, stets zurückhaltend: „Mut, Lust zum Kampf, Wille zur Bewährung und Freude am Sieg, das sind doch alles Tugenden, so alt wie die Menschheit selbst."

Von Kindesbeinen an war der junge Rennfahrer nie ganz gesund gewesen.

Rennfahrer Wolfgang Graf Berghe von Trips.

Chronische Ohrenprobleme plagten ihn, eine leichte Gesichtslähmung, eine Hirnhautreizung, vor allem aber seine Zuckerkrankheit. Selbst im Rennwagen-Cockpit hatte er immer etwas Essbares dabei, um auf einen plötzlichen Abfall des Zuckerspiegels jederzeit reagieren zu können. Kurz vor Kriegsende war Berghe von Trips in Belgien noch zum Luftwaffenhelfer ausgebildet worden, doch zu einem Einsatz kam es nicht mehr. Er galt daher auch nicht als Kriegsteilnehmer.

Wolfgang Graf Berghe von Trips wurde am 4. Mai 1928 in Köln als Spross eines 700 Jahre alten Rittergeschlechts geboren. Er wuchs auf Burg Hemmersbach in Horrem bei Köln auf. Der Gutsbesitzer-Sohn, der sich schon als Kind für den Motorsport, insbesondere für den Rennfahrer Bernd Rosemeyer begeisterte, begann seine sportliche Laufbahn als Motorradfahrer. 1954 stieg er auf Rennwagen um und fuhr in den folgenden Jahren zahlreiche Einzelsiege heraus. Ab 1957 startete er für Ferrari. Er gewann u. a. den Großen Preis von Berlin für Sportwagen, das 1000-km-Rennen auf dem Nürburgring und die Europameisterschaft im Bergfahren. Ab 1960 fuhr er Grand-Prix-Rennen.

In der Saison 1961 war dann der sportliche Triumph greifbar nahe. 33 Punkte hatte Berghe von Trips bislang eingefahren. Das bedeutete: Er musste beim letzten Rennen in Italien lediglich einen fünften Platz herausfahren, dann wäre ihm der Formel-1-WM-Titel nicht mehr zu nehmen gewesen. Doch es sollte alles ganz anders kommen …

In Monza verpatzte der Deutsche an jenem 10. September 1961 zunächst den Start. Doch dann begann er eine famose Aufholjagd. Von Platz sechs arbeitete er sich rasch auf Platz vier vor. Schließlich versuchte er sodann, den vor ihm fahrenden Jim Clark zu attackieren. Was folgte, zählt bis heute zu den furchtbarsten Tragödien in der Formel-1-Geschichte. Der Ferrari kollidierte mit dem Lotus des Schotten und wurde in die dichtgedrängte Zuschauermenge geschleudert. Im Publikum starben 15 Menschen. Und auch Wolfgang Berghe von Trips, der deutsche Rennfahrer, war auf der Stelle tot. Er wurde aus dem Wagen geschleudert und war auf der Fahrbahn aufgeschlagen. Der schottische Fahrer blieb unverletzt. Weltmeister wurde – mit einem Punkt Vorsprung – sein US-Kollege Phil Hill auf Ferrari. Berghe von Trips wurde posthum zum „Sportler des Jahres 1961" gewählt. Die Trauer in Deutschland war unbeschreiblich groß.

Im Jahre 1996 verfilmte der englische Produzent und Sänger Chris Rea das kurze Leben seines Idols Wolfgang Berghe von Trips unter dem Titel „Le Passione" (Die Leidenschaft). Der Film wurde in der Bundesrepublik Deutschland aus unerklärlichen Gründen nie gefördert. In Kerpen-Horrem können Interessierte bis heute die „Villa Trips", ein Museum für Rennsportgeschichte nahe der Burg Hemmersbach besuchen.

Der Mythos des Graf Berghe von Trips beschäftigt die Deutschen im Grunde bis heute.

Traumpaar der Deutschen

1963: Kilius und Bäumler Eiskunstlauf-Weltmeister

Darauf haben die Deutschen lange gewartet: Nach Ria und Paul Falk und vor allem nach Maxie Herber und Ernst Baier gibt es endlich wieder ein deutsches Traumpaar im Eiskunstlaufen: Marika Kilius aus Frankfurt am Main und Hans-Jürgen Bäumler aus dem bayerischen Dachau. Was sie auf dem Eis bieten, ist faszinierend. Im Jahre 1958 hatten sie bereits den deutschen Meistertitel gewonnen, und 1960 überraschten die Deutschen mit dem Gewinn der olympischen Silbermedaille bei den Spielen in Squaw Valley (USA).

Eine große Karriere nahm ihren Lauf. Weitere nationale Meisterschaften und sechs Europameisterschafts-Triumphe folgten. Doch der Traum vom Weltmeistertitel platzte zunächst. Bei den Titelkämpfen in Prag waren sie 1962 durchaus favorisiert, gingen mit der Startnummer „3" an den Start – und stürzten! Bei der so genannten Waagepirouette hatten sich die Schlittschuhe verhakt. An eine Weiterführung des Wettkampfes war nicht zu denken, denn die Kufe am Schuh von Marika Kilius war gebrochen. Entsetzen in ganz Deutschland.

Und heute, am 28. Februar 1963, bei den Weltmeisterschafts-Entscheidungen im italienischen Cortina d'Ampezzo bekommen sie wieder die „3" zugelost. Ein schlechtes Omen? Nur nicht nervös machen lassen, sind sich beide einig. Und dann legen sie eine brillante Kür hin, die mit einem hohen Notendurchschnitt von 5,8 Punkten belohnt wird. Die atemberaubende Spannung bleibt bestehen. Denn jetzt heißt es zittern. Was machen die Konkurrenten, die nun der Reihe nach an den Start gehen? Doch an diesem Tage kann letztlich niemand die faszinie-

Auch abseits des Sports erfolgreich:
Marika Kilius und Hans-Jürgen Bäumler

rende Darbietung der Deutschen übertrumpfen. Es erfüllt sich somit ein großer Traum: Marika Kilius und Hans-Jürgen Bäumler sind die neuen Eiskunstlauf-Weltmeister.

In der Bundesrepublik wurde dieser Erfolg mit unglaublicher Euphorie und überschäumender Begeisterung begleitet. Fortan beherrschten beide die Schlagzeilen der Boulevard-Presse. Klatschmagazine hätten nur zu gerne auch über eine private Beziehung des Eis-Prinzenpaares berichtet – dazu kam es allerdings nie.

Es waren Sternstunden des deutschen Fernsehens, wenn sich die Nation vor den Fernsehgeräten versammelte, um den beiden Lieblingen die Daumen bei sportlichen Wettkämpfen zu drücken. Der legendäre TV-Moderator Heinz Maegerlein kommentierte zumeist diese unvergessenen Stunden sportlicher Abendunterhaltung für Millionen; wahre Glanzlichter bundesdeutscher Nachkriegsgeschichte.

Bald schon betrieben Kilius und Bäumler ihren Sport professionell und kamen deswegen mit dem olympischen (Amateur-) Gedanken in Konflikt. Daher gaben sie auch ihre olympischen Silbermedaillen zurück, die ihnen bei den Spielen von Innsbruck im Jahre 1964 zugesprochen worden waren. Dass sie damals nach einer skandalösen Punktrichter-Entscheidung „nur" auf dem zweiten Platz hinter dem sowjetischen Paar Ludmilla Belousowa/Oleg Protopopow landeten, gehört bis heute zu den großen und unvergessenen Skandalen dieses Sports.

Doch postwendend gelang dann die Revanche bei den in Dortmund ausgetragenen Weltmeisterschaften. Die Deutschen siegten vor den Russen. Nach der Pflichtvorführung lagen Marika Kilius und Hans-Jürgen Bäumler noch auf Platz zwei, doch eine sensationelle Kür riss das Ruder herum und sicherte den zweiten Weltmeistertitel. Wieder Jubel im ganzen Land.

Für Kilius und Bäumler schlossen sich lukrative Karrieren auch nach Beendigung ihrer sportlichen Laufbahnen an. Mit der berühmten Revue-Schau „Holiday on Ice" zogen beide noch rund um die Welt und ließen sich feiern. Marika Kilius startete anschließend eine durchaus erfolgreiche Schlagerkarriere, und Hans-Jürgen Bäumler überzeugte u. a. als Fernsehmoderator und Schauspieler. Beide traten sogar gemeinsam als Leinwand-Darsteller in Erscheinung. Im Jahre 1964 drehten sie den Streifen „Die große Kür", und im Jahre 1967 waren sie in „Das große Glück" zu sehen.

Die immer wieder aufkommenden Forderungen nach einem Schau-,,Comeback" erfüllten sie 1999. Da ging das deutsche Traumpaar der Sechziger nochmals gemeinsam aufs Eis. Bäumler: „Als wir eine Runde im Eisstadion von Bad Liebenzell gedreht haben, waren aus der ganzen Welt 72 Journalisten da, die Zuschauer feierten uns minutenlang, und wir haben richtig feuchte Augen bekommen."

Die sportlichen Darbietungen von Marika Kilius und Hans-Jürgen Bäumler sind unvergessen.

Das neue Fußball-Zeitalter

1963: Gründung der Bundesliga

Am 24. August 1963 ist es soweit: Erster Spieltag der Fußball-Bundesliga, die bis heute Woche für Woche Millionen Sportfreunde fasziniert. Im Dezember 1962 hatte der DFB in Dortmund die Einführung einer solchen Spielklasse beschlossen. Die bisherigen 52 deutschen Fußball-Meister wurden in Endspielen ermittelt. Dieser Spielmodus ist mit dem heutigen Tag Vergangenheit. Ab sofort gilt es, am Ende der Saison Bundesliga-Tabellenführer zu sein, um Meisterehren zu erreichen. Nach erbitterten Verhandlungen, welche Klubs nun für diese neue Liga spielberechtigt sind und vor allem, welche nicht, steht an diesem Spätsommertag wieder der Sport im Vordergrund. Fast 300 000 Zuschauer füllen die acht Stadien, um die damals noch 16 Bundesligisten zu sehen. In Bremen fällt dann das erste Tor. Timo Konietzka bringt Borussia Dortmund mit 1:0 in Führung. Am Ende gewinnen die Bremer dieses Spiel noch mit 3:2. Erster deutscher Bundesliga-Meister wird schließlich souverän der 1. FC Köln mit jeweils sechs Punkten Vorsprung vor dem Meidericher SV und Eintracht Frankfurt.

In den nächsten Jahrzehnten etablierte sich die Bundesliga in den Herzen der Fußball-Anhänger. Saison für Saison wurden immer neue Geschichten geschrieben, dramatische Meisterschafts-Entscheidungen und spektakuläre Abstiegskämpfe eingeschlossen. Unvergessene Spieler, von Gerd Müller oder Franz Beckenbauer bis hin zu Klaus Fischer, Manfred Kaltz oder Jürgen Grabowski haben die Liga geprägt, hochklassige Spiele Jung und Alt gleichermaßen mitgerissen. Zum Rekordmeister mauserte sich im Verlauf der Jahre der FC Bayern

Der erste Bundesliga-Spieltag 24. 8. 1963

Karlsruher SC - Meidericher SV	1:4	(1:3)
Hertha BSC Berlin - 1. FC Nürnberg	1:1	(0:1)
Werder Bremen - Borussia Dortmund	3:2	(1:1)
1. FC Saarbrücken - 1. FC Köln	0:2	(0:2)
1860 München - E. Braunschweig	1:1	(1:0)
Eintracht Frankfurt - Kaiserslautern	1:1	(1:1)
Schalke 04 - VfB Stuttgart	2:0	(2:0)
Preußen Münster - Hamburger SV	1:1	(0:0)

München, der übrigens nicht zu den Liga-Gründungsmitgliedern zählt. Von Anfang an dabei ist nur noch ein Verein: Der Hamburger SV, deutscher Bundesliga-Meister von 1979, 1982 und 1983.

In der Spielzeit 1970/71 hatte ein Bestechungsskandal die Bundesliga in eine tiefe Krise gestürzt. Es ging um geschobene Spiele und manipulierte Ergebnisse. Verwickelt waren Angestellte von Hertha BSC Berlin, Schalke 04 und Arminia Bielefeld. Doch ehe diese Affäre tiefgreifende Konsequenzen nach sich ziehen konnte, heilte der Erfolg die Wunden. Die deutsche Nationalmannschaft wurde Europameister 1972 und Weltmeister 1974. Die Faszination für den Fußball blieb daher trotz des Skandals ungebrochen.

Fieberhaft verfolgten die Menschen die Gipfeltreffen beispielsweise zwischen der „Fohlen-Elf" aus Mönchengladbach und dem FC Bayern München Ende der siebziger Jahre. Das kommende Jahrzehnt war dann geprägt vom Zweikampf zwischen Bayern München und dem HSV. In den neunziger Jahren bekamen es die Münchner dann in erster Linie mit Borussia Dortmund zu tun. Meist setzten sich die Bayern durch – aber eben nicht immer. Für Spannung war also durchweg gesorgt.

Im Jahre 1990 stand dann der Anschluss des Deutschen Fußball-Verbandes (DFV) der DDR an den DFB und dessen Spielbetrieb an. Die Bundesliga wurde auf 20 Vereine aufgestockt und nach der Wiedervereinigung zwischen West- und Mitteldeutschland um den letzten DDR-Meister Hansa Rostock und Traditionsklub Dynamo Dresden bereichert. Nicht nur für Fußballbegeisterte erfüllte sich ein langgehegter Traum. Der DDR-Fußball war 1952 in den Fifa-Weltverband aufgenommen worden. Zu den DFV-Sternstunden zählte – neben dem WM-Vorrunden-Sieg über die BRD durch das berühmte Tor von Jürgen Sparwasser – der Gewinn der olympischen Goldmedaille von 1976 und der Europapokalsieg des 1. FC Magdeburg im Jahre 1974.

Die Bundesliga ist im Laufe der Zeit zu einem werbeträchtigen Produkt und hochinteressant für verschiedenste Sponsoren geworden. Kritiker werfen den Machern vor, Traditionen verkauft und den Grundgedanken des Fußballsports verraten zu haben. Zu Beginn des neuen Jahrtausends waren es jedoch immer neue Rekord-Zuschauerzahlen und millionenfaches Interesse an entsprechenden Fernseh-Übertragungen, die solche Vorwürfe zunächst ungehört verhallen ließen. Wohin sich aber der faszinierende Fußballsport letztlich entwickelt, ist angesichts der Pleite des Medien-Konzerns „Kirch" nicht absehbar. Spekulationen, eine Europaliga könnte den deutschen Spielbetrieb in absehbarer Zeit ablösen, reißen nicht ab. Viele Traditionsklubs haben mittlerweile abgewirtschaftet. In der Bundesliga spielen bald mehrheitlich ausländische Kicker. Nennenswerte Erfolge der Nationalmannschaft blieben zuletzt aus. Warnzeichen sind also allemal gegeben, die geeignet sind, die künftige Entwicklung dieses Sports mit Sorge zu beobachten.

Bundesliga-Torjäger

1964: Uwe Seeler (30 Tore)	1983: Rudi Völler (23)
1965: Rudolf Brunnenmeier (24)	1984: Karl-Heinz Rummenigge (26)
1966: Lothar Emmerich (31)	1985: Klaus Allofs (26)
1967: Lothar Emmerich / Gerd Müller (28)	1986: Stefan Kuntz (22)
1968: Hannes Löhr (27)	1987: Uwe Rahn (24)
1969: Gerd Müller (30)	1988: Jürgen Klinsmann (19)
1970: Gerd Müller (38)	1989: Th. Allofs / R. Wohlfarth (17)
1971: Lothar Kobluhn (24)	1990: Jörn Andersen (18)
1972: Gerd Müller (40)	1991: Roland Wohlfarth (21)
1973: Gerd Müller (36)	1992: Fritz Walter (22)
1974: Gerd Müller / Jupp Heynckes (30)	1993: Ulf Kirsten / A. Yeboah (20)
1975: Jupp Heynckes (27)	1994: Stefan Kuntz / A. Yeboah (18)
1976: Klaus Fischer (29)	1995: Mario Basler / H. Herrlich (20)
1977: Dieter Müller (34)	1996: Fredi Bobic (17)
1978: Dieter Müller / Gerd Müller (24)	1997: Ulf Kirsten (22)
1979: Klaus Allofs (22)	1998: Ulf Kirsten (22)
1980: Karl-Heinz Rummenigge (26)	1999: Michael Preetz (19)
1981: Karl-Heinz Rummenigge (29)	2000: Martin Max (19)
1982: Horst Hrubesch (27)	2001: Ebbe Sand / S. Barbarez (22)

Die „deutsche Kraftmaschine"

1966: Rudi Altig wird Weltmeister

D ie Erfolge von Rudi Altig begeis-tern die Deutschen. Der sympa-thische Rad-Rennfahrer hat schon bedeutende Rennen gewonnen. Heute aber soll er sich mit den Besten der Welt messen. Wir schreiben den 28. August 1966. Die Entscheidung der Straßenrad-Weltmeisterschaft auf dem Nürburgring wollen sage und schreibe 120 000 Men-schen vor Ort verfolgen. Wahre Rad-sport-Legenden sind am Start: Jacques Anquetil, Raymond Poulidor, Gianni Motta, Jean Stablinski, Italo Zilioli. Da ist Rudi Altig nicht unbedingt der Favo-rit.

Aber der Mannheimer will es an diesem Tag wissen und seine Landsleute nicht enttäuschen. Gleich nach dem Start wagt er einen Ausreißversuch. Ein aussichtslo-ses Unterfangen, sind sich die Experten einig. Es kommt, wie es zu befürchten war. Rudi Altig wird gegen Ende des Rennens gestellt. Jetzt liegen Anquetil und Poulidor vorn. Es sieht so aus, als würden diese beiden Klassefahrer den Sieg unter sich ausmachen. Was dann folgt, ist sensationell. Rudi Altig hat sich noch nicht aufgegeben. Er mobilisiert seine letzten Reserven und macht dann seinem Ruf als „deutsche Kraftmaschi-ne" alle Ehre. Er schießt an den beiden Franzosen vorbei und siegt. Weltmeister! Ein Triumph eisernen Siegeswillens. Der Jubel im Zielbereich kennt keine Gren-zen.

Der großartige Erfolg des Rudi Altig, die Krönung seiner Karriere, gab fortan dem Radsport in Deutschland ungeahnten Auftrieb. Medien überschlugen sich vor Begeisterung. Anschließend konnte der vorbildliche Sportler dann nur noch einen Glanzpunkt setzen: In Frankfurt am Main

Tour de France 1966:
Rudi Altig im Gelben Trikot des Führenden.

gewann er 1970 das erstklassig besetzte Henninger-Turm-Rennen. Dann ließ er seine Laufbahn ausklingen. Seine Karrie-re hatte gleich mehrere Sternstunden des deutschen Sports gesehen.

Geboren wurde Rudi Altig am 18. März 1937 in Mannheim. Gemeinsam mit sei-nem Bruder Willi begann er früh mit dem Radfahren. Als Sechzehnjähriger gewann Rudi Altig bei den Junioren seinen ersten Meistertitel auf der Straße. Es folgten weitere bemerkenswerte Siege, ehe er am 11. August 1959 zu einem wahren Pau-kenschlag ausholte. In Amsterdam nahm er an der Weltmeisterschaft im Einer-Ver-folgungsfahren der Amateure teil. Schon sein Auftreten sorgte für Aufmerksam-keit, bereitete sich Altig doch vor seinen Rennen stets mit einem Kopfstand vor. Eine Methode, die ihm sein Trainer Karl Ziegler empfohlen hatte.

Im Amsterdamer Olympiastadion rechnete damals alles mit einem Sieg des Italieners Mario Valotto. Der hatte bereits in einem der Vorläufe den bestehenden Weltrekord um volle acht Sekunden unterboten. Altig bot eine ansprechende Leistung und qualifizierte sich für das Halbfinale. Dort setzte er sich in Weltrekord-Zeit durch. 4:53,8 Minuten. Valotto, der das Rennen von der Bande aus verfolgt hatte, kam aus dem Staunen nicht mehr heraus.

Die Zuschauer fieberten längst dem Finale Valotto gegen Altig entgegen. Und obwohl der Italiener eine größere Übersetzung wählte, fuhr ihm Rudi Altig einfach davon. Runde für Runde nahm er ihm bis zu zehn Metern ab. Dann ein Aufschrei im Stadion: 500 Meter vor dem Ziel platzte dem Deutschen der Vorderreifen. Nach kurzer Diskussion durch die Schiedsrichter wurde Altig der Weltmeistertitel dennoch zuerkannt. Der deprimierte Valotto protestierte nicht einmal. Längst hatte er erkannt, dass Altig an diesem Tag ohnehin nicht zu schlagen gewesen wäre. Zahlreiche deutsche Zuschauer stürmten begeistert den Innenraum und trugen Rudi Altig zur Siegerehrung.

Nie zuvor hatte ein deutscher Rad-Rennfahrer das Verfolgungsturnier der Amateure gewinnen können. Altig stellte über 1000 Meter und 5000 Meter noch zwei Hallen-Weltrekorde auf. 1960 wechselte er dann ins Profi-Lager. Neben dem WM-Titel von 1966 gewann er in den Jahren 1960 und 1961 auch die Profi-Verfolgungs-Weltmeisterschaften, siegte 1962 bei der legendären Spanien-Rundfahrt und 1964 bei der Flandern-Rundfahrt. Über 5000 Meter gelang ihm ein weiterer Weltrekord.

Altig wurde dreimal Europameister, gewann 23 Sechstagerennen und wurde zweimal Deutscher Meister. 1962 gewann er als erster Deutscher das Grüne Trikot des Besten der Bergwertung bei der Tour de France. 1964 fuhr er bei der Tour de France von Freiburg bis zu den Alpen über mehrere Etappen im Gelben Trikot des Führenden. Rudi Altig wurde 1966 zum Sportler des Jahres gewählt. Außerdem ist er Träger des Bundesverdienstkreuzes.

Rudi Altig: Seine größten Erfolge

Rennen	Erster	Zweiter	Dritter	Etappensiege
Weltmeisterschaft	1966	1965		
Deutsche Meisterschaft	1964	1970		
	1962			
Tour de France				8
Giro d'Italia				4
Spanien-Rundfahrt	1962			6
Tour de Suisse				1
Paris – Nizza		1963		
		1965		
Tirreno – Adriatico			1968	
Belgien-Rundfahrt				1
Mailand – San Remo	1968			
Flandern-Rundfahrt	1964	1968		
Paris – Roubaix			1967	
Wallonischer Pfeil			1966	
Rund um den Henninger Turm	1970			
Trofeo Baracchi	1962		1964	

Über Nacht zur Olympia-Heldin

1972: Heide Rosendahls ersehnte Goldmedaillen

Auch sechs Tage nach den Eröffnungsfeiern der Olympischen Spiele von München im Jahre 1972 hat es noch keine Goldmedaille für die gastgebende bundesdeutsche Mannschaft gegeben. Der Erwartungsdruck ist mittlerweile enorm. Jetzt soll es Heide Rosendahl, Weitsprung-Weltrekordlerin, richten. Sie gilt als Favoritin. Im ersten Versuch will sie gleich volles Risiko gehen. Die Spannung im vollbesetzten Münchner Olympiastadion steigt. Kann die 25-jährige Deutsche die Erwartungen wirklich erfüllen?

So kennen Millionen Sportfreunde Heide Rosendahl: An der Weitsprung-Ablaufmarke tippelt sie nervös auf der Stelle. Die Arme baumeln locker am Körper, die Hände zittern. Dann wirft sie den Kopf in den Nacken, zögert nochmals, wippt drei- oder viermal nach vorn und läuft schließlich an. Den Absprungbalken trifft sie gut und landet bei 6,78 Meter! Sechs Zentimeter unter ihrem Weltrekord. Was ist dieser Sprung wert? Immerhin führt sie den Wettbewerb zunächst an. Das beruhigt die angespannten Nerven. Heide Rosendahl kann an diesem 31. August ihre Weite nicht mehr verbessern. Was macht die Konkurrenz? Vor allem die Bulgarin Diana Jorgowa kommt immer näher heran. Nach ihrem letzten Versuch steht fest: Heide Rosendahl gewinnt die vielumjubelte Goldmedaille mit einem Zentimeter Vorsprung. Mehr als 60 000 im Stadion sind begeistert.

Heide Rosendahls Erfolgsgeschichte von München fand in den kommenden Tagen eine eindrucksvolle Fortsetzung. Sie war auch für den Fünfkampf und für die Sprint-Staffel gemeldet. Die beiden Fünfkampf-Tage verliefen eigentlich op-

Heide Rosendahls größte Siege

Olympiasiegerin 1972 (Weitsprung)
Olympiasiegerin 1972 (4 x 100 Meter)
Olympia-Zweite 1972 (Fünfkampf)
Europameisterin 1971 (Fünfkampf)
Vize-Europameisterin 1966 (Fünfkampf)
Europameisterschafts-Dritte 1971 (Weitsprung)
Studenten-Weltmeisterin 1970 (Weitsprung)
Weltrekordhalterin im Weitsprung
Weltrekord-Halterin im Fünfkampf
30 deutsche Meistertitel
Bestleistungen: 100 Meter: 11,45 Sekunden; 200 Meter: 22,96 Sekunden; 100 Meter Hürden: 13,28 Sekunden; Weitsprung: 6,84 Meter; Fünfkampf: 4791 Punkte (100 Meter Hürden: 13,34 Sekunden / Kugelstoßen: 13,86 Meter / Hochsprung: 1,65 Meter / Weitsprung: 6,83 Meter / 200 Meter: 22,96 Sekunden)

timal. Doch ausgerechnet bei diesem Wettbewerb erlebte die Nordirin Mary Peters eine Sternstunde ihrer Karriere. Zwischenzeitlich hatte sie 300 Punkte Vorsprung vor der Deutschen. Wahrscheinlich hätte Heide Rosendahl dennoch gesiegt, wenn nicht einer ihrer Weitsprung-Versuche, der deutlich jenseits der Weltrekordmarke angesiedelt war, aus kaum nachzuvollziehenden Gründen für ungültig erklärt worden wäre.

Als Schlussläuferin der bundesdeutschen 4 x 100-Meter-Staffel aber stellte Heide Rosendahl dann nochmals ihre ganze Klasse unter Beweis. Sie trug zu einem historischen Sieg in Weltrekordzeit bei. Mit zwei Gold- und einer Silbermedaille wurde Heide Rosendahl zur erfolgreichsten bundesdeutschen Athletin der Spiele von München.

Heide Rosendahl wurde am 14. Februar 1947 in Hückeswangen im Bergischen Land geboren. Ihr Vater war dreimaliger Deutscher Meister im Diskuswurf und Leiter einer Sportschule. Schon als 14-Jährige fiel Heide Rosendahl mit 5,27 Metern im Weitsprung als besonders talentierte Sportschülerin auf. Nach insgesamt acht Jugendmeister-Titeln im Weitsprung wie im Fünfkampf wurde die Abiturientin und Sportstudentin 1966 in Budapest Vize-Europameisterin (Fünfkampf). Zwei Jahre später übertraf sie in London als erste deutsche Fünfkämpferin mit 5129 Zählern die magische 5000-Punkte-Marke. 1969 stellte Heide Rosendahl mit 5155 Punkten sogar einen Weltrekord auf.

Auch im Weitsprung schaffte sie den Anschluss an die internationale Klasse und verbesserte bundesdeutsche Rekorde mehrfach auf schließlich 6,80 Meter im Jahre 1970. Mit Weltrekord (6,84 Meter) wurde sie Studenten-Weltmeisterin. Als Fünfkämpferin siegte sie 1971 bei den Europameisterschaften. Neben ihren beiden Goldmedaillen und ihrer Silbermedaille von 1972 gewann die Europameisterin und Weltrekordlerin im Verlaufe ihrer Karriere 30 deutsche Meistertitel. 1970 und 1972 wurde sie zur Sportlerin des Jahres gewählt.

1974 heiratete sie John Ecker, Basketballspieler von Bayer Leverkusen. Heide Rosendahl ist Mutter zweier Kinder, war viele Jahre Leichtathletik-Trainerin und betreibt zwei Fitness-Studios. 1993 wurde sie Athleten-Beauftragte beim Deutschen Leichtathletik-Verband. Von sich selbst sagt sie: „Ich hatte immer ein distanziertes Verhältnis zu Funktionären und bin ihnen, so gut es denn ging, aus dem Wege gegangen." Leidenschaftlich engagiert sie sich zudem gegen jede Form von Doping. Zur Leistungsmanipulation im Sport vertritt sie folgende Auffassung: „Ich hätte keinerlei Motivation verspürt, das Allerletzte aus meinem Körper herauszuholen. Ich wäre auch nicht stolz gewesen auf Siege und Rekorde, wenn ich gewusst hätte, dass die Leistung nicht von mir gekommen ist."

1972: Erfolgreiche deutsche Leichtathletik-Olympioniken

100 Meter, Frauen: Gold für **Renate Stecher** (DDR)
200 Meter, Frauen: Gold für **Renate Stecher** (DDR)
400 Meter, Frauen: Gold für **Monika Zehrt** (DDR)
800 Meter, Frauen; Gold für **Hildegard Falck** (BRD)
100 Meter Hürden, Frauen: Gold für **Annelie Ehrhardt** (DDR)
4 x 100 Meter, Frauen: Gold für **BRD-Staffel**
(Christiane Krause, Ingrid Mickler, Annegret Richter, Heide Rosendahl)
4 x 400 Meter, Frauen: Gold für **DDR-Staffel**
(Dagmar Käsling, Rita Kühne, Helga Seidler, Monika Zehrt)
Hochsprung, Frauen: Gold für **Ulrike Meyfarth** (BRD)
Weitsprung, Frauen: Gold für **Heide Rosendahl** (BRD)
Speerwerfen, Frauen: Gold für **Ruth Fuchs** (DDR)
20 Kilometer Gehen, Männer: Gold für **Peter Frenkel** (DDR)
50 Kilometer Gehen, Männer: Gold für **Bernd Kannenberg** (BRD)
Stabhochsprung, Männer: Gold für **Wolfgang Nordwig** (DDR)
Speerwerfen, Männer: Gold für **Klaus Wolfermann** (BRD)

Die schnellste Frau der Welt

1972: Renate Stechers Weltrekord

Mehr als 60000 Menschen im Münchner Olympiastadion werden am 2. September 1972 Zeugen eines historischen Sportereignisses. Im 100-Meter-Finale der Frauen siegt Renate Stecher aus Jena – für die erstmals auftretende DDR-Mannschaft am Start – mit riesigem Vorsprung vor der Australierin Raelene Boyle. Auf der Anzeigetafel blinkt ihre fantastische Siegeszeit auf: 11,07 Sekunden. Raunen im weiten Rund. Nach internationalen Regeln entspricht diese elektronisch gemessene Zeit handgestoppten 10,9 Sekunden. Mit anderen Worten: Nie zuvor ist eine Frau so schnell gelaufen. Die „10" vor dem Komma war bisher allein den Männern vorbehalten. Jetzt steht fest: Renate Stecher, 69 Kilogramm schwer, 1,70 Meter groß, hat Sportgeschichte geschrieben. Die Wunderläuferin anschließend bescheiden: „Vor München hatte ich ja schon ein paar Weltrekorde erzielt, wusste mich nach intensiver Vorbereitung in guter Form."

Fünf Tage später wurde die großartige Sportlerin auch noch Olympiasiegerin über 200 Meter. Wieder ließ Renate Stecher mit ihrem kraftvollen Laufstil der Australierin Boyle keine Chance und gewann erneut Gold. Ihre Bilanz dieser Spiele krönte sie anschließend noch mit der Silbermedaille in der 4 x 100-Meter-Staffel. Ein Jahr später – am 7. Juni 1973 – besiegte die am 12. Mai 1950 in Süptitz (Kreis Torgau) geborene Sprinterin vom SC Motor Jena dann auch die elektronische Uhr. Bei Titelkämpfen in der damaligen Tschechoslowakei lief sie vor der Kubanerin Carmen Valdes über 100 Meter in atemberaubenden 10,9 Sekunden

Ein Politikum erster Güte (hier: Titelseite „Spiegel" vom 4. September 1972) war das erstmalige Auftreten einer eigenen mitteldeutschen Olympiamannschaft bei den Spielen in München 1972.

durchs Ziel; eine Zeit, die weltweit für Schlagzeilen sorgte.

Renate Stechers legendäre Wettkämpfe gegen bundesdeutsche Läuferinnen wie Annegret Richter aus Dortmund sollten Millionen Sportbegeisterte auch in den kommenden Jahren faszinieren. Immer wieder kam es zu hauchdünnen Entscheidungen, die wiederholt durch Weltrekord-Zeiten entschieden wurden, und zwar sowohl in den Einzel-, als auch in den Staffel-Läufen. Mit ihrem Namen sind einzigartige Laufentscheidungen verknüpft, die die ganze Sportwelt in ihren Bann zogen. Renate Stecher war vor allem auch eine überragende Mannschafts-Sprinterin. Statistiker hatten ermittelt, dass der „Blitz aus Jena" für einen 100-Meter-Lauf genau 53,5 Schritte benötigte – eigentlich viel zu viele. Ihre eigentümliche Taktik aber ließen ihre Weltklasse-Leistungen nur um so bemerkenswerter erscheinen. Ihre Fabel-Zeit über 100 Meter konnte sie am 30. Juni 1973 in Dresden mit 10,8 Sekunden abermals verbessern.

Bei den Olympischen Spielen in Montreal im Jahre 1976 unterlag Renate Stecher in der unvergessenen 100-Meter-Entscheidung gegen Annegret Richter. Neben dieser Silbermedaille gewann sie noch Bronze über 200 Meter und Gold mit der 4 x 100-Meter-Staffel.

Schon als Jugendliche hatte Renate Stecher unter ihrem Mädchennamen Meißner erstklassige Zeiten erzielt. Dadurch kam sie frühzeitig in den Genuss der intensiven und umfassenden DDR-Sportförderung. Ihren ersten Rekord lief sie als 14-Jährige im sowjetischen Pionierlager auf der Krim: 75 Meter in 9,5 Sekunden. Der Durchbruch gelang ihr im Jahre 1968 bei den Europäischen Jugendspielen in Leipzig, als sie mit fabelhaften Leistungen selbst mit den Allerbesten mithalten konnte. Über 100 Meter, 200 Meter und mit der 4 x 100-Meter-Staffel wurde sie jeweils Zweite. 1969 trug sie zur Silbermedaille der DDR-Mannschaft bei den Europameisterschaften bei. Im Dezember 1970 heiratete sie den Jenaer 400-Meter-Hürdenläufer Gerd Stecher. In Helsinki wurde die DDR-Läuferin dann 1971 Europameisterin über 100 Meter und 200 Meter. Der Doppel-Olympiasieg von München bildete schließlich den Höhepunkt ihrer fabelhaften Karriere.

Mit insgesamt sechs Olympia-Medaillen (drei Gold-, zwei Silber- und eine Bronzemedaille) ist Renate Stecher die erfolgreichste deutsche Leichtathletin bei Olympischen Spielen. Nach der Wende wurde sie Angestellte im Studentenwerk der Universität Jena. Renate Stecher ist Mutter dreier Töchter. Ihre Tochter Anja, geboren im Jahre 1977, war 1996 dreifache Thüringer Leichtathletik-Meisterin. Als Renate Stecher im Jahre 1992 München und das Olympiastadion besuchte, wurden Erinnerungen wach: „Ich war im Stadion, bin durch das Olympische Dorf gebummelt – und plötzlich waren die Erinnerungen an die schönsten Augenblicke meines Sportlerlebens so frisch, als wäre es gestern gewesen."

1976: Erfolgreiche deutsche Leichtathletik-Olympioniken

100 Meter, Frauen: Gold für **Annegret Richter** (BRD)
200 Meter, Frauen: Gold für **Bärbel Eckert** (DDR)
100 Meter Hürden, Frauen: Gold für **Johanna Schaller** (DDR)
4 x 100 Meter, Frauen: Gold für **DDR-Staffel**
(Marlies Oelsner, Renate Stecher, Carla Bodendorf, Bärbel Eckert)
4 x 400 Meter, Frauen: Gold für **DDR-Staffel**
(Doris Maletzki, Brigitte Rohde, Elle Streidt, Christina Brehmer)
Hochsprung, Frauen: Gold für **Rosemarie Ackermann** (DDR)
Weitsprung, Frauen: Gold für **Angela Voigt** (DDR)
Speerwerfen, Frauen: Gold für **Ruth Fuchs** (DDR)
Diskuswerfen, Frauen: Gold für **Evelin Schlaak** (DDR)
Fünfkampf, Frauen: Gold für **Siegrun Siegl** (DDR)
Marathonlauf, Männer: Gold für **Waldemar Cierpinski** (DDR)
Kugelstoßen, Männer: Gold für **Udo Beyer** (DDR)

Das deutsche Goldmädchen
1972: Sieg für Ulrike Meyfarth

Der Hochsprung-Wettbewerb der Frauen ist an diesem 4. September 1972 nicht gerade der Höhepunkt dieses Olympia-Tages. Das denken jedenfalls die Zuschauer im weiten Rund des Olympiastadions von München. Die zweiten in Deutschland ausgetragenen Sommerspiele gehen bald zu Ende. 7830 Athleten aus 122 antretenden Verbänden sind in die Bundesrepublik gekommen. Erstmals stellen die Mitteldeutschen eine eigene Mannschaft; eine traurige Fortentwicklung der deutschen Spaltung. Überragender Sportler ist bislang der US-amerikanische Schwimmer Mark Spitz, der sieben Goldmedaillen abräumt. Von einem Anschlag auf die israelische Mannschaft, der in den kommenden Tagen die Schlagzeilen beherrschen wird, ahnt an diesem Montag noch niemand … Österreichs Bundespräsident Franz Jonas ist heute angereist, um die Goldhoffnung der Alpenrepublik, die sympathische Hochsprung-Weltrekordhalterin Ilona Gusenbauer, zu unterstützen. Sie hat sich vor allem mit der bulgarischen Mitfavoritin Yordana Blagojeva auseinanderzusetzen. Der Wettkampf hat sich bei einer Höhe von 1,88 Metern zu dem erwarteten Zweikampf entwickelt. Andere Teilnehmer sind ausgeschieden – mit Ausnahme eines 16-jährigen Mädchens namens Ulrike Meyfarth, die alle Höhen bislang im ersten Versuch übersprungen hat; und zwar mit einer völlig ungewöhnlichen Sprungtechnik, dem so genannten Flop. Sehr ernst aber nehmen die Favoritinnen diesen „Störenfried" nicht …
Sind es die Nerven? Gusenbauer und Blagojeva scheitern bei 1,90 Meter. Plötzlich ist die junge Ulrike allein im Wettbewerb. Erst nach und nach regis-

Von Meyfahrt bis Meyfarth:
Hochsprung-Weltrekorde

1972: Ulrike Meyfarth (BRD)	1,92 m
1972: Yordanka Blagoeva (BUL)	1,94 m
1974: Rosemarie Witschas (DDR)	1,94 m
1974: Rosemarie Witschas (DDR)	1,95 m
1976: Rosemarie Ackermann (DDR)	1,96 m
1977: Rosemarie Ackermann (DDR)	1,97 m
1977: Rosemarie Ackermann (DDR)	2,00 m
1978: Sara Simeoni (ITA)	2,01 m
1982: Ulrike Meyfarth (BRD)	2,02 m
1983: Ulrike Meyfarth (BRD)	2,03 m

Deutsche Hochspringerinnen beherrschten diesen Wettbewerb in den siebziger Jahren sozusagen nach Belieben. Rosemarie Ackermann trat 1974 unter ihrem Mädchennamen Witschas in Erscheinung.

trieren die Zuschauer, dass sich hier eine Riesensensation abspielt. Ulrike Meyfarth, zuvor kaum beachtet, kann ihr Glück nicht fassen. Ausgelassen lacht sie in die Kameras. Jetzt will sie es wissen und lässt die Latte auf Weltrekordhöhe legen. 1,92 Meter. Nun ist es still im Stadion. Zigtausende Augenpaare verfolgen den Anlauf der Deutschen aus Wesseling bei Köln. Und sie schafft auch diese Höhe! So etwas hatte die Welt noch nicht gesehen! Mit ihrem Gold-Sprung hebt sie die Sportwelt aus den Angeln. Sie ist die jüngste Leichtathletik-Olympiasiegerin aller Zeiten.
Ulrike Meyfarth wurde am 4. Mai 1956 in Frankfurt am Main geboren. Die Spiele von München erlebte sie, weil der deutsche Leichtathletik-Verband sie kostengünstig zum Sammeln von Erfahrungen „ins kalte Wasser werfen" konnte. Die vielleicht überraschendste Goldmedaille aller Zeiten war für lange Zeit der Höhepunkt ihrer Karriere, die an diesem

4. September 1972 eigentlich ihren An-fang nahm. Zwar wurde Ulrike Meyfarth Europameisterin 1982 und siegte auch bei den Hallen-Europameisterschaften 1982 und 1984, zwar stellte sie am 8. September 1982 mit 2,02 Metern einen neuen Weltrekord auf, zwar war sie viel-fache deutsche Meisterin und von 1981 bis 1984 „Sportlerin des Jahres", aber sie blieb immer jene Ulrike Meyfarth, die als 16-Jährige in München Gold gewann.

Am 10. August 1984 trat sie dann auf atemberaubende Weise aus diesem lan-gen Schatten heraus. Bei dem Olympi-schen Spielen von Los Angeles gelang ihr eine einzigartige Leistung. Sie holte 16 Jahre nach dem Olympia-Gewinn von München erneut Gold. Ein neuer Meilen-stein der Sportgeschichte. Mit übersprun-genen 2,02 Metern (olympischer Rekord) siegte sie nach einem spannenden Zwei-kampf über Sara Simeoni aus Italien. Zwischen ihren beiden Siegen von 1972 und 1984 hatte sie ihre Leistung also um satte zehn Zentimeter verbessert.

Ulrike Meyfarths große sportliche Lauf-bahn begann und endete also mit einer Goldmedaille. 1987 heiratete sie, heute ist sie Mutter von zwei Töchtern. Vom großen Bildhauer Arno Breker ließ sich Ulrike Meyfarth modellieren, was ihr Kritik politischer „Gutmenschen" ein-brachte, die sie aber mutig wegsteckte.

Bis heute setzt sie sich für eine sinnvolle Sport-Nachwuchsförderung ein. Ulrike Meyfarth: „Eine umfassende Sportförde-rung setzt in der Grundschule an. Und meiner Meinung nach wird bei den klei-nen Kindern sehr gespart. Die bräuchten wirklich eine solide Grundausbildung. Denn die Kinder, das merken auch unse-re Leichtathletik-Trainer, haben nicht mehr annähernd solch eine körperliche Ausbildung wie das früher einmal war. Die bewegen sich nicht mehr so viel. Statt dessen setzen sie sich vor den Fern-seher oder vor den Computer und erhal-ten nicht mehr die natürlichen, allumfas-senden motorischen Grundausbildungen. Daran getan wird aber nichts. Keiner packt es an. Keiner setzt es um. In der Po-litik, speziell in der Schulpolitik, stößt man auf taube Ohren."

Ulrike Meyfarth, hier in Athen bei ihrem Weltrekord über 2,02 Meter.

Herr im eigenen Haus

1974: Fußball-Weltmeister Deutschland

Zwanzig Jahre waren seit dem deutschen Fußball-Triumph von Bern vergangen. Höhen und Tiefen hatte der Volkssport seither erlebt. Im Jahre 1963 wurde die Bundesliga aus der Taufe gehoben, deutsche Fußballer waren längst weit über die Grenzen der Heimat hinaus bekannt, unter ihnen Uwe Seeler, Franz Beckenbauer oder Gerd Müller. Deutsche Fußballmannschaften hatten vor aller Welt unvergessliche Spiele absolviert. Bei der Weltmeisterschaft 1966 in England konnten die Mannen mit dem Adler auf der Brust erst im Endspiel gestoppt werden, noch dazu auf unfaire Weise: Das legendäre 2:4 gegen den Gastgeber wurde erst in der Verlängerung durch das berühmte „Wembley-Tor" entschieden. Noch heute schwören Zeit- und Augenzeugen: Das war kein Treffer! Bei der WM in Mexiko bescherte uns die deutsche Truppe einen 3. Platz und das so genannte Jahrhundert-Spiel gegen Italien (3:4). 1972 errang die bundesdeutsche Elf den Europameister-Titel.

Gekrönt wurde die Entwicklung des deutschen Fußballs durch die Austragung der Weltmeisterschaft von 1974 auf bundesdeutschem Boden. Am 13. Juni war es soweit: Anpfiff des Eröffnungsspieles zwischen Brasilien und Jugoslawien in Frankfurt. 62 000 Zuschauer im Stadion, eine Milliarde Menschen vor Fernsehapparaten. Überraschend hatte sich für das Turnier auch die mitteldeutsche Fußball-Auswahl qualifiziert. Die Gruppenauslosung hätte schließlich spektakulärer nicht sein können: DDR und BRD sollten in der Vorrunde aufeinandertreffen. Die Aufregung um dieses Duell stellte zunächst alles in den Schatten. Ein unfreiwilliger „Bruderkampf",

Bundesrepublik Weltmeister!
Der Weg zum Erfolg

Gruppenspiel, Olympiastadion, Berlin:
BR Deutschland - Chile 1:0 (1:0)
Gruppenspiel, Volksparkstadion, Hamburg:
BR Deutschland - Australien 3:0 (2:0)
Gruppenspiel, Volksparkstadion, Hamburg
BR Deutschland - DDR 0:1 (0:0)
Achtelfinale, Rheinstadion, Düsseldorf
BR Deutschland - Jugoslawien 2:0 (1:0)
Viertelfinale, Rheinstadion, Düsseldorf
BR Deutschland - Schweden 4:2 (0:1)
Halbfinale, Waldstadion, Frankfurt am Main
BR Deutschland - Polen 1:0 (0:0)
Finale, Olympiastadion, München
BR Deutschland - Holland 2:1 (2:1)

der letztlich aber auch das Absurdum der deutschen Teilung vor aller Welt deutlich machte. Durch das berühmte Tor von Jürgen Sparwasser obsiegte am 22. Juni 1974 in Hamburg die DDR sensationell. Beide deutsche Mannschaften qualifizierten sich für die nächste Runde, in der die Bundesdeutschen Jugoslawien besiegen konnten, während sich die Mitteldeutschen nach einem 0:1 gegen Brasilien hocherhobenen Hauptes aus dem Turnier verabschiedeten.

Die Mannschaft von Erfolgstrainer Helmut Schön bezwang in einem hochdramatischen Spiel im Viertelfinale schließlich auch Schweden. Am Ende stand es 4:2. Im Halbfinale wartete die Auswahl Polens auf die deutschen Spieler. Unvergesslich die äußeren Umstände dieses Spieles: Nach tagelangen Regenfällen stand das Spielfeld im Frankfurter Waldstadion quasi unter Wasser. Es folgte die legendäre „Wasserschlacht", die durch ein Tor von Gerd Müller mit 1:0 entschieden werden konnte. Deutschland im

Endspiel! Der Gegner: Holland, das – angeführt durch den Weltklassespieler Johann Cruyff – bislang brilliert hatte.

Längst war innerhalb der Bevölkerung ein wahres Fußball-Fieber ausgebrochen. Die „National-Zeitung" formulierte damals: „Die Bundesrepublik Deutschland erlebt im Taumel eines ‚nationalen Hochgefühls' die Siege der bundesdeutschen Fußball-Mannschaft. Der Bundesbürger ist ‚wieder stolz auf sein Land' und genießt es, einmal zu den Gewinnern zu gehören und nicht getreten zu werden. Nationalmasochismus hat beim Fußball keinen Platz."

7. Juli 1974, Olympiastadion in München. Das große Spiel kann beginnen. ZDF-Sportreporter Werner Schneider stöhnt: „Das Stadion ist eine Orgie in Schwarz-Rot-Gold." Deutschen Sportfreunden stockt schon nach 57 Sekunden Spielzeit der Atem. Elfmeter für Holland. Der Spieler Neeskens lässt Sepp Maier im deutschen Tor keine Chance. So hatte man sich das Endspiel wahrlich nicht vorgestellt. Doch die Deutschen, euphorisch von fast 80 000 Zuschauern im Stadion nach vorne getrieben, kämpfen. Noch vor der Pause dreht sich das Blatt. Hölzenbein wird im Strafraum gefoult, Breitner gleicht durch Strafstoß aus. Und in der 43. Minute kennt der Jubel keine Grenzen. Gerd Müller schießt auf unnachahmliche Weise zum 2:1 ein. Bis zum Schlusspfiff vergeht noch eine turbulente zweite Halbzeit. Um 17.45 Uhr aber ist es perfekt: Sieg für Deutschland. Der zweite Weltmeistertitel ist unter Dach und Fach.

Die deutsche Weltmeisterelf, die Helmut Schön ins Finale schickte, hatte folgendes Aussehen: Sepp Maier, Georg Schwarzenbeck, Berti Vogts, Franz Beckenbauer, Rainer Bonhof, Jürgen Grabowski, Wolfgang Overath, Paul Breitner, Bernd Hölzenbein, Gerd Müller, Uli Hoeneß.

7. Juli 1974: Der Weltpokal „in deutscher Hand"!

Jahrhundertspiele und ein Triumph

Fußball-Weltmeisterschaften 1958 – 1974

Fußball-Weltmeisterschaft in Schweden
7. Juni bis 29. Juni 1958

Viertelfinale		*Halbfinale*	
Schweden - Sowjetunion	2:0	Deutschland - Schweden	1:3
Frankreich - Nordirland	4:0	Brasilien - Frankreich	5:2
Brasilien - Wales	1:0	*Spiel um Platz 3*	
Deutschland - Jugoslawien	1:0	Frankreich - Deutschland	6:3

Endspiel: Brasilien - Schweden 5:2

Fußball-Weltmeisterschaft in Chile
30. Mai bis 17. Juni 1962

Viertelfinale		*Halbfinale*	
Sowjetunion - Chile	1:2	Tschechoslowakei - Jugoslawien	3:1
Deutschland - Jugoslawien	0:1	Brasilien - Chile	4:2
Brasilien - England	3:1	*Spiel um Platz 3*	
Ungarn -Tschechoslowakei	0:1	Chile - Jugoslawien	1:0

Endspiel: Brasilien - Tschechoslowakei 3:1

Fußball-Weltmeisterschaft in England
11. Juli bis 30. Juli 1966

Gruppe A		*Gruppe B*	
England - Uruguay	0:0	Deutschland - Schweiz	5:0
Frankreich - Mexiko	1:1	Argentinien - Spanien	2:1
Uruguay - Frankreich	2:1	Spanien - Schweiz	2:1
Mexiko - England	0:2	Deutschland - Argentinien	0:0
Mexiko - Uruguay	0:0	Argentinien - Schweiz	2:0
Frankreich - England	0:2	Deutschland - Spanien	2:1
Gruppe C		*Gruppe D*	
Brasilien - Bulgarien	2:0	Sowjetunion - Nordkorea	3:0
Portugal - Ungarn	3:1	Italien - Chile	2:0
Ungarn - Brasilien	3:1	Nordkorea - Chile	2:0
Portugal - Bulgarien	3:0	Sowjetunion - Italien	1:0
Portugal - Brasilien	3:1	Nordkorea - Italien	1:0
Ungarn - Bulgarien	3:1	Sowjetunion - Chile	2:1
Viertelfinale		*Halbfinale*	
England - Argentinien	1:0	Deutschland - Sowjetunion	2:1
Deutschland - Uruguay	4:0	England - Portugal	2:1
Portugal - Nordkorea	5:3	*Spiel um Platz 3*	
Sowjetunion - Ungarn	2:1	Portugal - Sowjetunion	2:1

Endspiel: England - Deutschland 4:2 n. V.

Fußball-Weltmeisterschaft in Mexiko
31. Mai bis 21. Juni 1970

Gruppe 1		Gruppe 2	
Sowjetunion - Mexiko	0:0	Uruguay - Israel	2:0
Belgien - El Salvador	3:0	Italien - Schweden	1:0
Sowjetunion - Belgien	1:0	Uruguay - Italien	0:0
Mexiko - El Salvador	4:0	Israel - Schweden	1:1
Sowjetunion - El Salvador	2:0	Uruguay - Schweden	0:1
Mexiko - Belgien	1:0	Israel - Italien	0:0
Gruppe 3		*Gruppe 4*	
Rumänien - England	0:1	Peru - Bulgarien	3:2
Tschechoslowakei - Brasilien	1:4	Marokko - Deutschland	1:2
Rumänien - Tschechoslowakei	2:1	Peru - Marokko	3:0
England - Brasilien	0:1	Bulgarien - Deutschland	2:5
Rumänien - Brasilien	2:3	Peru - Deutschland	1:3
England - Tschechoslowakei	1:0	Bulgarien - Marokko	1:1
Viertelfinale		*Halbfinale*	
Sowjetunion - Uruguay	0:1 n. V.	Deutschland - Italien	3:4 n. V.
Italien - Mexiko	4:1	Brasilien - Uruguay	3:1
Deutschland - England	3:2 n. V.	*Spiel um Platz 3*	
Brasilien - Peru	4:2	Deutschland - Uruguay	1:0

Endspiel: Brasilien - Italien 4:1

Fußball-Weltmeisterschaft in Deutschland
13. Juni - 7. Juli 1974

Gruppe 1		Gruppe 2	
BR Deutschland - Chile	1:0	Brasilien - Jugoslawien	0:0
DDR - Australien	2:0	Zaire - Schottland	0:2
Chile - DDR	1:1	Jugoslawien - Zaire	9:0
BR Deutschland - Australien	3:0	Brasilien - Schottland	0:0
Australien - Chile	0:0	Zaire - Brasilien	0:3
BR Deutschland - DDR	0:1	Schottland - Jugoslawien	1:1
Gruppe 3		*Gruppe 4*	
Holland - Uruguay	2:0	Argentinien - Polen	2:3
Schweden - Bulgarien	0:0	Italien - Haiti	3:1
Holland - Schweden	0:0	Italien - Argentinien	1:1
Uruguay - Bulgarien	1:1	Polen - Haiti	7:0
Bulgarien - Holland	1:4	Argentinien - Haiti	4:1
Schweden - Uruguay	3:0	Polen - Italien	2:1
		2. Finalrunde:	
Holland - Argentinien	4:0	BR Deutschland - Jugoslawien	2:0
Brasilien - DDR	1:0	Schweden - Polen	0:1
Holland - DDR	2:0	Polen - Jugoslawien	2:1
Argentinien - Brasilien	1:2	Deutschland - Schweden	4:2
Holland - Brasilien	2:0	Polen - Deutschland	0:1
Argentinien - DDR	1:1	Schweden -Jugoslawien	2:1
Spiel um Platz 3:			
Brasilien - Polen	0:1	*Endspiel:* Deutschland - Holland	2:1

Deutscher Turnsport: Wiedergeburt

1974: Eberhard Gienger Weltmeister

Für den deutschen Turn-Europa-meister Eberhard Gienger kommen die Weltmeisterschaften von Varna wohl zu früh. Als er sich am 28. Oktober 1974 auf seine Übungen am Reck vorbereitet, denkt er an das eigene Verletzungspech der vergangenen Wochen und Monate zurück: Muskelfaserriss, Fersenverletzung, schwere Grippe, Knieoperation. Auf Krücken hatte er sich zuletzt ins Training geschleppt, um wenigstens den Oberkörper in guter Verfassung zu halten. Und jetzt? Reck-Finale einer Weltmeisterschaft!

Dass sich Eberhard Gienger trotz aller Widrigkeiten überhaupt für diesen Endkampf qualifiziert hat, stellt bereits eine enorme Leistung dar. Jetzt will er alles auf eine Karte setzen. Er nimmt sich die so genannte Endo-Grätsche im Ellgriff vor; eine Übung, die es in sich hat und die er noch nie in einem Wettkampf zuvor präsentiert hatte. Damit überrascht er Punktrichter und Konkurrenz. Er turnt die Übung perfekt und kommt nach abschließendem Doppelsalto mit Schraube sicher zum Stehen. Eine sensationelle Vorführung, die schließlich mit 9,85 Punkten belohnt wird: Das ist der vielumjubelte Weltmeistertitel! Das deutsche Turnen, einst sichere Bank für Medaillen und Erfolge, meldet sich an diesem denkwürdigen Tag zurück.

Eberhard Gienger wurde am 21. Juli 1951 im schwäbischen Künzelsau geboren. Seine Eltern waren erfolgreiche Faustballer (Vater: 22-facher württembergischer Meister). Er begann frühzeitig mit dem Sport (Fußball, Leichtathletik, Schwimmen), kam aber erst als Vierzehnjähriger zum Turnen. Bereits 1966 war er dann württembergischer Jugend-

Eberhard Gienger: Triumph auf Triumph

1971: Deutscher Meister (Barren, Reck)
1972: Deutscher Meister (Mehrkampf, Sprung, Barren, Reck)
1973: Europameister (Reck), Deutscher Meister (Mehrkampf, Pauschenpferd, Sprung, Barren, Reck)
1974: Weltmeister (Reck), Deutscher Meister (Mehrkampf, Pauschenpferd, Ringe, Barren)
1975: Europameister (Reck), Deutscher Meister (Mehrkampf, Boden, Ringe, Barren, Reck)
1976: Deutscher Meister (Mehrkampf, Reck)
1977: Weltcup-Sieger (Reck), Deutscher Meister (Barren, Reck)
1978: Weltcup-Sieger (Reck), Deutscher Meister (Mehrkampf, Barren, Reck)
1979: Weltcup-Sieger (Reck), Deutscher Meister (Mehrkampf, Ringe, Reck)
1980: Deutscher Meister (Pauschenpferd, Barren, Reck)
1981: Europameister (Reck), Deutscher Meister (Pauschenpferd, Barren)

meister und 1968 deutscher Jugendmeister im Zwölfkampf. Im Leistungszentrum von Frankfurt am Main wurde sein großes Talent fortan gezielt gefördert. 1971 gewann Eberhard Gienger seine ersten deutschen Meistertitel am Reck. Als ihm an den Ringen als erster Turner ein gebückter Doppelsalto rückwärts gelingt, bedeutete dies seinen Vorstoß in die Weltspitze.

Zehn Jahre lang schrieb Eberhard Gienger Sportgeschichte. Er verhalf dem Turnen endlich wieder zu großer Popularität in Deutschland. Seinetwegen schnellten die Fernseh-Einschaltquoten in die Höhe, als bei den Olympischen Spielen 1976 aus Montreal die Turnwettbewerbe übertragen wurden. Gienger gewann die Bronzemedaille. 1977 kreierte er sein eigenes Turnelement, das weltweit für Aufsehen sorgte und als „Gienger-Salto" in die Sportgeschichte eingegangen ist: Salto rückwärts gebückt mit halber Drehung in den Hang. Eberhard Gienger war am Reck über Jahre hinweg unschlagbar. Er war 1974 und 1978 „Sportler des Jahres" und erhielt das Bundesverdienstkreuz am Bande.

Als Eberhard Gienger zu Beginn der 80er Jahre seine Laufbahn beendete, hatte er sich längst ein berufliches Standbein geschaffen. Nach dem Abitur (1970) hatte er Sport studiert und 1975 das Examen als Diplom-Sportlehrer abgelegt. Anschließend ließ er sich zum Werbekaufmann ausbilden. 1978 studierte er in Mainz Anglistik und Slawistik und schloss mit dem Magister ab. Er betreibt eine eigene „Promotion"-Firma. Eberhard Gienger ist mit der einstigen deutschen Gymnastik-Meisterin Sybille von Gleich verheiratet und Vater dreier sportbegeisterter Söhne. Kaum bekannt ist, dass sich Eberhard Gienger 1975 als Fluchthelfer für den DDR-Turnmeister Wolfgang Thüne betätigte, den er in seinem Auto in die Bundesrepublik geschmuggelt hatte.

Gienger tritt in seiner Freizeit bei Schau-Veranstaltungen als umjubelter Kunstturner auf. Darüber hinaus hat er erfolgreich eine Prüfung als Fallschirmspringer abgelegt. Im Mai 2000 stürzte er bei Esslingen mit dem Fallschirm ab und entging nur knapp dem Tode. Als erfolgreicher Bundeskunstturnwart ist er seiner alten Sportart verbunden geblieben. Darüber hinaus ist er für die Deutsche Sporthilfe aktiv.

Eberhard Gienger, hier beim Gewinn der olympischen Bronzemedaille am 23. Juli 1976 in Montreal.

Der pfeilschnelle Österreicher

1975: Niki Lauda wird Formel-1-Weltmeister

Als am 5. Oktober 1975 Niki Lauda in den USA zum Weltmeister der Formel-1-Rennfahrer gekürt wird, ist dies bereits keine Sensation mehr. Zwar hatte zu Beginn des WM-Jahres niemand den Österreicher auf der Rechnung, doch als er auf seinem Ferrari heute durchs Ziel schießt, ist dies nur die Krönung einer fantastischen Leistung. Vier Siege und ein zweiter Platz in den Rennen zuvor haben längst alle Kritiker überzeugt. Jetzt ist der Weltmeister-Titel perfekt.

Andreas Nikolaus Lauda wurde am 22. Februar 1949 in Wien als Sohn einer wohlhabenden Unternehmerfamilie geboren. Von Kindesbeinen an war er vom Motorsport fasziniert, verfolgte begeistert Autorennen im Fernsehen. Erste Fahrversuche unternahm er bereits als Minderjähriger mit Gabelstaplern auf dem Hof des elterlichen Betriebes. Seit 1968 nahm er mit einem Mini-Cooper an verschiedenen Rennen teil, gewann später mit einem Porsche einige Bergrennen. Bei Auftritten im Nürburgring-Rahmenprogramm sorgte er für Aufsehen. 1971 kaufte er sich mit einem Bankkredit von 3,5 Millionen Schilling in die Formel 1 ein. Auf March und BRM misslang allerdings seine Premiere. Dennoch konnte Lauda durch fahrerischen Mut überzeugen, was ihm einen Vertrag bei Ferrari einbrachte.

Was niemand für möglich gehalten hatte, trat dann ein. „Großmaul" Lauda entwickelte sich in den kommenden Monaten zu einem technisch perfekten Rennfahrer. Sein Motto: „Man muss die Herausforderungen annehmen, um vorwärts zu kommen." Gleich in seiner ersten Ferrari-Saison wurde er sensationell WM-Vierter.

Die Erfolge von Niki Lauda faszinierten Motorsportfreunde in aller Welt.
Über sein Leben und Wirken sind ungezählte Geschichten geschrieben worden.

Ein Jahr später lagen ihm Ferrari und Millionen deutsche Sportfreunde zu Füßen: Niki Lauda war Weltmeister der Saison 1975!

Im Jahr darauf hielt der Gipfelsturm des Niki Lauda an. Wer geglaubt hatte, sein WM-Sieg sei ein Zufallsprodukt gewesen, sah sich getäuscht. Lauda diktierte die Rennen fast nach Belieben. Fünf Siege, ein zweiter und ein dritter Platz nach acht Rennen. Alles sprach für einen Durchmarsch des Weltmeisters, der mit 52 Punkten nahezu uneinholbar die Gesamtwertung anführte.

Dann kam der 1. August des Jahres 1976. Unaufhörlich hatte es vor dem Start zum

Großen Preis von Deutschland auf dem Nürburgring geregnet. Der Weltmeister war gut gestartet. In Runde zwei kam es dann zu einem folgenschweren Unfall. Laudas Ferrari kam von der Fahrbahn ab, berührte den Randstein, schleuderte nach rechts, durchschlug die Fangzäune, prallte gegen eine Böschung und zurück auf die Strecke. Zwei nachfolgende Wagen rasten in den Ferrari, der Sekunden später lichterloh brannte. Eine Minute verging, ehe Helfer den Körper des Piloten aus dem brennenden Auto ziehen konnten. Lauda wurde sofort in die Mannheimer Universitätsklinik eingeliefert. Der Fall schien hoffnungslos. Lauda empfing bereits die Sterbesakramente. Millionen Rennsportfreunde hatten sich auf die Nachricht vom Tod des Weltmeisters bereits eingestellt. Lauda überlebte schwere Vergiftungen und Brandwunden wie durch ein Wunder.

Unglaublich: 42 Tage später stieg der Mann mit dem verstümmelten Ohr und den kaum verheilten Brandwunden wieder in einen Rennwagen. Beim Großen Preis von Monza saß Niki Lauda hinter dem Steuer. Die englische Rennsport-Legende Jackie Stewart, auf dieses „Wunder von Monza" angesprochen: „Es war das Mutigste, was ich in unserem Sport je gesehen habe." Lauda fuhr schließlich noch den zweiten Platz in der Gesamtwertung heraus. Ein Jahr später wurde er erneut Weltmeister auf Ferrari. Niki Lauda wechselte dann zu Brabham, konnte dort aber an seine großen Erfolge nicht anknüpfen. Er beendete seine Laufbahn 1979 mit den berühmten Worten, er wolle nicht länger „im Kreis herumfahren". Anschließend gründete er seine Fluggesellschaft „Lauda Air".

Drei Jahre später wagte Niki Lauda bei McLaren völlig überraschend eine Rückkehr in die Formel 1. Nach einem 5. Platz (1982) und einem 10. Platz (1983) gelang ihm 1984 ein wahrer Paukenschlag: Wieder Weltmeister! In einer der spannendsten Entscheidungen der Automobilsportgeschichte ließ Lauda seinen Widersacher Alain Prost aus Frankreich am Ende um einen halben Punkt hinter sich. Nicht erst seit diesem dritten WM-Sieg hatte sich Lauda einen Platz unter den besten Formel-1-Piloten aller Zeiten gesichert. Insgesamt bestritt er 170 Rennen in allen Teilen der Welt und fuhr 25 Siege ein.

Niki Lauda 1977 als Sieger des Großen Preises von Deutschland.

Schneller, höher, weiter

1951 – 1975: Noch mehr deutsche Sporterfolge

Neben den vorgestellten Sternstunden des deutschen Sports und vor allem auch neben olympischen Sommer- und Winterspielen gab es zu jeder Zeit viele weitere famose Leistungen unserer Athleten. Nachfolgend eine kleine Auswahl.

9. Juni 1951:
Schwimmen: Weltrekord durch Herbert Klein über 200 Meter Brust in München.

29. Juni 1952:
Werner Lueg läuft im Berliner Olympiastadion Weltrekord über 1500 Meter.

3. Juli 1953:
Der Österreicher Hermann Buhl erreicht als Erster den Gipfel des Nanga Parbat im Himalaja (8125 Meter).

19. Februar 1954:
Gundi Busch wird in Oslo Weltmeisterin im Eiskunstlauf.

3. September 1954:
Bei den Schwimm-Europameisterschaften in Turin gewinnen die Westdeutsche Ursula Happe und Jutta Langenau aus Mitteldeutschland Titel im Brust- bzw. Schmetterlings-Stil.

20. Juli 1958:
Die Mitteldeutsche Karin Beyer schwimmt in Berlin Weltrekord über 100 Meter Brust.

12. März 1960:
Wiltrud Urselmann schwimmt in Zürich Weltrekord 100 Meter Brust.

24. Juli 1960:
Weltrekord in Leipzig: Gisela Birkemeyer läuft 80 Meter Hürden in 10,5 Sek.

7. August 1960:
DDR-Weitspringerin Hildrun Claus erreicht in Erfurt 6,40 Meter – Weltrekord!

3. Juni 1961:
Wilfried Dietrich wird Weltmeister im Ringen (Freistil) in Yokohama.

24. Mai 1962:
Schwimmen: 400-Meter-Lagen-Weltrekord durch Gerhard Hetz in Moskau. Am *12. Oktober 1963* verbessert er dann in Tokio seinen eigenen Rekord nochmals.

20. Januar 1963:
Günter Traub stellt als erster Deutscher einen Weltrekord im Eisschnelllauf-Vierkampf auf.

24. April 1964:
Schwimmen: Weltrekord über 200 Meter Freistil durch Hans-Joachim Klein in Dortmund.

28. August 1964:
Schwimm-Weltrekord über 100 Meter Rücken durch Ernst-Joachim Küppers in Berlin.

20. Oktober 1964:
Willi Holdorf wird Zehnkampf-Olympiasieger in Tokio.

5. Mai 1966:
Fußball-Endspiel um den Europapokal der Pokalsieger: Borussia Dortmund besiegt den FC Liverpool mit 2:1.

22. Juni 1966:
Fritz Stange wird in den USA Weltmeister im Ringen (Bantamgewicht).

28. April 1967:
Der VfL Gummersbach besiegt im Endspiel um den Handball-Europapokal Dukla Prag mit 17:13.

14. Mai 1967:
Zehnkämpfer Kurt Bendlin stellt in Heidelberg einen neuen Weltrekord auf.

31. Mai 1967:
Endspiel um den Fußball-Europapokal der Pokalsieger: Bayern München - Glasgow Rangers 1:0 n. V.

5. November 1967:
Weltrekord im Diskuswurf: Mit Liesel Westermann wirft in São Paulo erstmals eine Frau mehr als 60 Meter weit (61,26

Meter). Ihren eigenen Rekord verbessert die Deutsche in den kommenden Jahren noch mehrfach.
26. Dezember 1967:
Weltrekord im Eisschnelllauf über 500 Meter durch Erhard Keller in Inzell.
3. März 1968:
Der Österreicher Emmerich Danzer wird zum dritten Male Weltmeister im Eiskunstlauf.
22. September 1968:
Weltrekord im Kugelstoßen: Margitta Gummel schafft in Frankfurt am Main 18,87 Meter.
14. August 1969:
Leichtathletik-Weltrekord über 400 Meter Freistil in Louisville durch Hans Faßnacht aus der BR Deutschland.
5. September 1969:
Karin Balzer aus Mitteldeutschland stellt in Ost-Berlin einen Weltrekord über 100 Meter Hürden auf (12,9 Sekunden). Mehrfach kann sie später ihre Weltbestzeit verbessern.
1. Februar 1970:
Rodel-Weltmeisterschaften in Königssee: Es siegt Josef Fendt.
3. September 1970:
Weltrekord im Stabhochsprung (4,46 m) durch Wolfram Nordwig in Berlin.
6. September 1970:
Die mitteldeutsche Burglinde Pollack stellt einen Weltrekord im Fünfkampf auf.
27. Februar 1971:
Beatrix Schuba aus Österreich wird in Lyon Eiskunstlauf-Weltmeisterin.
4. April 1971:
Der VfL Gummersbach wird zum dritten Male Europapokalsieger der Landesmeister im Hallenhandball.
9. Juli 1971:
Uwe Beyer stellt Hammerwurf-Weltrekord in Stuttgart auf (74,90 Meter). Am *4. September* verbessert DDR-Werfer Walter Schmidt diese Bestmarke.
15. August 1971:
Die mitteldeutsche Karin Burneleit läuft

über 1500 Meter eine Zeit von 4:09,6 Minuten. – Weltrekord!
4. September 1971:
In Wien springt die Österreicherin Ilona Gusenbauer mit 1,92 Meter Hochsprung-Weltrekord.
15. Juni 1972:
Leichtathletik-Weltrekord über 100 Meter Hürden durch Annelie Ehrhardt aus Mitteldeutschland (12,5 Sekunden).
18. Juni 1972:
Fußball-Europameisterschafts-Endspiel: BR Deutschland - UdSSR 3:0.
24. März 1973:
Im alpinen Skilauf wird Annemarie Pröll zum dritten Male Weltcup-Siegerin. Bei den Herren gewinnt Gustav Thöni aus Südtirol.
5. Mai 1973:
Leichtathletik, Speerwurf: Klaus Wolfermann erreicht in Leverkusen 94,08 Meter. Weltrekord.
20. Februar 1974:
Bei den Ski-Weltmeisterschaften in St. Moritz siegen für Österreich Annemarie Pröll (Abfahrt, Damen) und David Zwilling (Abfahrt, Herren) sowie Hanni Wenzel für Liechtenstein (Slalom). Wolfgang Zimmerer und Peter Utzschneider werden Weltmeister im Zweierbob. Zimmerer zudem auch noch im Viererbob.
17. Mai 1954:
Bayern München gewinnt den Fußball-Europapokal der Landesmeister (4:0 gegen Atletico Madrid).
Endspiel um den Europapokal der Pokalsieger: 1. FC Magdeburg - AC Mailand 2:0.
28. Mai 1975:
Endspiele im Fußball-Europapokal: Bayern München - Leeds United 2:0; Borussia Mönchengladbach - Twente Enschede 0:0 und 5:1
21. September 1975:
In Moskau sichert sich Rolf Milser den Weltmeisterschaftstitel-Titel im Gewichtheben (Leichtschwergewicht).

„Kaiser Franz" auf Skiern

1976: Das Abfahrts-Wunder von Innsbruck

Dieser 5. Februar des Jahres 1976 soll in die deutsche Sportgeschichte eingehen. 60 000 Zuschauer bevölkern seit Stunden den Steilhang am Patscherkofel. Sie wollen dabei sein, wenn der 22-jährige Franz Klammer aus Kärnten nach Gold greift. In Österreich herrscht seit Tagen schon eine mitreißende Erwartungshaltung. Der Abfahrtslauf der Herren ist ohne Zweifel einer der Höhepunkte der olympischen Wettbewerbe von Innsbruck. Wird Franz Klammer seiner Favoritenrolle gerecht? Im Training war er „nur" Zweiter. Vergeblich versucht er in Interviews darauf hinzuweisen, dass er die Abfahrt schließlich erst einmal fahren müsse, um zu siegen. Doch es nützt nichts. Eine Woge der Siegesgewissheit trägt Franz Klammer in diesen Minuten. Für das Rennen hat er seinen geflickten, knallgelben Rennanzug herausgekramt. Klammer später: „Ich habe in diesem Anzug schon viele Siege errungen, aber auch Niederlagen ertragen. Ich wollte äußerlich zeigen, dass ich auf alles vorbereitet war." Dann endlich ist es soweit. Der Start, auf den Millionen Menschen an den TV-Geräten und 60 000 vor Ort warten …

Unmittelbar vorher haben die Veranstalter noch Salz auf die vereiste Strecke gestreut; ein Nachteil für die Fahrer mit höheren Startnummern. Franz Klammer trägt das Leibchen mit der „15". Zunächst aber muss er verfolgen, wie sein Schweizer Kollege Bernhard Russi einen perfekten Lauf vorlegt. Er liegt mit einer Sekunde in Führung, als sich Franz Klammer bereit macht. Ohrenbetäubender Jubel im Publikum. Franz Klammer später über seinen Lauf: „Ich fuhr auf der mit Salz noch griffiger gemachten Piste

Franz Klammer, begehrt im In- und Ausland (hier ein Ski-Video, erschienen in England).

noch direkter als im Training, kam so schnell zu den Schlüsselstellen, vor allem zum dritten Tor bei der Einfahrt zum Ochsenschlag. Ich bin gerade noch ins Tor hineingeschnitten, als es mich beim folgenden Sprung auch schon wieder aushob und fast querstellte." Das ist der Moment, als den Zuschauern der Atem stockt. Nur die drittbeste Zwischenzeit für Franz Klammer. Österreichs Ski-Legende Toni Sailer stöhnt: „Der Franz ist weg!"

Im unteren Abschnitt gibt der Kärntner noch einmal alles. Pfeilschnell wirkt sein Lauf jetzt. Man spürt: Franz Klammer will es wissen. Jetzt! Ins Ziel schießt er mit neuer Bestzeit: 1:45,73 Minuten! Klammer: „Als meine Zeit dann aus dem Lautsprecher kam, da wusste ich, dass mich keiner mehr schlagen konnte." So war es dann schließlich auch. Gold für den Mann in Gelb! Der Jubel nicht nur in Österreich war überwältigend und hielt noch Monate, ja sogar Jahre an. Dem Schweizer Sportsmann Bernhard Russi, Goldmedaillen-Gewinner von 1972, bleibt an diesem Tage die Silbermedaille: „Für mich war diese Silbermedaille mein größter Sieg, ein Sieg über mich selbst. Vier Jahre habe ich mich dafür geschunden. An diesem Tage war Klammer einfach der Größte."

Franz Klammer anschließend erleichtert und umringt von ungezählten Journalisten und Reportern: „Ich bin froh, dass ich gewonnen habe. Der äußere Druck und die Favoritenrolle haben mir zu schaffen gemacht. Erst am Tage vor dem Rennen kehrte bei mir die notwendige Ruhe ein." Und weiter: „Vor dem Start war ich doch sichtlich nervös. Während des Rennens dachte ich an gar nichts. Jetzt brauche ich nichts mehr, jetzt habe ich alles erreicht."

Bauernsohn Franz Klammer kam am 3. Dezember 1953 in Mooswald (Kärnten) zur Welt. Sein erstes Skirennen bestritt er als 14-Jähriger. 1971 machte er mit erstklassigen Leistungen beim Europacup international erstmals auf sich aufmerksam. In der Saison 1973/74 wurde er schließlich in die österreichische A-Mannschaft berufen. Eine fabelhafte Laufbahn mit insgesamt 25 Erfolgen bei Weltcup-Abfahrtsläufen nahm hier ihren Anfang. Der Olympiasieg von 1976 hat Franz Klammer bei deutschen Sportfreunden unsterblich gemacht.

Franz Klammer ist seit 1979 mit einer Fabrikantentochter verheiratet. Die Begeisterung über seinen Olympiasieg von 1976 hielt noch lange Zeit an, obwohl er anschließend keinen vergleichbaren Erfolg mehr einfahren konnte und teilweise wegen Verletzungen sogar ganz ausfiel. Im Jahre 1981 wurde er zum „Sportler des Jahres" gewählt, ohne einen Wettbewerb gewonnen zu haben. Die sportliche Durststrecke des Skirennläufers endete erst in der Saison 1982/83. In Gröden landete er seinen 24. Abfahrtssieg. Nach weiteren großartigen Rennen gewann Franz Klammer dann zum fünften Male den Weltcup. Auf der Kitzbüheler „Streif" gelang ihm im Jahr darauf sein 25. Weltcupsieg.

Autogrammkarte des großartigen Rennläufers.

Mittermaier im Goldrausch

1976: Die „Rosi-Spiele" von Innsbruck

Olympische Winterspiele von Innsbruck im Jahre 1976. Wir schreiben den 8. Februar, ein herrlicher Sonntag. 50 000 Zuschauer sind an die wunderschöne Ski-Strecke (Axamer Lizum) gekommen. Im Abfahrtslauf der Damen erwartet jeder einen Sieg der sympathischen Österreicherin Brigitte Totschnig. Tatsächlich rast sie mit der zunächst besten Zeit durchs Ziel. Ein grandioser Lauf! Reporter umlagern bereits die mutmaßliche Siegerin von Innsbruck. Unterdessen ist oben – fast unbemerkt – Rosi Mittermaier gestartet …

Mit ihren 25 Jahren gehört die Bundesdeutsche fast schon zu den „Seniorinnen" im alpinen Skisport. In ihrer zehnjährigen Karriere hat sie noch nie eine Weltcup-Abfahrt gewonnen. Die erste gemessene Zwischenzeit unterstreicht jedoch, dass sie am heutigen Tag erstklassig gestartet ist, sogar vier Zehntelsekunden schneller als die Österreicherin. Dennoch glaubt selbst zu diesem Zeitpunkt niemand daran, dass Brigitte Totschnig die Goldmedaille noch streitig gemacht werden könnte. Bei der zweiten Zwischenzeit aber hat Rosi Mittermaier ihren Vorsprung auf acht Zehntelsekunden ausgebaut. Urplötzlich liegt atemberaubende Spannung in der Luft. „Rosi-Rosi"-Rufe ertönen. Das Unfassbare wird schließlich Wirklichkeit: Rosi Mittermaier siegt in 1:46,16 Minuten. Das sind umgerechnet mehr als zwölf Meter Vorsprung vor der Favoritin. Das ist die nie erwartete Goldmedaille.

In der Bundesrepublik Deutschland brach an diesem Tag ein „Rosi"-Fieber nie gekannten Ausmaßes aus. Das Leben der Rosi Mittermaier war über Nacht komplett auf den Kopf gestellt. Überall

Rosi Mittermaier mit ihren 1976 in Innsbruck gewonnenen olympischen Medaillen.

wurde sie gefeiert, Journalisten rissen sich um Interviews. In ihrem Heimatstädtchen Reit im Winkl war die sprichwörtliche Hölle los. Wer nicht krank war, machte sich auf den Weg nach Innsbruck, um am 11. Februar dem Slalom-Wettbewerb persönlich beizuwohnen und Rosi lautstark zu unterstützen. Es sollte helfen. Rosi Mittermaier, mit der Startnummer 5 im Rennen, gewann ihre zweite Goldmedaille binnen weniger Tage. Ein Traumlauf im zweiten Durchgang sicherte ihr den Sieg vor Hanni Wenzel aus Liechtenstein. Jetzt kannte die Euphorie keine Grenzen mehr. Starke Polizeikräfte mussten Rosi Mittermaier vor der begeisterten Zuschauermasse schützen. Englische Journalisten tauften die Olympischen Winterspiele an diesem Tag um: „The Rosi Games".

Auf den Riesenslalom am 13. Februar konnte sich die Bundesdeutsche nicht mehr gezielt vorbereiten. Die übliche Rennstrecken-Besichtigung sagte sie auf Anraten von Sicherheitskräften ab. Zu viel Wirbel an der Strecke! Zigtausende wollten Rosi Mittermaier sehen. Vielleicht war dies der Grund, dass sie im Riesenslalom der Kanadierin Kathy Kreiser den Vortritt lassen musste und „nur" die Silbermedaille gewinnen konnte. Doch „Gold-Rosi" strahlte auch nach diesem Rennen in die zahlreichen Fernseh-Kameras: „Ich habe nicht verloren, sondern Silber gewonnen." Zwei Gold- und eine Silbermedaille. Keine alpine Skiläuferin war bei Olympischen Spielen bis dahin jemals erfolgreicher!

Rosi Mittermaier beendete bald nach diesem Triumph ihre einzigartige Laufbahn. Im Jahre 1976 wurde sie Weltmeisterin. Insgesamt fuhr sie 16 nationale Meistertitel und neun Weltpokalsiege heraus, hinzu kamen 25 zweite und dritte Plätze. Lange Zeit galt sie damit als die erfolgreichste Skiläuferin aller Zeiten. Populä-

rer wurde wohl auch anschließend niemand mehr. Rosi Mittermaier – am 5. August 1950 in Reit im Winkl als Tochter eines Hoteliers geboren – wurde „Sportlerin der Jahres" 1976. 1980 heiratete sie ihren langjährigen Freund und Sportkollegen, den Slalommeister Christian Neureuther. Die beiden haben mehrere Skilehrbücher veröffentlicht und sind gelegentlich auch als Fernsehunterhalter aufgetreten. Aus der Ehe gingen zwei Kinder hervor. Das Paar engagiert sich für zahlreiche soziale Zwecke. Im Jahre 2001 wurde Rosi Mittermaier-Neureuther für ihr „sportliches, berufliches und soziales Lebenswerk" mit der „Goldenen Sportpyramide" der Deutschen Sporthilfe ausgezeichnet.

In einem Interview mit der „Deutschen Wochen-Zeitung" (DSZ-Verlag, München) erklärte Rosi Mittermaier auf die Frage, welchem historischen Ereignis sie gerne beigewohnt hätte, dass sie am liebsten eine „Privatführung von König Ludwig II. von Bayern durch Schloss Neuschwanstein" erlebt hätte. „Ich bin gerne Deutsche", würde sie einem Zeitgenossen entgegnen, der von sich sagt, er schäme sich, ein Deutscher zu sein.

Rosi Mittermaier in ihrem Element.

Das deutsche Goldwunder

1976: Kornelia Ender räumt ab

Was sich bei den olympischen Schwimmwettbewerben in Montreal am 25. Juli 1976 abspielt, verdient ins Buch der Rekorde aufgenommen zu werden. Wie schon in den Wettkampftagen zuvor schwimmen die DDR-Mädchen Rennen für Rennen den US-Favoritinnen davon. Am Ende gehen 11 vom 13 möglichen Goldmedaillen nach Mitteldeutschland.

Vor allem die Leistungen von Kornelia Ender versetzen alle Welt in Staunen. Als sie als Siegerin der 200-Meter-Freistil-Entscheidung anschlägt, hat sie innerhalb von 20 Minuten ihre zweite Goldmedaille gewonnen, und zwar in Weltrekord-Zeit! Kurz zuvor war sie über die 100-Meter-Delphin-Strecke ebenfalls Weltrekord geschwommen. Damit nicht genug: Zwei Tage vorher hatte die 17-Jährige bereits die 100 Meter Freistil so schnell wie nie zuvor eine andere Sportlerin zurückgelegt. Das bedeutet: Drei Goldmedaillen, drei Weltrekorde! Dazu noch eine Goldmedaille mit der 4 x 100-Meter-Lagen-Staffel. Mit dieser Fabelbilanz gehört sie zu den erfolgreichsten Schwimmerinnen aller Zeiten.

Für Kornelia Ender, geboren am 25. Oktober 1958 in Plauen, waren diese Spiele der Höhepunkt ihrer einzigartigen Karriere. Zwischen 1973 und 1976 gewann sie vier olympische Goldmedaillen, wurde achtmal Weltmeisterin und vierfache Europameisterin. 23 Weltrekorde stellte sie innerhalb dieser Zeit auf.

Dabei war Kornelia Ender eher zufällig zum Schwimmen gekommen. Ein Kinderarzt riet der Zehnjährigen, wegen einer leichten Hüftgelenkverschiebung, viel zu schwimmen. Gesagt, getan. Die DDR-Fachleute erkannten bald ihre

Einzigartig: Kornelia Ender

Olympische Goldmedaillen (alle 1976):

100 Meter, 200 Meter Freistil, 100 Meter Delphin, 4 x 100-Meter-Lagen-Staffel.

Weltmeistertitel:

100 Meter Freistil, 100 Meter Delphin, 4 x 100-Meter-Freistil-Staffel, 4 x 100-Meter-Lagen-Staffel (alle jeweils 1973 und 1975)

Europameistertitel:

100 Meter, 200 Meter Freistil, 4 x 100-Meter-Lagen-Staffel, 4 x 100-Meter-Freistil-Staffel (alle 1974).

Wettkampfreife. Bei der Kinder- und Jugendspartakiade des Bezirkes Halle gewann sie zwei Jahre später bereits acht Goldmedaillen, bei der zentralen DDR-Spartakiade 1970 waren es sechs. Mit 12 Jahren war Kornelia Ender schon Jugendeuropameisterin über 200 Meter Lagen.

Es folgte Erfolg auf Erfolg: Drei Silbermedaillen bei den Olympischen Spielen von München im Jahre 1972, der erste Weltmeistertitel im Jahr darauf, errungen in Belgrad. Allein bei dieser WM holte sie die Titel über 100 Meter Freistil, 100 Meter Delphin, 4 x 100 Meter Freistil und 4 x 100 Meter Lagen. Den von ihr im WM-Jahr 1973 aufgestellten Weltrekord verbesserte sie während ihrer Laufbahn gleich zehnmal. Vier Siege bei der Schwimm-WM in Kolumbien 1975, vier Titel bei den Europameisterschaften in Österreich 1974: Kornelia Ender war nicht zu stoppen.

1978 beendete sie schließlich ihre Laufbahn. Seit 1985 ist sie mit dem ehemaligen Zehnkämpfer und Viererbob-Weltmeister von 1986, Steffen Grummt, verheiratet. Sie ist Mutter zweier Kinder. 1990 siedelte die Familie in die Nähe von Mainz über, wo Kornelia Ender sich einen Namen als Physiotherapeutin machte. Ihre Tochter Tiffany, geboren 1985, wurde 1997 Deutsche Schwimmmeisterin in ihrer Altersklasse.

Kornelia Ender zeigte sich – wie viele ehemalige DDR-Athleten – später verärgert über die nachträglichen Pauschalverurteilungen von DDR-Sporterfolgen. Ihre Siege verdanke sie „nicht irgendwelchen Spritzen oder Pillen, sondern einem ausgeklügelten, perfekten und – wenn man so will – gnadenlosen Leistungsprinzip" der DDR-Sportführung, sagte Kornelia Ender 1992 in einem Interview.

Und: „Man muss nicht in Nostalgie verfallen, aber auch nicht alles wegwerfen und durch den Kakao ziehen, was den DDR-Sport ausgemacht hat."

1976: Olympischer Schwimm-Triumph deutscher Mädchen

100 Meter Freistil
Gold: Kornelia Ender (DDR)
Silber: Petra Priemer (DDR)
Bronze: Enith Brigitha (NL)

400 Meter Freistil
Gold: Petra Thuemer (DDR)
Silber: Shirley Babashoff (USA)
Bronze: Shannon Smith (CAN)

100 Meter Brust
Gold: Hannelore Anke (DDR)
Silber: L. Russanowa (UdSSR)
Bronze: M. Koschewaja (UdSSR)

100 Meter Schmetterling
Gold: Kornelia Ender (DDR)
Silber: Andrea Pollack (DDR)
Bronze: Wendy Boglioli (USA)

100 Meter Rücken
Gold: Ulrike Richter (DDR)
Silber: Birgit Treiber (DDR)
Bronze: Nancy Garapick (CAN)

400 Meter Lagen
Gold: Ulrike Tauber (DDR)
Silber: Cheryl Gibson (CAN)
Bronze: Becky Smith (CAN)

4 x 100 Meter Lagen
Gold: USA
Silber: DDR
Bronze: Kanada

200 Meter Freistil
Gold: Kornelia Ender (DDR)
Silber: Shirley Babashoff (USA)
Bronze: Enith Brigitha (NL)

800 Meter Freistil
Gold: Petra Thuemer (DDR)
Silber: Shirley Babashoff (USA)
Bronze: Wendy Weinberg (USA)

200 Meter Brust
Gold: M. Koschewaja (UdSSR)
Silber: M. Jurtschenja (UdSSR)
Bronze: L. Russanowa (UdSSR)

200 Meter Schmetterling
Gold: Andrea Pollack (DDR)
Silber: Ulrike Tauber (DDR)
Bronze: Rosi Gabriel (DDR)

200 Meter Rücken
Gold: Ulrike Richter (DDR)
Silber: Birgit Treiber (DDR)
Bronze: Nancy Garapick (CAN)

4 x 100 Meter Freistil
Gold: DDR
Silber: USA
Bronze: Kanada

Bilderbuch-Lauf zum Gold

1976: Annegret Richters historischer Sieg

Die Schnelllauf-Auseinandersetzungen bilden stets den krönenden Abschluss von Olympischen Leichtathletik-Wettbewerben. So auch in Montreal am 25. Juli 1976. Deutsche sind es, die hier fast nach Belieben siegen. Absurd: Sie laufen teilweise gegeneinander. Die deutsche Teilung wird einmal mehr der Welt offenbar; DDR-Sportler kämpfen gegen BRD-Sportler. So auch im 100-Meter-Lauf der Frauen. Für das Finale bereiten sich vor: Inge Helten, Annegret Richter (beide vom OSC Dortmund) und Renate Stecher vom SC Motor Jena. Inge Helten war mit der Empfehlung eines elektronisch gestoppten Weltrekordes von 11,04 Sekunden nach Montreal gereist, Annegret Richter war im Vorlauf fabelhafte 11,01 Sekunden gelaufen. Als schnellste Frau der Welt aber gilt nach wie vor Renate Stecher, DDR-Ausnahmeathletin und zweifache Goldmedaillen-Gewinnerin der Spiele 1972 von München. Millionen blicken gespannt auf diesen Wettkampf.

Die Nervosität ist auch bei den Athletinnen spürbar. Es kommt zu drei Fehlstarts. Im Stadion ist es mittlerweile still geworden. Die Spannung steigt. Der vierte Startversuch glückt. Renate Stecher schießt regelrecht aus dem Startblock heraus, geht sofort in Führung. Inge Helten kann gegenhalten und liegt auf halber Strecke sogar leicht vorn. Der Endspurt aber gehört Annegret Richter. Unnachahmlich zieht sie mit großen Schritten an ihren Konkurrentinnen vorbei. Sie siegt in 11,08 Sekunden. Silber geht an Renate Stecher (11,3 Sekunden), Bronze an Inge Helten (11,17 Sekunden). Ein Rennen, das in die Sportgeschichte eingeht. Anschließend sagt die Siegerin: „An ei-

Annegret Richter

Bis heute begehrt:
Annegret-Richter-Autogrammkarte

nen Medaillenerfolg habe ich erst in den letzten 14 Tagen geglaubt. Meine Form wurde immer besser, ich spürte das. Im Vorlauf war ich ganz locker, und die Gelöstheit blieb auch in den weiteren Läufen. Im Ziel des 100-Meter-Endlaufs war Inge Helten sicherer als ich, dass ich gewonnen hatte."

Ähnlich spektakulär ging es in Montreal weiter. In der 4 x 100-Meter-Staffel siegte Renate Stecher mit den mitteldeutschen Mädchen über die bundesdeutsche Mannschaft um Annegret Richter. Am 28. Juli antwortete die bundesdeutsche Sprinterin über 200 Meter. Mit großartigen 22,39 Sekunden lag Richter vor Stecher. Die beiden Läuferinnen hatten sich jedoch so sehr auf ihren Zweikampf konzentriert, dass sie DDR-Ass Bärbel Eckert aus den Augen verloren, die schließlich Gold gewann. Bei diesem denkwürdigen 200-Meter-Lauf landeten schließlich fünf Deutsche auf den ersten Plätzen. Ein einzigartiger Erfolg. In Montreal gewannen am Ende DDR-Sportler 40 (!) Goldmedaillen. Bundesdeutsche steuerten zehn weitere Olympiasiege zu diesem deutschen Triumph bei. Annegret Richter wurde am 13. Oktober 1950 als Annegret Irrgang in Dortmund geboren. Zunächst strebte sie eine Laufbahn als Schwimmerin an, wechselte aber 1964 ins Leichtathletik-Lager. Im Jahre 1970 wurde sie erstmals deutsche Hallenmeisterin über 50 Meter. Mit der deutschen Sprintstaffel erkämpfte sie

sich 1971, dem Jahr, in dem sie den Hürdenläufer Manfred Richter heiratete, ihren ersten Europameister-Titel. Annegret Richter trug als geniale Kurvenläuferin zu grandiosen Erfolgen deutscher Sprintstaffeln bei. Allen voran der Weltrekord-Lauf der bundesdeutschen Mädchen zum Olympiagold 1972 in München ist unvergessen. Annegret Richter siegte mit Ingrid Mickler-Becker, Christiane Krause und Heide Rosendahl über die legendäre DDR-Staffel.

Neben ihren olympischen Erfolgen wurde Annegret Richter 15-mal Deutsche Meisterin, gewann darüber hinaus zehn nationale Hallentitel und stellte zwei Welt- sowie 15 deutsche Rekorde auf. Insgesamt bestritt sie 40 Länderkämpfe für Deutschland und wurde im Jahre 1977 mit dem Rudolf-Harbig-Gedächtnispreis ausgezeichnet. Aus Protest gegen den bundesdeutschen Olympia-Boykott der Spiele in Moskau trat Annegret Richter im Jahre 1980 vom Leistungssport zurück.

Annegret Richter gewinnt Gold in Montreal.

Der deutsche Fußball-Stolz

1976: Weltpokal für FC Bayern München

Franz Beckenbauer, Sepp Maier, Uli Hoeneß, Gerd Müller – Namen, die mit den ganz großen deutschen Fußball-Erfolgen untrennbar verknüpft sind. Diese Spieler stehen auch auf dem Platz, als der FC Bayern München am 21. Dezember 1976 den Weltpokal in Empfang nimmt. Mehr kann ein Fußballverein nicht erreichen. In Hin- und Rückspiel wird der brasilianische Meister Belo Horizonte bezwungen. Das 0:0 dieses 21. Dezember reicht. Denn im Hinspiel schossen Gerd Müller und „Jupp" Kapellmann mit zwei späten Toren bereits einen sicheren Vorsprung heraus. Der Weltpokalsieg ist die Krönung der zurückliegenden Erfolgs-Jahre des FCB.

Der FC Bayern München im Jahre 1968: Mit der Verpflichtung von Trainer-Legende Branco Zebec begannen die „goldenen Jahre" für den Verein. Erfolgreich war der FC Bayern München bis dahin auch schon gewesen: Dreimaliger DFB-Pokalsieger, frischgebackener Europapokalsieger (Sieg im „Cup der Pokalsieger" 1967) und Deutscher Fußballmeister (zuletzt im Jahre 1932). Zebec führte seine Mannen mit harter Hand. Und mit Erfolg. Als europäische Spitzenmannschaft gab er die Truppe schließlich an einen der erfolgreichsten Fußball-Lehrer aller Zeiten ab: An Udo Lattek. Und als im Jahre 1976 unter Nachfolger Dettmar Cramer der Weltpokal nach München geholt wurde, hatten Zebec, Lattek und Cramer folgende Titelsammlung zu Stande gebracht: Deutscher Meister in den Jahren 1969, 1972, 1973, 1974. DFB-Pokalsieger 1969 und 1971, gleich dreifacher Gewinner des europäischen Landesmeisterpokals (1974, 1975, 1976) sowie Weltpokalsieger.

Über Gerd Müller ist viel geschrieben worden. Der „Bomber der Nation" war der Garant für zahlreiche Bayern-Erfolge. Seine Rekorde haben noch Gültigkeit.

Sportliche Sternstunden finden sich in diesen „Bayern-Jahren" zu Hauf. So war dies die Zeit des Gerd Müller. Die noch bis heute gültigen Rekorde der „Tormaschine" werden wahrscheinlich für alle Zeiten unerreicht bleiben. Der „Dicke" schoss zudem Deutschland 1974 zum Weltmeisterschafts-Gewinn. Mit Sepp Maier, Franz Beckenbauer, Georg Schwarzenbeck, Paul Breitner und Uli Hoeneß standen gleich sechs Bayern-Spieler in der deutschen Sieger-Elf von 1974. Franz Beckenbauer reifte in diesen Jahren zum vielleicht besten Fußballspie-

ler aller Zeiten. Unvergleichliche Typen wie Maier oder Breitner erlangten weltweiten Ruhm. Die deutsche „Wunderelf", die 1972 fast spielend den Europameisterschafts-Titel nach Deutschland holte, war für viele eine „Bayern-Elf".
Unvergessen ist bis in unsere Tage hinein der FCB-Triumph von 1974. Erstmals konnte eine deutsche Mannschaft den Europapokal der Landesmeister gewinnen. Dabei sah es im Endspiel von Brüssel zunächst gar nicht gut aus für die „Roten". An diesem 15. Mai führte der Gegner, Atletico Madrid, durch ein Tor in der Verlängerung mit 1:0. Im Stadion hatte sich eigentlich jeder Zuschauer schon mit einem Sieg der Spanier abgefunden. Der Uhrzeiger schritt gnadenlos voran. Der Abpfiff war nur noch eine Frage von Sekunden. Dann fasste sich ausgerechnet Abwehrrecke „Katsche" Schwarzenbeck, wahrlich kein „Torschütze vom Dienst", ein Herz und schoss in der Schlussminute aus großer Distanz den in ganz Deutschland bejubelten Ausgleich. Das 1:1 erzwang ein Wiederholungsspiel. Und zwei Tage später trumpften die Bay-

ern in Brüssel ganz groß auf. Madrid wurde mit 4:0 vom Platz gefegt. Zwei Müller- und zwei Hoeneß-Tore brachten den FCB auf den höchsten europäischen Fußball-Thron.
Der vermeintliche „Höhepunkt der Vereinsgeschichte" war jedoch erst der Beginn einer großen Siegesserie. Am 28. Mai 1975 wiederholte der FCB den Triumph von Brüssel. Der starke englische Titelträger Leeds United wurde im Finale von Paris mit 2:0 bezwungen. „Bulle" Roth und „Bomber" Müller trafen in die Maschen. Damit nicht genug: 1976 gelang das „Triple". In Glasgow konnte der französische Meister St. Etienne bezwungen werden. In der 57. Spielminute traf Roth zum alles entscheidenden 1:0.
Am 12. Mai 1976 nahmen dann folgende Bayern-Spieler zum dritten Mal in Folge den begehrten Europapokal der Landesmeister in Empfang: Sepp Maier, Johnny Hansen, Georg Schwarzenbeck, Franz Beckenbauer, Udo Horsmann, Franz Roth, Bernd Dürnberger, Hans-Josef Kapellmann, Ulrich Hoeneß, Gerd Müller, Karl-Heinz Rummenigge.

Weltpokalsieger 1976: FC Bayern München

Gold mit Jahrhundert-Sprung

1977: Rosemarie Ackermanns Weltrekord

Es ist 20.14 Uhr an diesem 26. August 1977, und die Zuschauer beim traditionellen Internationalen Stadionfest (ISTAF) im Olympiastadion von Berlin spüren, dass in diesem Moment Sportgeschichte geschrieben wird. Entsprechend knisternd ist die Spannung. Rosemarie Ackermann, Hochsprung-Olympiasiegerin von Montreal, bereitet sich auf einen „Sprung für die Ewigkeit" vor. Die Latte liegt bei einer Höhe von zwei Metern. Nie zuvor hat eine Frau diese „Traumgrenze der Leichtathletik" überwunden. Kann Rosemarie Ackermann diesen Weltrekord heute aufstellen?

Was mag ihr in diesem Moment durch den Kopf gehen? Eigentlich wollte sie sich mit dem heutigen Wettbewerb lediglich auf den kommenden Weltcup in Düsseldorf vorbereiten. Viel hat Rosemarie Ackermann bisher schon erreicht: Europameisterin (1974) und Olympiasiegerin (1976) ist sie bereits; Weltcup- und Europacupgewinnerin ebenfalls. Vielleicht denkt sie jetzt an ihre verletzungsbedingte Aufgabe bei den Hallen-Europameisterschaften vor einigen Wochen. Viel Kritik musste sie seither einstecken. Ihr Sprungstil gilt als veraltet. Während die Weltspitze seit 1968 den so genannten Flop perfektioniert hat, also die Hochsprunglatte sozusagen im Rückwärtsgang überwindet, hält Rosemarie Ackermann nach wie vor am „Straddle" fest, überspringt die Höhen vorwärts. Doch ohne Umstellung auf den modernen Sprungstil hätte sie in der Weltspitze nichts mehr verloren, tönen so genannte Experten.

Dennoch: Seit 1974 ist Rosemarie Ackermann im Hochsprung ungeschlagen und konnte seither fünf Weltrekorde brechen.

Millionen halten den Atem an:
Rosemarie Ackermann überspringt zwei Meter.

Und auch in den vergangenen Stunden hat sie alle ihre großen Konkurrentinnen ausgeschaltet. Bei 1,90 Metern war die Kanadierin Debbie Brill gescheitert. Bei diesem Sportfest wird Rosemarie Ackermann also siegen. Das steht jetzt schon fest. Aber wird sie wirklich den Jahrhundert-Sprung über zwei Meter bewältigen und in die Sportgeschichte eingehen? Jetzt, in diesem Moment? Bei 1,97 Metern liegt ihr eigener Weltrekord. Den hat sie heute bereits eingestellt. Zweimal war sie in den vergangenen Monaten an der 2-Meter-Schallmauer gescheitert. Heute hat sie die Weltrekord-Höhe wieder auflegen lassen.

Rosemarie Ackermann läuft an. Um 25 Zentimeter soll sie ihre eigene Körpergröße überspringen. Die Spannung ist auf dem Höhepunkt. Sekunden später hat sie die Höhe tatsächlich gemeistert. Aber die

Latte wackelt. Rosemarie Ackermann schlägt die Hände vor ihr Gesicht. Bleibt die Stange liegen? Sie bleibt liegen! Die DDR-Ausnahme-Sportlerin hat es geschafft! Als erste Frau der Welt überspringt sie 2 Meter. Das ist der ersehnte Fabel-Weltrekord! 65 Jahre nach dem ersten Männer-Sprung über 2 Meter durch den US-Hochspringer George Horine, war dies der Tag der Rosemarie Ackermann. Die Begeisterung im Olympiastadion war überschäumend. Überhaupt waren die DDR-Athleten, die ISTAF-Direktor Rudi Thiel für dieses Sportfest, das seit 1921 regelmäßig ausgetragen wird, gewinnen konnte, besonders herzlich aufgenommen worden. Und dann diese großartige Leistung! Der Jubel wollte kein Ende nehmen.

In den kommenden Tagen konnte sich die DDR-Athletin vor Glückwünschen kaum retten. Erst nach und nach wurde ihr bewusst: „Jetzt gehe ich in die Sportgeschichte ein." So war es auch. Noch heute spricht man über diesen sensationellen Sprung. Die Hochspringerin vom SC Cottbus wurde anschließend mit Ehrungen überhäuft, wurde 1977 „DDR-Sportlerin der Jahres" und auch zur „Weltsportlerin des Jahres" gewählt.

Rosemarie Ackermann kam am 4. April 1952 in Lohsa in der Lausitz zur Welt. Sie wuchs mit ihren drei Schwestern bei Hoyerswerda auf. Ihr Vater starb früh, ihre Mutter arbeitete am Förderband. Schon als Schulkind fiel auf, dass sie in der Lage war, 1,48 Meter zu überspringen – bei einer Körpergröße von 1,58 Metern! Entsprechend wurde sie gefördert und schließlich von ihrem Trainer Erhard Miek von Erfolg zu Erfolg geführt. 1974 heiratete sie den Handballspieler Manfred Ackermann. Sie studierte Binnenhandelsökonomie, war danach Mitarbeiterin im Großhandel beim Konsum-Genossenschaftsverband in der Schuhbranche. Im Jahre 1980 beendete sie ihre Laufbahn (bis zuletzt sprang sie den „Straddle") und brachte zwei Söhne zur Welt. Nach der Wende wurde Rosemarie Ackermann Abteilungsleiterin beim Cottbusser Arbeitsamt.

Große Traditionen in Berlin

Das „Internationale Stadion-Fest" (ISTAF) in Berlin zählt zu den traditionsreichsten und bedeutendsten Leichtathletik-Wettkämpfen überhaupt. Ausgetragen wird die Veranstaltung seit mehr als 80 Jahren regelmäßig. Am 3. August 1921 fand im Grunewald-Stadion die erste ISTAF-Veranstaltung statt. Bis zum Jahre 2001 sind hier 14 Weltrekorde aufgestellt worden. Es gab in der Vergangenheit kaum einen international erfolgreichen Leichtathleten, der nicht in Berlin seine sportliche Visitenkarte abgegeben hätte.

Rosemarie Ackermanns Rekordsprung gehört zu den herausragendsten Momenten der ISTAF-Geschichte. In einem Zeitungsinterview von 1997 erinnerte sie sich: „Wir hatten mit der DDR-Nationalmannschaft in den Tagen ein Trainingslager in Kienbaum. Vorbereitung Weltcup in Düsseldorf war die Aufgabe. Da kam mir der Wettkampf im Olympiastadion als letzter Formtest sehr recht. An zwei Meter dachte ich mit keinem Gedanken. Die 1,90 Meter hatte ich wie sechs oder sieben andere Springerinnen sicher im Griff." – „Und wie kam es zum Weltrekord?" – „Eine Aufforderung von außen gab es nicht. Ich hatte zuvor zweimal in Wettkämpfen die zwei Meter auflegen lassen, um die so genannte Höhenangst zu überwinden. Mein Trainer durfte nicht mit nach Westberlin, also musste ich selbst entscheiden, was ich als nächste Höhe wähle." Es waren die zwei Meter …

Der Rudel-Skandal

1978: Nationalheld bei deutschen Fußballern

Welch ein empörtes Rauschen im bundesdeutschen Blätterwald: Schlagzeilen über Schlagzeilen, scharfe Proteste vom Zentralrat der Juden in Deutschland, hitzige Kontroverse im Bundestag. Was war geschehen? Hans-Ulrich Rudel, höchstausgezeichneter Soldat der Deutschen Wehrmacht, hatte die deutsche Fußball-Nationalmannschaft im Juni 1978 während ihres Aufenthaltes in Argentinien aufgesucht. Selbstverständlich ist er dort von Bundestrainer Helmut Schön und anderen Offiziellen auch empfangen worden. Man tauschte gute Wünsche aus, und der Nationalheld erwies sich in freundschaftlichen Fachsimpeleien als ausgesprochener Sportfachmann. Herzlich ging man anschließend auseinander. Dass diese Begegnung in der Bundesrepublik Deutschland in den nächsten Wochen zu einem handfesten Skandal auswachsen würde, konnte zu diesem Zeitpunkt niemand annehmen.

Hans-Ulrich Rudel (1916 – 1982): Absolutes Vorbild für Millionen deutsche Soldaten, Leitfigur einer ganzen Generation. Einzigartig. Unübertroffen. Unbesiegt. Er allein erhielt das Goldene Eichenlaub mit Schwertern und Brillanten zum Ritterkreuz des Eisernen Kreuzes. Sein Ruhm als Stuka-Flieger strahlte weltweit. Noch heute spricht man zumindest im Ausland mit Hochachtung über ihn. Dreißigmal abgeschossen, fünfmal schwer verwundet und dennoch nie bezwungen. Er war Lebensretter für ungezählte deutsche Soldaten und Zivilisten. In 2530 Feindflügen machte er 519 sowjetische Panzer, mehrere Kriegsschiffe und hunderte Fahrzeuge unschädlich.

Hans-Ulrich Rudel im Gespräch mit Sepp Herberger. Diese Begegnung fand am 8. Juni 1958 in Malmö (Schweden) statt. Unmittelbar zuvor hatte die deutsche Mannschaft ihr Vorrundenspiel gegen Argentinien mit 3:1 gewonnen. Rudel gratuliert dem Trainer.

Einem solchen Manne sollte es nicht gestattet sein, der deutschen Fußball-Nationalmannschaft Glück zu wünschen? – Hans-Ulrich Rudel im Jahre 1978 gegenüber der „National-Zeitung" (München): „Dabei hatte mein Besuch mit Politik überhaupt nichts zu tun und war eine ganz normale Sache. Ich bin, wie allgemein bekannt, sportlich sehr interessiert, und zwar nicht nur passiv." Rudel war bei seinen todesmutigen Einsätzen mehrfach verwundet worden; im Februar 1945 wurde ihm der Unterschenkel amputiert. Trotz Beinprothese und weiteren schweren Verwundungen errang er im Tennis, Skifahren, Bergsteigen und als Zehnkämpfer großartige Erfolge.
Beispiele: Beim vom österreichischen Skiverband veranstalteten Riesentorlauf

auf der Hohen Salve in Hopfgarten bei Kitzbühel siegte Rudel am 10. Januar 1960 als einziger Versehrter zwischen lauter gesunden und vielfach prominenten Ski-Assen. Wenige Wochen später belegte er bei den Tiroler Tennismeisterschaften – als einziger Kriegsversehrter gegen gesunde Teilnehmer – im Herren-Einzel den 3. Platz. Bei den Bayerischen Versehrten-Tennismeisterschaften im Jahre 1963 in Cham wurde er Vizemeister. Bei den Meisterschaften des Westdeutschen Skiverbandes konnte Rudel in den 60er Jahren zahlreiche Siege einfahren. Einmal wurde er gar Westdeutscher Ski- und Düsseldorfer Stadtmeister. In der Nachkriegszeit versäumte er kaum ein großes Fußballereignis. 1954 erlebte er in Bern, wie die deutsche Fußballmannschaft Weltmeister wurde.

Rudel erläuterte nach seinem National-mannschafts-Besuch in Argentinien in der „National-Zeitung": „Mit Sepp Herberger verband mich jahrzehntelang eine freundschaftliche Beziehung. Es hat sich so ergeben, dass ich auch mit seinem einstigen Assistenten, Bundestrainer Schön, gut stehe. (…) Ich unterhielt mich einige Minuten mit Helmut Schön und sah dem Training der deutschen Mannschaft zu. Was ist dabei?" Auch der damalige DFB-Präsident Hermann Neuberger verstand die Aufregung nicht: „Herr Rudel ist meines Wissens Bundesbürger mit vollen Rechten (…), und ich hoffe doch nicht, dass man ihm seine Kampffliegertätigkeit während des Zweiten Weltkrieges vorwerfen will. Das käme einer Beleidigung aller deutschen Soldaten gleich."

Oberst Rudel weiter: „Die Menschen wissen, dass ich alles für mein Volk getan habe. In meinem ganzen Leben habe ich tatsächlich nur einer einzigen Partei angehört, nämlich Deutschland. Es gibt nichts, was man mir vorwerfen kann. Die über 500 sowjetischen Panzer, die ich unter anderem abschoss, nahmen keinem meiner Kameraden mehr das Leben. Es ist auch keine Schande, dass ich 1945 mit einem Bein gegen den Feind geflogen bin. Jeder weiß doch, was die Rote Armee mit unseren Frauen und Kindern gemacht hat. Unser Kampf bis zur letzten Stunde hat Millionen in den Westen entkommen lassen."

Sepp Herberger nach dem WM-Triumph von 1954. Aufnahme mit Widmung: „Oberst Rudel zur freundl. Erinnerung – Seppl Herberger."

Triumph auf fremden Pferderücken

1978: Gerd Wiltfang unschlagbar

Es sind 50 000 Zuschauer, die an diesem 20. August des Jahres 1978 gebannt die Springreiter-Weltmeisterschaft in Aachen verfolgen. Nach einem enttäuschenden 5. Platz in der Mannschaftswertung rechnet niemand mehr ernsthaft mit einem deutschen Erfolg. Dann aber schlägt die große Stunde des Gerd Wiltfang. Er bringt fertig, was vor ihm noch keinem Weltmeister gelang. Nach einem fehlerlosen Ritt mit seinem siebenjährigen Wallach „Roman" reitet Wiltfang nacheinander die Pferde seiner Konkurrenten – „Boomerang" von Eddie Macken (Irland), „Pandur" von Johann Heins (Holland) und „Jet Run" von Michael Matz (USA) – ebenfalls ohne Fehler über die schwierige Strecke.

Die Zuschauer sind aus dem Häuschen. Der rauschende Beifall will nicht enden. Gerd Wiltfang ist Weltmeister. Fehlerlos mit vier verschiedenen Pferden! Kann es einen eindrucksvolleren Beweis für perfektes reiterisches Können geben? Gerd Wiltfang anschließend: „Wenn man schon Olympiasieger war, ist es für einen Reiter das Höchste, Weltmeister zu werden. Vor allem, weil man mit fremden Pferden fertig werden muss." Frenetisch umjubelt nimmt er anschließend von Bundespräsident Walter Scheel den Weltmeisterpreis für Springreiter entgegen.

Gerd Wiltfang, geboren am 27. April 1946 in Stuhr bei Bremen, hatte zum Zeitpunkt seines Weltmeistertitels schon beachtliche Erfolge aufzuweisen. Bei den Olympischen Spielen von München gewann er mit seinen Mannschaftskameraden Hans Günter Winkler (auf „Trophy"), Hartwig Steenken (auf „Simona") und Fritz Ligges (auf „Robin") Gold für Deutschland im „Preis der Nationen".

Weltmeister Gerd Wiltfang

Der WM-Titel von 1978 war einer der größten Momente in der sportlichen Laufbahn des Gerd Wiltfang. Er löste damit den deutschen Titelträger Hertwig Steenken ab. Die Weltmeister im Springreiten seit 1953:

1953: Francisco Goyoga (ESP)
1954: Hans Günter Winkler (BRD)
1955: Hans Günter Winkler (BRD)
1956: Raimondo D'Inzeo (ITA)
1960: Raimondo D'Inzeo (ITA)
1966: Pierre Joncquéres d'Oriola (FRA)
1970: David Broome (GBR)
1974: Hartwig Steenken (BRD)
1978: Gerd Wiltfang (BRD)
1982: Norbert Koof (BRD)
1986: Gail Greenough (CAN)
1990: Eric Navet (FRA)
1994: Franke Sloothaak (BRD)
1998: Rodrige Psooa (BRA)

Zudem war er in den Jahren 1966 und 1971 Deutscher Meister. Beflügelt durch seinen Triumph von Aachen konnte Gerd Wiltfang das Jahr 1979 besonders erfolgreich gestalten: Europameister und Deutscher Meister. Insgesamt hat er in seiner Karriere über 1000 Springen gewonnen; 54-mal war er für Deutschland am Start. Nur Hans Günter Winkler und Paul Schockemöhle wurden häufiger in die Nationalmannschaft berufen. Kein Zweifel: Wiltfang gehörte seinerzeit zu den erfolgreichsten Springreitern Europas. Der amerikanische Erfolgstrainer George Morris: „Gerd Wiltfang ist der Größte der Großen unter den Springreitern. Es gibt kein Pferd, das er nicht reiten kann."

Trotz oder auch wegen seiner großen Erfolge galt Wiltfang als schwieriger Typ und war bei seinen Konkurrenten nicht übermäßig beliebt. Er galt als unbequem und als Einzelgänger. Als Züchter erfolgreicher Pferde war er zwar überaus erfolgreich, zugleich auch geschäftlich sehr gerissen. Wiltfang: „Von den Geldpreisen kann ich nicht leben. Ich muss auch ein paar gut eingesprungene Pferde verkaufen." Für die Ehre allein könne man sich nichts kaufen, „obwohl ich das Deutschlandlied ganz gerne höre – wenn es für mich gespielt wird." Attacken der Meinungsindustrie ließen ihn kalt: „Was jucken mich negative Meldungen in den Zeitungen? Am nächsten Tag werden dort nichts als die Heringe auf dem Fischmarkt eingewickelt." Typische Aussagen des Gerd Wiltfang ...

Der gelernte Bäcker wuchs bereits mit Pferden auf. Als 17-Jähriger wurde er von Paul Schockemöhle entdeckt. Im Jahre 1965 feierte er als Sieger beim Großen Preis von Amsterdam seinen ersten großen Triumph. Viele weitere Erfolge schlossen sich an. Bald zwanzig Jahre

lang war Wiltfang auf Pferderücken national wie international erfolgreich. Perfekt konnte er vom Pferderücken aus eine Strecke erfassen und alle Gefahren voraussehen. Nach seinen großen Erfolgen ließ er es ruhiger angehen, trat aber bei vielen kleineren Turnieren in der Bundesrepublik Deutschland auf und gewann dort durch sein freundliches und hilfsbereites Auftreten viele Sympathien.

Plötzlich und völlig unerwartet verstarb Gerd Wiltfang am 1. Juli 1997 im Alter von 51 Jahren im südbadischen Legelshurst an Herzversagen. Er hatte gerade Freunde besucht. Zwei Tage zuvor hatte er in Ilsfeld (Baden-Württemberg) seinen letzten Großen Preis gewonnen. Zu seiner Beerdigung bei Darmstadt – Gerd Wiltfang hinterließ vier Kinder – erschien die gesamte deutsche Reiterprominenz und zahlreiche ausländische Sportkameraden. Noch an seinem 50. Geburtstag hatte Gerd Wiltfang gesagt: „Bis 50 musst Du Dein Leben für die nächsten 50 Jahre geordnet haben." Bei der Europameisterschaft in Mannheim wurde 1997 eine „Gerd-Wiltfang-Straße" auf dem Trainingsgelände eingeweiht.

Gerd Wiltfang und sein Erfolgspferd „Roman".

Einzigartiger mitteldeutscher Sieg

1980: Serien-Gold für DDR-Ruderer

D ie DDR hat mit ihren Sporterfolgen immer wieder für Aufsehen gesorgt. Was sich aber bei den Olympischen Spielen von Moskau am 26. und 27. Juli 1980 auf der Ruderstrecke in Krylatskoje abspielt, ist unbeschreiblich. Die mitteldeutschen Athleten feiern den größten Erfolg, der jemals bei olympischen Ruderwettbewerben erzielt wurde. In acht Bootsklassen bei den Herren gewinnen die Deutschen sieben Gold- und eine Bronzemedaille; in sechs Bootsklassen bei den Damen sind es vier Gold-, eine Silber- und eine Bronzemedaille. So etwas hatte die Welt tatsächlich noch nicht gesehen: 11 Goldmedaillen in 13 Entscheidungen!

Von den DDR-Ruderern beeindrucken besonders die Brüder Bernd und Jörg Landvoigt, die ihren Olympiasieg von Montreal im Zweier ohne Steuermann wiederholen und dabei das sowjetische Boot klar distanzieren. Auch der Vierer ohne Steuermann, mit Jürgen Thiele an Stelle des verletzten Wolfgang Mager, wiederholt seinen Sieg von 1976. Den einzigen Nicht-DDR-Sieg bei den Herren rudert der Finne Pertti Karpinnen im Einer heraus.

Anlass genug für einen Blick in die DDR-Sportgeschichte. Insgesamt holen die Mitteldeutschen bei den Spielen von 1980 sage und schreibe 47 Gold-, 37 Silber- und 42 Bronzemedaillen. Zwischen 1972 und 1988 wurde 144-mal „Auferstanden aus Ruinen" für einen Olympiasieger aus der DDR gespielt. Dazu kamen 38 olympische Siege bei Winterspielen im gleichen Zeitraum.

Im Jahre 1989 ermittelten – anlässlich des 40. Jahrestages der DDR – Leser der Zeitung „Junge Welt" die besten Sportler

Werbeplakat für die Olympischen Spiele von 1980 in Moskau.

der vergangenen vier Jahrzehnte. Die Aufzählung enthält große Namen und weckt manche Erinnerungen an sportliche Sternstunden.

Gustav-Adolf Schur (Radsport); **Marita Meier-Koch** (Leichtathletik); **Katarina Witt** (Eiskunstlauf); **Kristin Otto** (Schwimmen); **Roland Matthes** (Schwimmen); **Waldemar Cierpinski** (Leichtathletik); **Ulrich Wehling** (Skisport); **Karin Kania-Enke** (Eisschnelllauf); **Kornelia Grummt-Ender** (Schwimmen); **Christa Luding-Rothenburger** (Eisschnelllauf/Radsport); **Olaf Ludwig** (Radsport); **Lutz Heßlich** (Radsport); **Frank-Peter Roetsch** (Biathlon); **Dr. Helmut Recknagel** (Skisport); **Frank Ullrich** (Biathlon); **Rüdiger Helm** (Kanu); **Dr. Karin Büttner-Janz** (Turnen); **Jens Weißflog** (Skisport); **Birgit Schmidt** (Kanu); **Wolfgang Behrendt** (Boxen); **Wolfgang Hoppe** (Bobsport); **Renate Stecher** (Leichtathletik); **Ingrid Gulbin-Krämer** (Wasserspringen); **Marlies Göhr** (Leichtathletik); **Gerhard Grimmer** (Skisport); **Dr. Wolfgang Nordwig** (Leichtathletik); **Maxi Gnauck** (Turnen); **Meinhard Nehmer** (Bobsport); **Jan Hoffmann** (Eiskunstlauf); **Dr. Thomas Köhler** (Rennrodeln); **Wieland Schmidt** (Handball), **Gabriele Seyfert** (Eiskunstlauf); **Margit Schumann** (Rennrodeln); **Bernhard Germeshausen** (Bobsport), **Jürgen Croy** (Fußball); **Jochen Schümann** (Segeln); **Heike Drechsler** (Leichtathletik); **Siegfried Brietzke** (Rudern); **Dresdner Rudervierer** 1968–1972; **Hans Rinn** (Rennrodeln).

Olympische Spiele 1980: Deutsche Boote auf Goldkurs

Einer, Männer
Gold: Finnland
Silber: UdSSR
Bronze: DDR

Doppelzweier, Männer
Gold: DDR
Silber: Jugoslawien
Bronze: CSSR

Zweier ohne Steuermann, Männer
Gold: DDR
Silber: UdSSR
Bronze: England

Zweier mit Steuermann, Männer
Gold: DDR
Silber: UdSSR
Bronze: England

Vierer mit Steuermann, Männer
Gold: DDR
Silber: UdSSR
Bronze: Polen

Doppelvierer, Männer
Gold: DDR
Silber: UdSSR
Bronze: Bulgarien

Achter, Männer
Gold: DDR
Silber: England
Bronze: UdSSR

Einer, Frauen
Gold: Rumänien
Silber: UdSSR
Bronze: DDR

Doppelzweier, Frauen
Gold: UdSSR
Silber: DDR
Bronze: Rumänien

Zweier ohne Steuermann, Frauen
Gold: DDR
Silber: Polen
Bronze: Bulgarien

Vierer ohne Steuermann, Männer
Gold: DDR
Silber: UdSSR
Bronze: England

Vierer mit Steuermann, Frauen
Gold: DDR
Silber: Bulgarien
Bronze: UdSSR

Doppelvierer, Frauen
Gold: DDR
Silber: UdSSR
Bronze: Bulgarien

Achter, Frauen
Gold: DDR
Silber: UdSSR
Bronze: Rumänien

15-Jährige nicht zu schlagen

1980: Dreifach-Gold für Rica Reinisch

Als die kleine Rica Reinisch aus Dresden am 27. Juli 1980 bei den Olympischen Spielen von Moskau über 200 Meter Rückenschwimmen Gold in Weltrekord-Zeit gewinnt, ist sie bereits eine der erfolgreichsten Olympia-Teilnehmerinnen aller Zeiten. Denn die 15-Jährige hatte am 23. Juli über 100 Meter Rückenschwimmen und am 20. Juli mit der 4 x 100-Lagen-Staffel ebenfalls Gold gewonnen. Atemberaubend: Bei jedem dieser Siege konnte der jeweils bestehende Weltrekord gebrochen werden.

Rica Reinisch wurde am 6. April 1965 im mitteldeutschen Seifhennersdorf geboren. Sie wuchs im Kurort Großschönau im Zittauer Gebirge auf und wurde zur Förderung ihres großen Talents im Jahre 1975 nach Dresden delegiert. In Moskau erlebte sie die Krönung ihrer Karriere. Anschließend warfen sie verschiedene Verletzungen zurück. Ihre Ehe mit dem Dresdner Brustschwimmer Olaf Assmann scheiterte. Nach der Wende gelangte sie nach Köln und meldete sich bald in der anhaltenden Doping-Diskussion zu Wort.

Dabei zeigte sie ihren ehemaligen Betreuer Uwe Neumann, mittlerweile Trainer beim Deutschen Schwimm-Verband, wegen Körperverletzung an, weil er ihr als Minderjährige ohne ihr Wissen Dopingmittel verabreicht haben soll. Neumann hatte bereits Ärger, nachdem er darüber hinaus als Mitarbeiter des Ministeriums für Staatssicherheit der DDR (Deckname „Holbert") enttarnt worden war. Das Verfahren gegen Neumann wurde schließlich gegen Zahlung einer Geldbuße eingestellt. In einem weiteren Prozess gegen den früheren Leiter des Sport-

Rica Reinisch 1980:

100 Meter Rücken

Gold: Rica Reinisch (DDR)
1:00,86 Minuten (Weltrekord)
Silber: Ina Kleber (DDR)
1:02,07 Minuten
Bronze: Petra Riedel (DDR)
1:02,64 Minuten

200 Meter Rücken

Gold: Rica Reinisch (DDR)
2:11,77 Minuten (Weltrekord)
Silber: Cornelia Polit (DDR)
2:13,95 Minuten
Bronze: Birgit Treiber (DDR)
2:14,14 Minuten

4 x 100 Meter Lagen

Gold: DDR (4:06,67 Minuten – Weltrekord)
(Reinisch, Geweniger, Pollack, Metschuk)
Silber: England (4:12.24 Minuten)
(Jameson, Kelly, Osgerby, Croft)
Bronze: UdSSR (4:13,61 Minuten)
(Kruglowa, Wassilkowa, Grischtschenkowa, Strunnikowa)

medizinischen Dienstes der DDR, Dr. Manfred Höppner, trat Rica Reinisch im Frühjahr 2000 als Nebenklägerin auf.

Das Thema „Doping im DDR-Sport" wird sicher auch in den folgenden Jahren noch diskutiert werden. Im Gestrüpp von traurigen und auch erschütternden Einzelfällen, Falschdarstellungen, Manipulationen und auch bewussten Lügen ist es schwierig, eine endgültige Wahrheit zu finden. Dies ist aber auch nicht Aufgabe dieses Buches. Hier sollen auch die unzweifelhaft großartigen Leistungen mitteldeutscher Sportler einfließen. Die einstigen DDR-Sportler wissen oft selbst nicht, was genau ihnen zur Leistungsförderung verabreicht wurde. Fest aber steht, dass die mitteldeutschen Athleten nicht für die kommunistische Idee, für die SED oder zur Unterhaltung einer kleinen Führungsschicht an den Start gingen, sondern für sich selbst, für ihre Mannschaften, für ihr Publikum.

Auch ihre Leistungen und Rekorde zieren die Annalen der Sportgeschichte. Die einstige mitteldeutsche Sportförderung war – trotz aller Gerüchte und trotz mancher belastender Fakten – zumindest außergewöhnlich erfolgreich. Und fest steht auch: Doping wurde nicht in der DDR erfunden, und Dopingfälle haben mit dem Untergang des SED-Regimes leider auch kein Ende genommen. Leistungsmanipulationen im Sport sind zu ächten; sie aber allein auf den DDR-Sport zu beziehen, ist unzulässig.

Die DDR-Sportler gewannen insgesamt 293 olympische Goldmedaillen, 768 Welt- und 747 Europameistertitel. Die famose Bilanz ist zuerst durch Leistungsförderung und Leistung erreicht worden und nicht in erster Linie durch Manipulationen. Die großartigen Sportler der einstigen DDR haben ein Recht darauf, vor Pauschalverurteilungen in Schutz genommen zu werden, wenn auch handfeste Fälle von Doping sicherlich aufgearbeitet gehören. Und dazu hat Rica Reinisch einen gewichtigen Beitrag geleistet.

1980: DDR erfolgreich wie nie

47 Goldmedaillen gewannen Sportler aus Mitteldeutschland im Rahmen der Olympischen Sommerspiele 1980 von Moskau.
In den Schwimm-Einzel-Wettbewerben siegten: **Jörg Woithe** (100 m), **Barbara Krause** (100 m, 200 m), **Ines Diers** (400 m), **Ute Geweniger** (100 m Brust), **Caren Metschuk** (100 m Schmetterling), **Ines Geißler** (400 m Schmetterling), **Rica Reinisch** (100 m Rücken, 200 m Rücken) und **Petra Schneider** (400 Meter Lagen). Gold gewannen die DDR-Schwimmerinnen ferner mit der 4 x 100-Meter-Lagen-Staffel sowie mit der 4 x 100-Meter-Freistil-Staffel. Die Herren-Ruderer holten sieben von acht möglichen Goldmedaillen (Doppelzweier, Zweier ohne Steuermann, Zweier mit Steuermann, Vierer ohne Steuermann, Vierer mit Steuermann, Doppelvierer, Achter). Die DDR-Damen erruderten weitere vier Olympiasiege (Zweier ohne Steuermann, Doppelvierer, Vierer mit Steuermann, Achter). **Birgit Fischer** gewann im Kajak-Einer der Frauen, und auch der Kajak-Zweier der Frauen war erfolgreich. Bei den Herren triumphierte der Kajak-Vierer und **Rüdiger Helm** im Kajak-Einer. Gold auch für die Turmspringer: **Falk Hoffmann** siegte bei den Herren, **Martina Jäschke** bei den Damen. Gold bejubelten ferner Boxer **Rudi Fink** (Federgewicht), **Dietmar Lorenz** (Judo), **Roland Brückner** (Bodenturnen), **Maxi Gnauck** (Turnen, Stufenbarren) sowie die Radfahrer **Lothar Thoms** (1000 Meter Zeitfahren) und **Lutz Heßlich** (Sprint). Erwähnt sei in diesem Zusammenhang auch der Olympiasieg von **Elisabeth Theurer,** österreichische Dressurreiterin. Den großen Erfolg komplettierten schließlich die Leichtathleten. Gold gab es für **Bärbel Eckert** (200 m), **Marita Koch** (400 m), die 4 x 100-Meter-Frauen-Staffel, für **Illona Slupianek** (Kugelstoßen), **Evelin Jahl** (Diskuswerfen), **Waldemar Cierpinski** (Marathon), **Thomas Munkelt** (110 Meter Hürden), **Volker Beck** (400 Meter Hürden), **Hartwig Gauder** (50 km Gehen), **Gerd Wessig** (Hochsprung) und **Lutz Dombrowski** (Weitsprung).

Deutscher Fußball meldet sich zurück

1983: Der HSV-Triumph von Athen

Der deutsche Fußball hatte seine „goldenen 70er" hinter sich. Der verkorkste Auftritt der deutschen Nationalmannschaft bei der Weltmeisterschaft 1978 in Argentinien beendete eine große Erfolgsserie bei Welt- und Europameisterschaften. In den vergangenen Jahren konnte nichts Zählbares erreicht werden. Auch die WM-Finalteilnahme von Spanien 1982 (1:3 gegen Italien) vertuschte das insgesamt mäßige Auftreten der deutschen Kicker nicht.

Umso erfreulicher war es 1983, dass sich mit dem Hamburger SV der deutsche Fußballmeister im Europapokal der Landesmeister glänzend schlug. Der HSV war 1960 bereits ins europäische Halbfinale durchgedrungen und dann am FC Barcelona gescheitert und hatte am 11. Mai 1977 überraschend den Europapokal der Pokalsieger an die Elbe holen können (2:0 gegen den RSC Anderlecht in Brüssel). 1980 verloren die Rothosen im Landesmeister-Endspiel gegen Nottingham Forest in Madrid denkbar knapp mit 0:1, 1982 unterlag der HSV im UEFA-Cup-Endspiel dem IFK Göteburg.

Am 25. Mai 1983 bot sich für den Hamburger SV eine neue Chance. Endspiel um den Pokal der Landesmeister, der höchsten Trophäe auf europäischer Fußballebene. Im Olympiastadion zu Athen wurden die Hamburger allerdings von Juventus Turin erwartet; eine Truppe, durchweg mit Weltstars besetzt. Die Fachwelt war sich einig: Der HSV würde auseinandergenommen! Die Hamburger hatten sich auf dem Weg ins Finale gegen die Klubs Dynamo Berlin, Olympia Kos Piräus, Dynamo Kiew und Real San Sebastian durchgesetzt.

Traditionsverein Hamburger SV

Gründungsdatum: 29. September 1887
Deutscher Meister: 1922 (verzichtet), 1923, 1928, 1960, 1979, 1982, 1983
Deutscher Pokalsieger: 1963, 1976, 1987
Europapokal der Pokalsieger: 1977
Europapokal der Landesmeister: 1983
Höchster Bundesliga-Sieg: 8:0 gegen Karlsruher SC (12. Februar 1966)
Spieler mit den meisten Bundesliga-Einsätzen: Manfred Kaltz (581 Spiele)
Erfolgreichster Torjäger: Uwe Seeler (137 Tore)

Dann ist es soweit: 30 000 fußballverrückte Italiener haben sich in Athen versammelt. 15 000 Deutsche halten dagegen. Es herrscht eine prächtige Stimmung. Millionen in der Heimat halten dem HSV die Daumen. Das Stadion selbst ist mit 73 000 Zuschauern restlos ausverkauft. Der HSV gerät nach Anpfiff sofort unter Druck. Die Italiener wollen gleich zeigen, wer Herr im Hause ist – und werden kalt erwischt. In der 8. Spielminute schnappt sich Mittelfeldspieler Felix Magath den Ball. Noch etwa 30 Meter bis zum Tor. Alles rechnet mit einer Flanke. Die Nummer 10 des HSV aber läuft noch einige Meter und zieht dann ab. Der Ball zischt vorbei an Torwart-Legende Dino Zoff in den Winkel des Turiner Tores. 1:0 für den Außenseiter.

Wie würde „Juve" reagieren? Nur selten blitzt im Spiel die ganze Klasse dieser Elf auf. Der HSV kann kaltschnäuzig dagenhalten und sogar seinerseits noch manchen gefährlichen Konter setzen. Auch nach der Halbzeit das gleiche Bild. Überlegene Italiener, ruhiger HSV. Die

Spieler von Juventus verlieren jetzt teilweise die Nerven. HSV-Stürmer Lars Bastrup wird übel gefoult (Kieferbruch). Der junge Thomas von Heesen wird eingewechselt. So vergeht Minute auf Minute. Als Schiedsrichter Nicolae Rainea abpfeift, ist ein Wunder perfekt. Der HSV auf Europas Fußball-Thron!
Wie ein Lauffeuer ging es in den nächsten Stunden um die Welt: Der HSV war Europapokalsieger. Eine Stadt lag im Freudentaumel. Wie Helden wurden die Sieger am nächsten Tag von zigtausenden in der Hansestadt begrüßt. Hamburg lag dem Trainer zu Füßen: Der unvergessene Österreicher Ernst Happel hatte alles aus dieser Mannschaft herausgeholt: Uli Stein, Holger Hieronymus, Manfred Kaltz, Dietmar Jakobs, Bernd Wehmeyer, Jürgen Groh, Wolfgang Rolff, Jürgen Milewski, Felix Magath, Horst Hrubesch, Lars Bastrup. Happel: „Es sind alles charakterlich einwandfreie Spieler." Nur drei Tage später ging dann auch der deutsche Meistertitel an den HSV. Die anschließende Feier zog die ganze Bundesrepublik in ihren Bann. Die „Stuttgarter Nachrichten": „Die Siegesfeier, die der HSV abhielt, war das größte Spektakel, seit es den bezahlten Fußball gibt."
Das anstehende Finale um den Weltpokal verlor der HSV in Tokio gegen Gremio Porto Alegre mit 1:2 nach Verlängerung. Ernst Happel holte mit der HSV-Truppe noch den DFB-Pokal 1987, ehe er sich aus Hamburg verabschiedete. Damit war es zunächst vorbei mit der HSV-Herrlichkeit. In den folgenden zwei Jahrzehnten standen andere deutsche Vereinsmannschaften im Mittelpunkt. Aber nicht nur in Hamburg halten sie diesen Tag noch immer in Ehren. 25. Mai 1983: Der größte Tag der Vereinsgeschichte des Hamburger Sport-Vereins von 1887!

Schlagzeile des Sportmagazins „Kicker" nach dem HSV-Triumph von Athen 1983.

Der deutsche „Albatros"

1984: Michael Groß krönt „Jahrhundert-Karriere"

Es ist tiefe Nacht in Deutschland, als in Los Angeles an diesem 30. Juli 1984 die Entscheidung über olympisches Gold bei den Schwimmern ansteht. Der Wettbewerb über 100 Meter Schmetterling kann aus Sicht der US-Zuschauer nur einen Sieger hervorbringen: Top-Favorit Pablo Morales aus den USA. Er ist amtierender Weltrekord-Halter. Michael Groß, das deutsche Schwimm-Ass, glaubt selbst nicht an eine eigene Sieges-Chance. Seine Vorlaufzeiten lagen zu deutlich über dem Leistungsvermögen des US-Schwimmers.

Tatsächlich kontrolliert Morales das Feld offenbar nach Belieben. Sein deutlicher Vorsprung nach 50 Metern wird vom Publikum lautstark bejubelt. Groß hält zwar gut mit, doch 10 Meter vor dem Ziel scheint das Rennen zu Gunsten des Amerikaners gelaufen. Wer jetzt in der Heimat vor dem Fernseher sitzt, erlebt Sportgeschichte. Michael Groß setzt seine ganze Kraft und seine ganze Klasse zu einem sensationellen Endspurt an. Mit mächtigen Schlägen kommt er an den Amerikaner heran. „Flieg, Albatros, flieg!" – Fernsehreporter Jörg Wontorra mag nicht länger Zurückhaltung üben. Und tatsächlich: Einen Wimpernschlag ist Michael Groß vor Pablo Morales im Ziel. 53,08 Sekunden bedeuten in diesem Moment nicht allein die Goldmedaille, sondern darüber hinaus Weltrekord für Michael Groß!

Es ist bereits die zweite Goldmedaille für den deutschen Ausnahmeathleten. Sechs Tage zuvor schwamm er seinen Konkurrenten über 200 Meter Freistil davon und siegte auch dort mit Weltrekord-Zeit (1:47,44 Minuten). Eine besonders denkwürdige Entscheidung erlebte dann auch

Michael Groß: Von Erfolg zu Erfolg

1981: Europameister (200 m Delphin)
1982: Weltmeister (200 m Freistil, 200 m Delphin)
1983: Europameister (200 m, 4 x 200 m Freistil, 100 m / 200 m Delphin)
1984: Olympiasieger (200 m Freistil, 100 m Delphin)
1985: Studentenweltmeister (200 m Delphin) Europameister (200 m, 4 x 100 m / 4 x 200 m Freistil, 100 m / 200 m Delphin, 4 x 100 m Lagen)
1986: Weltmeister (200 m Freistil, 200 m Delphin)
1987: Europameister (200 m Delphin, 4 x 200 m Freistil)
1988: Olympiasieger (200 m Delphin)
1991: Weltmeister (4 x 200 m Freistil)

der 4 x 200-Meter-Staffelwettbewerb. Michael Groß schwamm die schnellste Zeit, die jemals über diese Strecke gestoppt wurde. Und dennoch war die US-Staffel um einen Handschlag eher im Ziel und schwamm Weltrekord. Silber für Deutschland. Zutreffend schlagzeilte die „Los Angeles Times" am folgenden Tag: „Es bedurfte vier US-Boys, um Groß zu stoppen." Über 200 Meter Schmetterling konnte Michael Groß seinen Konkurrenten Morales erneut schlagen. Beide Schwimmer hatten aber nicht mit dem 17-jährigen Australier John Sieben gerechnet, der mit Weltrekord an beiden Schwimmern im letzten Moment vorbeizog. Zwei Gold- und zwei Silbermedaillen waren in Los Angeles die Ausbeute dieses wohl herausragendsten Athleten der 80er Jahre.

Michael Groß, am 17. Juni 1964 in Frankfurt am Main geboren, produzierte über ein Jahrzehnt hinweg Rekorde und Erfolge wie am Fließband. Massenmedien hatten es mit dem intelligenten Querkopf nicht immer leicht. Sein Motto: „Meine Seligkeit hängt nicht davon ab, ob ich ein paar Weltrekorde schwimme oder nicht." Nach Abitur und Bundeswehrzeit studierte Michael Groß Germanistik, Politologie und Medienwissenschaft. 1994 vollendete er seine Doktorarbeit.

Als Fünfjähriger besuchte er eine Schwimmschule und trat bald dem „Ersten Offenbacher Schwimmclub" bei. Ab 1980 schwamm er Weltklassezeiten und gewann über 100 Meter Delphin und 200 Meter Kraul mit Jahresweltbestleistungen seine ersten nationalen Meistertitel. Kurz darauf wurde er in Split erstmals Europameister und 1982 in Guayaquil (Ecuador) erstmals Weltmeister. Noch vor seinen Olympiasiegen von Los Angeles erreichte Michael Groß vier Goldmedaillen bei den Schwimm-Europameisterschaften von Rom. Bei der EM in Sofia gewann er 1986 innerhalb von sechs Tagen sechs Europameister-Titel. Immer wieder unterbot er Europa- und Weltre-

kord-Zeiten. 1988 holte er in Seoul Gold über 200 Meter Delphin.

Michael Groß gewann im Verlaufe seiner Karriere drei olympische Goldmedaillen, sechs Welt- und 13 Europameistertitel. 26-mal war er Deutscher Meister. Groß brach 12 Welt- und 24 Europarekorde. In 68 Fällen stellte er neue bundesdeutsche Rekorde auf. In den Jahren 1982, 1983, 1984 und 1988 wurde er zum „Sportler des Jahres" gewählt, 1983 und 1985 darüber hinaus zum „Weltschwimmer des Jahres". Am 12. Januar 1991 trat er als frischgebackener Weltmeister mit der 4 x 200 Meter Lagen-Staffel bei den Titelkämpfen in Perth (Australien) vom Leistungssport zurück.

Unternehmer Dr. Michael Groß, Vater zweier Kinder, wurde vom Vorstand der Deutschen Sporthilfe 2001 in das Präsidium des Nationalen Olympischen Komitees delegiert. Zuvor hatte er sich mit Schwimmverbands-Funktionären vielfach verbale Auseinandersetzungen geliefert. Unter anderem vertrat Michael Groß die Auffassung, dass im Jahre 1990 die „historische Chance verpasst" worden sei, vom DDR-Sport zu lernen.

Michael Groß auf der Siegesspur in Los Angeles 1984.

Perfekter geht es nicht

1984: Dr. Reiner Klimkes große Erfolge

Los Angeles, 1984: 30 000 Zuschauer verfolgen den olympischen Wettbewerb im Dressurreiten. Ein fabelhafter Rekord. Dabei hatten Experten die Medaillen schon im Vorfeld vergeben. Nur Bundesdeutschen und Schweizern wurden Chancen eingeräumt. Zu dem ganz großen Zweikampf zwischen Dr. Reiner Klimke auf „Ahlerich" und seiner Schweizer Kontrahentin Christine Stückelberger kommt es aber nicht. Der Deutsche ist zu stark! Gold für Dr. Klimke in der Einzelwertung wie auch im Rahmen der Mannschaftswertung.
Der Doppel-Erfolg von Los Angeles gehört zu den Höhepunkten der einzigartigen Laufbahn dieses großen Reiters. Dr. Reiner Klimke nahm an sechs Olympischen Spielen teil und gewann dabei sechs Gold- und zwei Bronzemedaillen. Damit gehört er zu den erfolgreichsten Olympioniken aller Zeiten.

Bereits 1964 war Dr. Klimke an einem großartigen Sieg beteiligt: Gold bei den Olympischen Spielen von Tokio für die deutsche Dressurmannschaft um Harry Boldt auf „Remus", Dr. Josef Neckermann auf „Antoinette" und Dr. Reiner Klimke auf „Dux". Der Triumph konnte mit dem Mannschafts-Weltmeistertitel von 1966 eindrucksvoll bestätigt werden. Bei den Olympischen Spielen in Mexiko war die deutsche Mannschaft 1968 dann wiederum nicht zu schlagen. Im Jahre 1974 wurde Dr. Reiner Klimke in Kopenhagen Doppel-Weltmeister. Auf „Mehmed" siegte er im Einzel und anschließend – mit Lieselott Linsenhoff auf „Piaff" und Karin Schlüter auf „Mars" – zudem mit der Mannschaft.

Rekord-Olympiasieger Dr. Reiner Klimke ist auch Autor diverser Fachbücher.

Die eindrucksvolle und weltweite Vorrangstellung der deutschen Dressurreiterei bestätigte sich schließlich auch im idyllischen Bromont, 85 Kilometer vor Montreal bei den Olympischen Spielen von 1976. Niemand konnte die Deutschen stoppen. Der Sieg von Harry Boldt auf „Woyceck", Dr. Reiner Klimke auf „Mehmed" und Gabriela Grillo auf „Ultimo" fiel besonders glanzvoll aus.
Dr. Klimkes Erfolge und kein Ende: Am 29. August 1982 wurde er in Lausanne erneut zweifacher Weltmeister. Souverän siegte er mit der Mannschaft an der Seite von Gabriela Grillo und Uwe Schulten-Baumer. Mit der Schweizerin Christine Stückelberger lieferte sich Dr. Klimke

dann einen packenden Zweikampf um das Einzel-Gold. Klimke siegte schließlich auf „Ahlerich" mit 12 Punkten Vorsprung. Das objektive Publikum in der Schweiz feierte Dr. Reiner Klimke und anerkannte seine große Leistung. Es folgte neben dem eingangs erwähnten Doppelerfolg bei den Olympischen Spielen 1984 ein weiterer Mannschafts-Weltmeistertitel im Jahre 1986. Als Dr. Klimke dann bei den Olympischen Spielen von Seoul im Jahre 1988 nochmals Gold mit der Mannschaft holt, ist er längst der erfolgreichste Dressurreiter aller Zeiten. Seinen Olympia- und Weltmeistertiteln fügte Dr. Klimke noch zehn Europameistertitel und neun Deutsche Meisterschaften hinzu. Unvergessen auch seine erfolgreichen Pferde wie „Dux", „Mehmed" oder der legendäre „Ahlerich", der 1992 an einer Kolik verstarb. Rechtsanwalt Dr. Klimke spielte auch in Sportverbänden tragende Rollen, darunter als Mitglied des Nationalen Olympischen Komitees oder des Komitees der Internationalen Reiterlichen Vereinigung. Auch nach seiner aktiven Laufbahn blieb er der Dressurreiterei verbunden, förderte junge, vielversprechende Pferde und kümmerte sich um talentierte Dressurreiter vor allem aus den neuen Bundesländern. Am 6. August 1999 verstarb Dr. Reiner Klimke in Münster an den Folgen eines Herzinfarktes.

Die großartige Tradition der deutschen Dressurreiterei konnte fortgesetzt werden. Bei den Olympischen Spielen 1992 in Barcelona gab es einen wahren Medaillenregen. Angesichts der Leistungen deutscher Dressurreiter im Königlichen Poloclub gingen selbst Fachleuten die Superlativen aus. In der Mannschaftswertung gab es Gold für Nicole Uphoff auf „Rembrandt", Monica Theodorescu mit „Grunox", Isabelle Werth mit „Gigolo" und Klaus Balkenhol mit „Goldstern". Dabei erhielt Nicole Uphoff für ihre Vorstellung mit 1768 Punkten die höchste Wertung, die jemals vergeben wurde.

Dr. Reiner Klimkes Olympiasiege

1964, Dressurprüfung, Mannschaft

Gold:	BRD (2558 Punkte)
	Harry Boldt auf „Remus"
	Reiner Klimke auf „Dux"
	Josef Neckermann auf „Antoinette"
Silber:	Schweiz (2526 Punkte)
Bronze:	UdSSR (2311 Puknkte)

1976, Dressurprüfung, Mannschaft

Gold:	BRD (5155 Punkte)
	Harry Boldt auf „Woycek"
	Reiner Klimke auf „Mehmet"
	Gabriela Grillo auf „Ultimo"
Silber:	Schweiz (4684 Punkte)
Bronze:	USA (4747 Punkte)

1984, Dressur, Einzel

Gold:	Reiner Klimke auf „Ahlerich"
Silber:	Anne Grethe Jensen (Dänemark)
Bronze:	Otto Hofer (Schweiz)

1968, Dressurprüfung, Mannschaft

Gold:	BRD (2699 Punkte)
	Lieselott Linsenhoff auf „Piaff"
	Reiner Klimke auf „Dux"
	Josef Neckermann auf „Mariano"
Silber:	UdSSR (2657 Punkte)
Bronze:	Schweiz (2526 Punkte)

1984, Dressurprüfung, Mannschaft

Gold:	BRD (4955 Punkte)
	Reiner Klimke auf „Ahlerich"
	Uwe Sauer auf „Montevideo"
	Herbert Krug auf „Muscadeur"
Silber:	Schweiz (4673 Punkte)
Bronze:	Schweden (4630 Punkte)

1988, Dressurprüfung, Mannschaft

Gold:	BRD (4302 Punkte)
	Reiner Klimke auf „Ahlerich"
	Annakathrin Linsenhoffauf „Courage"
	M. Theodorescu auf „Ganimedes"
	Nicole Uphoff auf „Rembrandt"
Silber:	Schweiz (4164 Punkte)
Bronze:	Kanada (3969 Punkte)

Der deutsche Titel-Sammler

1984: Fredy Schmidtke räumt ab

Fredy Schmidtke hat alles erreicht. Er ist einer der besten Radrennfahrer der Welt, hat mehrere Weltmeister-Titel errungen, ist deutscher Serienmeister. Heute, am 1. August 1984, ist das alles vergessen. Jetzt geht es in Los Angeles um olympisches Gold im 1000-Meter-Zeitfahren; eine Strecke für absolute Spezialisten. Schmidtke zählt zum engsten Favoritenkreis. Aber die Konkurrenz ist bärenstark. Kann er beispielsweise den Franzosen Fabrice Colars und den Kanadier Curtis Harnett, zwei absolute Ausnahmefahrer, die zuletzt überragende Zeiten erzielten, wirklich besiegen? Die Spannung ist enorm.

Der Deutsche hat sich seit vielen Wochen ganz gezielt auf diesen einen Moment vorbereitet. Jetzt fällt die Entscheidung. Der Start glückt ihm. Der Laie vermag keine Schwächen zu erkennen. Fredy Schmidtke rast pfeilschnelll über die Radpiste. Nun zählt allein die Uhr. Und die tickt. Gnadenlos. Dann schießt er durchs Ziel. Mit sensationellen 1:06,44 Minuten holt er Gold für Deutschland. Überschäumender Jubel im deutschen Lager. Mehrere deutsche „Schlachtenbummler" vor Ort feiern ihren Landsmann. Dem Kanadier bleibt die Silbermedaille, Platz drei geht an den Franzosen. Die übrigen Fahrer haben von Anfang an keine Chance. Es ist der Höhepunkt der sportlichen Karriere des Fredy Schmidtke.

Bei den Olympischen Sommerspielen des Jahres 1984 gingen insgesamt 17 Goldmedaillen an die bundesdeutschen Sportler. Die DDR-Athleten waren nicht dabei. Die so genannten Ostblockstaaten boykottierten die Spiele; eine Antwort auf den West-Boykott der Olympischen Spiele von 1980

Plakat der Olympischen Sommerspiele von Los Angeles 1984.

in Moskau. Fredy Schmidtke konnte seine mitteldeutschen Sportskameraden jedoch glänzend vertreten und eine bemerkenswerte deutsche Serie fortsetzen: 1976 wurde Klaus-Jürgen Grünke Olympiasieger im Kilometer-Zeitfahren, vier Jahre später siegte Lothar Thoms, beide für die DDR am Start. Das Gold von Schmidtke sicherte damit einen dreifachen deutschen Triumph. Weder zuvor, noch danach konnte wieder ein deutscher Fahrer diese Disziplin gewinnen.

Fredy Schmidtke kam am 1. Juli 1961 in Köln-Worringen zur Welt. Nach seinem Schulabschluss absolvierte er eine Lehre als Rohrschlosser. Sein erstes Radrenn-

Fahrrad bekam er als Weihnachtsgeschenk von seiner Mutter überreicht. Sofort fuhr er jede freie Minute und war zunächst selbst sein bester Trainer. Bei Jugendrennen wurde er schließlich entdeckt – und schon 1977 und 1978 war er jeweils deutscher Jugendmeister. Zuvor hatte Fredy Schmidtke schon mehr als 100 Jugendrennen gewonnen.

Schmidtke verpflichtete sich zwischenzeitlich für vier Jahre bei der Bundeswehr, wo er es zum Obergefreiten brachte. Insbesondere aber fand er hier optimale Trainingsbedingungen vor, die er mehrere Stunden täglich nutzte; zur Freude seiner Förderer, denn bislang galt Schmidtke eher als trainingsfaul, was seine Erfolge nur noch bemerkenswerter machte.

Schmidtkes anschließende Triumphe und Erfolge lassen sich kaum aufzählen. Er mauserte sich zu einem gefürchteten „Titel-Abräumer": Allein im Jahre 1979 gewann er fünf nationale Junioren-Meistertitel und wurde in Argentinien Doppel-Weltmeister (1000-Meter-Zeitfahren und Sprint). Außerdem errang er mit der Vierer-Mannschaft Bronze. Bei deutschen Meisterschaften der so genannten Senioren gewann Schmidtke zwischen 1980 und 1984 gleich 15 Titel im 1000-Meter-Zeitfahren, im Tandem und im Sprint.

Fredy Schmidtke blieb bei all seinen Erfolgen bescheiden. Im Jahre 1982 wurde er zweifacher Militärweltmeister im Sprint und im Zeitfahren. Kurz darauf ermittelten die Weltmeisterschaften in Leicester (England) Fredy Schmidtke als schnellsten Fahrer der Welt über 1000 Meter. Dazu kommen noch drei WM-Silbermedaillen (zwei im Tandem und eine über 1000 Meter) und einmal Bronze (Tandem). Der 1,91-Meter große und 80 Kilogramm schwere Athlet gehört damit zu den erfolgreichsten deutschen Radsprintern aller Zeiten.

1984: Die deutschen Olympiasieger

Fechten, Degenmannschaft, Männer: BR Deutschland
Elmar Borrmann, Volker Fischer, Gerhard Heer, Rafael Nickel
Fechten, Florett-Mannschaft, Damen: BR Deutschland
Christiane Weber, Cornelia Hanisch, Sabine Bischoff, Zita Funkenhauser
Gewichtheben (bis 75 Kilogramm): Karl-Heinz Radschinsky
Gewichtheben (Schwergewicht): Rolf Milser
Judo (Halbmittelgewicht bis 78 Kilogramm, Männer): Frank Wienke
Judo (Mittelgewicht bis 86 Kilogramm): Petra Seisenbacher (Österreich)
Ringen (Bantamgewicht bis 57 Kilogramm): Pasquale Passarelli
Kanu (Kanadier, Einer, 1000 Meter, Männer): Ulrich Eicke
Pferdesport Dressur-Mannschaft: BR Deutschland
Reiner Klimke, Uwe Sauer, Herbert Krug
Radsport, 1000 Meter, Zeitfahren: Fredy Schmidtke
Schwimmen, 200 Meter Freistil: Michael Groß
Schwimmen, 100 Meter Schmetterling: Michael Groß
Leichtathletik, Hochsprung, Frauen: Ulrike Meyfarth
Leichtathletik, Hochsprung, Männer: Dietmar Mögenburg
Leichtathletik, Kugelstoßen, Frauen: Claudia Losch
Leichtathletik, Diskuswerfen, Männer: Rolf Danneberg
Rudern, Männer-Doppelvierer: BR Deutschland
Albert Hedderich, Reimund Hormann, Dieter Weidenmann, Michael Dürsch

Der Jüngste aller Zeiten

1985: Boris Becker siegt in Wimbledon

Es ist der 7. Juli 1985, 17.26 Uhr, als Tennisgeschichte geschrieben wird. Mit Boris Becker gewinnt erstmals ein 17-Jähriger und erstmals ein Deutscher das berühmteste Tennis-Turnier der Welt. Es ist die größte Sensation in der mehr als 100-jährigen Geschichte von Wimbledon. 11,19 Millionen Fernsehzuschauer in der Bundesrepublik Deutschland verfolgen an den TV-Geräten, wie Becker den US-Spieler Kevin Curren, der zuvor Tennis-Legenden wie Jimmy Connors und John McEnroe aus dem Feld geräumt hatte, innerhalb von drei Stunden und 18 Minuten Spielzeit niederkämpft. Mit 6:3, 6:7, 7:6 und 6:4 ist das Wunder perfekt. Die Weltpresse feiert: „Einer der Größten aller Zeiten!" – „Boris, Boris über alles!" – „Kaiser Boris I." – „Superstar geboren".

In der Bundesrepublik hatte sich die breite Öffentlichkeit kaum für das Wimbledon-Turnier des Jahres 1985 interessiert. Wie immer würden die deutschen Spieler nichts zu bestellen haben, so die weitläufige Annahme. Becker gewann – trotz Verletzung – sein erstes Spiel gegen den US-Amerikaner Hank Pfister. Großes Aufsehen löste dieser Erfolg allerdings noch nicht aus. Sein Auftritt in Runde 2 war so etwas wie ein Durchbruch. Becker erwies sich bereits als Aufschlagkönig und fegte Matt Anger (USA) eindrucksvoll mit 6:0, 6:1 und 6:3 vom Platz. In Runde drei schien schon alles aus. Im fünften und entscheidenden Satz lag Becker gegen den Schweden Joakim Nyström 5:6 hinten und siegte dann noch 9:7. Als Becker dann auch noch Tim Mayotte (USA) und Anders Jarrÿd (Schweden) bezwang, war in der Heimat längst das „Becker-Fieber" ausgebrochen. Der Fi-

1985: Boris Becker siegt erstmals in Wimbledon

nal-Triumph löste schließlich eine atemberaubende Euphorie um den jungen deutschen Tennis-Spieler aus.

Boris Becker wurde am 22. November 1967 in Leimen bei Heidelberg geboren. Früh zeigte sich sein Tennis-Talent. Zwischen 1982 und 1984 war er dreimal deutscher Junioren-Meister. Nach der Mittleren Reife schlug er die Profi-Karriere ein und wurde 1983 sogar Junioren-Weltmeister. Trotz dieser Erfolge kam der Sieg von Wimbledon aus heiterem Himmel. Und: Becker konnte im folgenden Jahr seinen Triumph wiederholen! Sieg gegen Ivan Lendl, den Weltranglisten-Ersten! 1989 gewann Becker Wimbledon erneut. Viermal scheiterte er erst im Endspiel (1988, 1990, 1991 und 1995). Die US-Open konnte er 1989 gewinnen, die Australian Open 1991. Im Jahre 1992 holte er Olympia-Gold mit Michael Stich im Doppel. Zweimal wurde er mit der deutschen Davis-Cup-Mannschaft (1988 und 1989) Weltmeister.

Für genau 20 Tage erfüllte sich Becker 1991 seinen großen Traum: Erster der Weltrangliste. Verletzungen zwangen ihn dazu, den Thron bald wieder zu räumen. Boris Becker zeichnete sich durch mitreißende Spiele aus. Unvergessen sein Aufeinandertreffen mit John McEnroe im Rahmen des Davis-Cups 1987 vor aufgeheiztem US-Publikum. Becker setzte sich nach sechs Stunden und 20 Minuten durch und bestritt damit das zweitlängste Spiel aller Zeiten.

Das Personenlexikon „Prominente ohne Maske – Neu" (FZ-Verlag, München 2000) notiert zu den weiteren Aktivitäten des Boris Becker: „Nachdem er 1993 eine Dunkelhäutige geheiratet hatte, verbreiteten Medien – frei erfundene – Nachrichten von einer ‚Mordverschwörung rassistischer Neonazis‘ gegen das Paar. 1999 ließ sich Becker in einer aus Steuermitteln bezahlten Anzeige der

Bundesregierung abbilden, die für Doppelpass, mehr Integration und gleiche Rechte für ‚ausländische Mitbürger‘ warb. Er selbst genoss sehr wohl mehr Rechte und war weniger staatsbürgerlichen Pflichten unterworfen als üblich. So wurde er vom baden-württembergischen Kultusministerium zur Förderung seiner Karriere von der Schule beurlaubt und wegen seines Wohnsitzes im Steuerparadies Monaco vom Wehrdienst freigestellt. Dass Deutschland in Sachen Nationalstolz nicht richtig tickt, ist auch Becker aufgefallen: ‚Das gibt es in keinem anderen Land.‘ Vor jedem Spiel der US-Basketball-Liga werde die amerikanische Hymne gesungen. ‚Da stehen alle auf und machen mit‘. In Deutschland aber habe man ‚nach dem, was im 2. Weltkrieg passiert ist, kaum noch einer den Mut zu sagen, ich bin stolz, ein Deutscher zu sein‘. Im Mai 2000 sagte er: ‚Ich bin ein Patriot, der sein Land im Ausland verteidigt.‘"

Nach dem Scheitern seiner Ehe mit Barbara Becker im Jahre 2000 drohte der Medienstern des Boris Becker zuletzt zu sinken …

Wimbledon: Historischer Boris-Sieg

Seit 1877 wird das Tennis-Turnier von Wimbledon ausgetragen. Bis 1985 war es keinem Deutschen gelungen, dort im Herren-Einzel zu gewinnen. In den ersten 30 Jahren dieses ältesten Tennis-Turnieres siegten jeweils Engländer. Dem Australier Norman Brookes war es im Jahre 1907 dann schließlich vergönnt, diese Serie zu durchbrechen. Im Jahre 1914 wiederholte er seinen Triumph. Zwischenzeitlich war es dem Neuseeländer Anthony Wilding gelungen, das Turnier zwischen 1910 und 1913 viermal nacheinander zu gewinnen. In die Wimbledon-Geschichte ging schließlich auch der Schwede Björn Borg ein, der fünfmal in Serie gewann (1976–1980). Boris Becker war nicht nur der erste deutsche Sieger von Wimbledon, sondern gleichzeitig der jüngste Gewinner aller Zeiten, und er gewann im Jahre 1986 das Jubiläums-Turnier (100 Jahre Wimbledon), das während der beiden Weltkriege jeweils einige Male pausierte. Dabei setzte er sich gegen Eduardo Bengoechea (Argentinien), Tom Gillikson (USA), Paul McNamee (Australien), Mikael Pernfors (Schweden), den Tschechen Miroslaw Mecir, den Franzosen Henri Leconte und schließlich gegen Ivan Lendl durch. Seit 1884 wird das Tennis-Turnier auch für Damen veranstaltet.

Ein Märchen wird wahr ...

1985: Bernhard Langer gewinnt US-Golf-Masters

D er Golfsport ist wohl für jeden Deutschen untrennbar mit dem Namen Bernhard Langer verbunden. Der Deutsche sorgte mit spektakulären Erfolgen fast im Alleingang dafür, dass diese Sportart in Deutschland mittlerweile einen enormen Bekannt-, aber auch Beliebtheitsgrad erreicht hat. Langer gehört zu den absoluten Ausnahmeerscheinungen der internationalen Golfszene. Der Sohn eines vertriebenen Sudetendeutschen ist durch seine Erfolge mehrfacher Millionär geworden und genießt darüber hinaus den Ruf eines außerordentlich erfolgreichen Geschäftsmannes. Er ist tiefgläubiger Christ, und seine vorgelebte Bescheidenheit passt eigentlich gar nicht in eine sensationsgierige US-Medienlandschaft, die aber seine enormen Fähigkeiten auf dem Sportplatz nicht ignorieren kann.

Bernhard Langer wurde am 27. August 1957 in Anhausen geboren. Seine sportliche Laufbahn begann als „Caddy". Seit frühen Jahren verfolgte er das Ziel, Golfprofi zu werden. Als 19-Jähriger erfüllte er sich seinen Traum, fand einen Sponsor und machte aus seiner großen Leidenschaft seinen Beruf. In Deutschland beherrschte er bald die Szene, gewann mehrfach die so genannten German Open und wurde schließlich Junioren-Weltmeister. Weitere spektakuläre Erfolge bei großen internationalen Turnieren folgten. Mitte der achtziger Jahre hatte er sich bereits in die absolute Weltspitze vorgespielt.

Der alles überragende Durchbruch des Bernhard Langer gelang am 15. April 1985. An diesem Tag steht das US-Masters von Augusta (Bundesstaat Georgia) an. Es handelt sich um das mit Abstand

Bernhard Langer ist Autor bzw. Herausgeber mehrerer Lehrbücher über den Golfsport, den er in der Bundesrepublik erst populär gemacht hat.

bedeutendste und schwierigste Golfturnier der Welt. Vor drei Jahren war Langer bereits vom austragenden „Augusta National Golf Club" eingeladen worden. Schon die Einladung bedeute eine große Ehre, denn hierher werden in der Tat nur die Besten der Welt gebeten. Langer musste damals seine Grenzen erkennen und gab nach zwei Runden entnervt auf. Der Platz sei „gänzlich unbespielbar" erklärte der Golfprofi. Und heute?

Wer in Augusta mit 72 Schlägen über die Runde kommt, ist ohne Zweifel ein Weltklassespieler. Das schafft der Deutsche im ersten Durchgang. Es folgen eine 74er-

Runde sowie zwei weitere mit jeweils 68 Schlägen. Ein Traumergebnis. Damit gewinnt erstmals ein Deutscher dieses berühmte Golfturnier. Die Erfüllung eines Sportmärchens! Langer erhält das legendäre „Green Jacket", eine maßgeschneiderte Golfjacke, die ihm für alle Zeiten die Teilnahme an diesem Turnier sichert. Noch in der gleichen Saison siegte Bernhard Langer beim kaum weniger traditionellen „Ryder-Cup" (europäische Profis im Vergleich mit US-Spielern) und führte zu Beginn des Jahres 1986 als 28-Jähriger die offizielle Weltrangliste an. Fortan sicherte er sich die „French Open", die „Irish Open", die „Spanish Open", das „European Masters", die Austrian Open" und weitere Male die „German Open". Es gibt kaum ein Golfturnier der Welt, das Bernhard Langer nicht maßgeblich geprägt hätte. Dass es zwischendurch immer wieder auch Enttäuschungen und Niederlagen gab, ist auf mehrere Verletzungen sowie aber auch auf die außerordentlich starke Konkurrenz an der Weltspitze zurückzuführen.

Mehr als ein Jahrzehnt hatte sich Langer schon unter den besten Spielern der Welt gehalten, als ihm 1993 die Krönung seiner exzellenten Karriere gelang: Erneut siegte er beim US-Masters in Augusta und konnte sich wiederum das grüne Siegerjackett überstreifen. Dabei legte er eine Gelassenheit und Souveränität an den Tag, die nicht nur Konkurrenten verzweifeln ließ, sondern auch die Bosse der US-Meinungsindustrie. Die verkauften das Golfturnier stets als spektakulären Höhepunkt. Langer kam mit seiner nüchternen Spielweise und seinem ruhigen Auftreten dem gewünschten Bild einmal mehr nicht entgegen.
Langer konnte anschließend seine Erfolge vielfach fortsetzen. Noch mit über 40 Jahren gehört er zur Weltspitze. Der mittlerweile elfmalige Weltcup-Gewinner machte sich beruflich u. a. auch einen Namen als Bauherr neuer Golfplätze („Eine Aufgabe, die mich sehr interessiert und die ich gern erfülle") und als Organisator erstklassig besetzter Turniere. Bernhard Langer ist seit 1974 verheiratet und Vater dreier Kinder.

Dass es Bernhard Langer glänzend versteht, seinen einzigartigen Erfolg auch ebenso glänzend zu vermarkten, unterstreicht diese Autogrammkarte.

Der erfochtene Medaillensegen

1988: Deutsche Fechter räumen ab

Fechten zählt seit Jahrzehnten zu den erfolgreichsten olympischen Sportarten in Deutschland. Deutsche haben bei Weltmeisterschaften und Olympischen Spielen ungezählte Medaillen errungen. Eine wahre Sternstunde erlebte dieser Sport im September 1988 im Rahmen der olympischen Wettkämpfe von Seoul. In einem hochdramatischen Finale der Degenfechter besiegte Arndt Schmitt im Finale den Franzosen Philippe Riboud mit 8:7. Die Entscheidung fiel in der letzten Sekunde des Kampfes. Einen dreifachen Sieg konnten die deutschen Damen einfahren.

Dass die Entscheidung im Florett-Einzel zu einer deutschen Angelegenheit werden würde, hatten manche Experten vorher schon vermutet. Nun ist es soweit: Im Halbfinale steht die Ungarin Zsuzanna Janosi drei deutschen Damen gegenüber. Zunächst muss sie gegen Anja Fichtel antreten. Die deutsche Weltmeisterin behält kühlen Kopf und siegt 8:5. Um Bronze bekommt es die Ungarin dann mit der Rumäniendeutschen Zita Funkenhauser zu tun und liefert sich eine der dramatischsten Auseinandersetzungen, die es jemals bei internationalen Fechtkämpfen gegeben hat. Am Ende gewinnt die Deutsche mit 10:9. Das Finale fechten Anja Fichtel und ihre Mannschaftskameradin Sabine Bau aus. Fichtel setzt sich durch. Schließlich stehen drei Deutsche auf dem Siegespodest. Dass diese erstklassigen Fecht-Damen gemeinsam mit Annette Klug und Christine Weber dann auch noch den Mannschaftswettbewerb gewinnen, versteht sich fast schon von selbst.

Mit Anja Fichtel und Zita Funkenhauser stellen die Deutschen zwei der weltweit

Offizielles Plakat der Olympischen Sommerspiele 1988 in Seoul.

besten Fechterinnen aller Zeiten. Beide Damen konnten im Verlaufe ihrer Karrieren jeweils zwei Gold- und eine Silbermedaille bei Olympischen Spielen gewinnen. Anja Fichtel war zudem sechsfache Weltmeisterin und ging 1985 mit 17 Jahren als jüngste WM-Titelträgerin aller Zeiten in die Geschichte ein. Zita Funkenhauser errang drei Weltmeistertitel. Beide Sportlerinnen wurden im legendären Bundesleistungszentrum von Tauberbischofsheim von Emil Beck, dem erfolgreichen Trainer, sportlich ausgebildet.

Anja Fichtel: „Die Olympischen Spiele in Seoul 1988 waren für mich der absolute Höhepunkt. Sportlich stand ich am Ende der Wettkämpfe ganz oben auf dem Treppchen mit der Goldmedaille im Florett-Fechten um den Hals. Das war mehr, als ich mir in meinen kühnsten Träumen erhofft hatte." Unvergessen auch, wie Anja Fichtel nur wenige Wochen nach der Geburt ihres ersten Kindes in Barcelona bereits wieder im sportlichen Einsatz war und zur Silbermedaille für die deutsche Mannschaft maßgeblich beitrug. Anja Fichtel kam 1968 in Tauberbischofsheim zur Welt. Sie lebt heute in Wien, ist mit einem Österreicher verheiratet und Mutter zweier Kinder.

Zita Funkenhauser, 1966 in siebenbürgischen Satu Mare zur Welt gekommen und als rumänische Jugendmeisterin mit ihrer Familie im Jahre 1979 in die bundesdeutsche Heimat gesiedelt, erzielte ihren endgültigen internationalen Durchbruch 1984 bei den Olympischen Spielen in Los Angeles, wo sie mit großem Kämpferherzen zur deutschen Mannschaftsgoldmedaille beitrug. Die Zahnärztin war über Jahre hinweg eine unverzichtbare Größe der deutschen Nationalmannschaft. Die Titel-Abräumerin heiratete 1993 und beendete 1996 ihre Laufbahn

als sie Zwillinge zur Welt brachte.

Die enormen Erfolge deutscher Fechter wären ohne das hochmoderne Leistungszentrum in Tauberbischofsheim, seit 1986 zudem Olympiastützpunkt, undenkbar. Die optimalen Trainingsbedingungen dort werden auch von Sportlern anderer Länder längst regelmäßig genutzt. Das Leistungszentrum besticht durch ideale Bedingungen. In leistungsfördernder Atmosphäre stehen den Athleten modernste Kraft- und Ausdauergeräte zur Verfügung. Insgesamt 46 Fechtbahnen unterstützen das tägliche Training der zahlreichen hier betreuten Fechterinnen und Fechter. Eine solche Sportförderung zahlt sich aus, wie die zahlreichen Erfolge beweisen und wäre vor allem auch für andere, möglichst viele weitere Bereiche des deutschen Sports wünschenswert. Von den Erfolgen deutscher Fechter und der erstklassigen Förderung in Tauberbischofsheim profitiert dieser Sport auch in der Breitenwirkung: Dem deutschen Fechtbund gehören heute ungefähr 30 000 Mitglieder an.

Olympische Spiele 1988: Die Fecht-Wettkämpfe

Florett, Einzel, Männer

Gold: Stefano Cerioni (ITA)
Silber: Udo Wagner (DDR)
Bronze: Alexander Romankow (UdSSR)

Florett, Mannschaft, Herren

Gold: UdSSR
Silber: BRD
Bronze: Ungarn

Degen, Einzel, Männer

Gold: Arnd Schmitt (BRD)
Silber: Philippe Riboud (FRA)
Bronze: Andrej Schuwalow (UdSSR)

Säbel, Einzel, Männer

Gold: Jean-Francois Lamour (FRA)
Silber: Janusz Olech (Polen)
Bronze: Giovanni Scalzo (Italien)

Florett, Einzel, Frauen

Gold: Anja Fichtel (BRD)
Silber: Sabine Bau (BRD)
Bronze: Zita Funkenhauser (BRD)

Florett, Mannschaft, Frauen

Gold: BRD
Silber: Italien
Bronze: Ungarn

Degen, Mannschaft, Männer

Gold: Frankreich
Silber: BRD
Bronze: UdSSR

Säbel, Mannschaft, Männer

Gold: Ungarn
Silber: UdSSR
Bronze: Italien

Die Erfolgreichste aller Zeiten
1988: Triumph für Kristin Otto

Olympische Sommerspiele in Seoul im Jahre 1988. Es sind die Spiele von Kristin Otto, geboren am 7. Februar 1966, 1,85 m groß, 70 Kilogramm schwer, Tochter eines Physikprofessors. Sechsmal geht sie an den Start. Und sie wird sechsfache Olympiasiegerin. Sechsmal Gold für Deutschland, Gold für die DDR! Keine Schwimmerin war bei Olympischen Spielen jemals erfolgreicher! Kristin Otto siegt über 100 m Freistil, gewinnt Gold über 100 m Rücken, siegt über 100 m Schmetterling, beherrscht die 50 m Freistil und erringt darüber hinaus zwei weitere Erfolge in den Staffeln. Mit diesen fabelhaften Leistungen gehört Kristin Otto zu den erfolgreichsten Sportlern und Olympioniken aller Zeiten.

Ihre ganze Konzentration hatte sie 1988 ihrem ersten Start über 100 Meter Freistil gewidmet. Als die erste Goldmedaille errungen war, lief dann alles wie von alleine, erläuterte Kristin Otto später. Am letzten Wettkampftag habe sie über 50 Meter Kraul gar nicht mehr an den Start gehen wollen. Zu erschöpft sei sie gewesen, und die entsprechenden Qualifikationszeiten hatten kaum Hoffnung auf einen weiteren Triumph gegeben. Die DDR-Trainer machten ihr Mut: „Schwimm, wir gucken einfach mal!" Also biss sie sich nochmals durch. Sieg! In Leipzig wurde Kristin Otto begeistert empfangen. Zehntausende bejubelten die erfolgreichste Schwimmerin, die die Welt jemals gesehen hat.

1982 hatte die große Karriere der Kristin Otto bei den Weltmeisterschaften in Guayaquil (Ecuador) begonnen. In ihrer frühen Jugend hatte sie sich eher der Leichtathletik verschrieben, absolvierte

Die erfolgreichsten deutschen Olympioniken (Sommerspiele)

Birgit Fischer (Kanu)
  7 Gold, 3 Silber
Dr. Reiner Klimke (Dressurreiten)
  6 Gold, 2 Bronze
Kristin Otto (Schwimmen)
  6 Gold
Hans Günter Winkler (Springreiten)
  5 Gold, 1 Silber, 1 Bronze
Kornelia Ender (Schwimmen)
  4 Gold, 4 Silber
Roland Matthes (Schwimmen)
  4 Gold, 2 Silber, 2 Bronze
Isabell Werth (Dressurreiten)
  4 Gold, 2 Silber
Carl Schuhmann (Turnen)
  4 Gold, 1 Bronze

vor allem 800-Meter-Läufe. Obwohl schon als Vierjährige Schwimmerin, kam sie 1974 eher zufällig zum Schwimmsport. Acht Jahre später war es soweit: Weltmeisterin über 100 m Rücken! Damit nicht genug: Die 16-Jährige gewann darüber hinaus Gold mit der 4 x 100-Meter-Lagenstaffel sowie mit der 4 x 100-Meter-Freistil-Staffel, die sogar Weltrekord schwamm. Als sie 1983 auch Europameisterin wurde, stand einer erfolgreichen Teilnahme bei den Olympischen Spielen 1984 in Los Angeles eigentlich nichts mehr im Wege. Doch die DDR setzte auf den Olympia-Boykott. Kurzzeitig durch Verletzungen zurückgeworfen, wurde Kristin Otto 1986 in Madrid erneut mehrfache Weltmeisterin.

Insgesamt erreichte die gebürtige Leipzigerin in ihrer großartigen Laufbahn zwischen 1982 und 1989 sechs Olympiasiege, sieben Weltmeisterschaftserfolge und neun Siege bei Europameisterschaften. In den Jahren 1988 und 1989 wurde sie jeweils zur „Sportlerin des Jahres" gekürt. Vom Präsidenten des Internationalen Olympischen Komitees, Antonio Samaranch, bekam sie unmittelbar nach ihrer Leistung von Seoul eine Krone als „Königin der Olympischen Sommerspiele" verliehen. Es war die erste Auszeichnung dieser Art „für entsprechende Leistungen in den Schwimmsport-Disziplinen der Frauen". Bundesdeutsche Medien überboten sich damals in Sachen Schlechtigkeit und ignorierten quasi den Triumph der Leipzigerin wie überhaupt alle Medaillen für die DDR. Hintergrund: Die allermeisten Medien hatten sich mit der deutschen Teilung längst abgefunden. Erfolge mitteldeutscher Sportler waren nur kleinere Notizen wert.

In den 90er Jahren kam es zudem zu einer hartnäckigen Kampagne gegen Kristin Otto. Massenmedien präsentierten Doping-Vorwürfe gegen die Rekord-Schwimmerin. Kristin Otto sprach von einer „Diffamierung ohne Ende" und wehrte sich: „Ich bin bestimmt eine der meist kontrollierten Athletinnen der Welt gewesen. Bei meinem Olympiastart musste ich sechsmal zur Dopingkontrolle, bei meinem ‚Weltmeister' immer. Ich hab' schon gelacht, wenn das Los jedesmal auf mich fiel." Die „unverständliche Kampagne" führte sie auf das Treiben von Neidern zurück.

Kristin Otto nahm 1989 noch an den Europameisterschaften in Bonn teil. Die Titel über 100 Meter und in der Lagen-Staffel waren ihre letzten Triumphe. Dann hielt die Ausnahmeschwimmerin ihr Karriereende für gekommen. Auf ihre neuen Aufgaben als Journalistin hatte sie sich schon zu DDR-Zeiten vorbereitet: Volontariat bei einem Radiosender und Journalistik-Fernstudium an der Universität Leipzig. Nach dem Fall der Mauer kam Kristin Otto beim ZDF unter. Dort arbeitete sie zuletzt als erfolgreiche Sportjournalistin.

1988: Die „Kristin-Otto-Spiele"

Schwimmen, 50 Meter Freistil
Gold: Kristin Otto (DDR)
Silber: Yang Wenyi (China)
Bronze: Katrin Meißner (DDR)

Schwimmen, 100 Meter Freistil
Gold: Kristin Otto (DDR)
Silber: Yong Zhuang (China)
Bronze: Catherine Plewinski (FRA)

Schwimmen, 100 Meter Schmetterling
Gold: Kristin Otto (DDR)
Silber: Birte Weigang (DDR)
Bronze: Qian Hong (China)

Schwimmen, 100 Meter Rücken
Gold: Kristin Otto (DDR)
Silber: Krisztina Egerszegi (HUN)
Bronze: Cornelia Sirch (DDR)

Schwimmen, 4 x 100 Meter Lagen
Gold: DDR
Silber: USA
Bronze: Kanada

Schwimmen, 4 x 100 Meter Freistil
Gold: DDR
Silber: Holland
Bronze: USA

DDR-Staffel:
Kristin Otto
Silke Hörner
Birte Weigang
Katrin Meißner

DDR-Staffel:
Kristin Otto
Katrin Meißner
Daniela Hunger
Manuela Stallmach

Auf dem Gipfel

1988: Steffi Graf erringt den „Golden Slam"

Am 1. Oktober 1988 schreibt Stefanie Graf Tennisgeschichte. In einem hochklassigen und spannenden Endspiel besiegt sie im Finale des olympischen Tennisturnieres die Argentinierin Gabriela Sabatini in zwei Sätzen. In diesem Moment ist sie die erfolgreichste Tennisspielerin. Sie hat nicht nur den „Grand Slam" (Gewinn der vier bedeutendsten Turniere innerhalb eines Jahres), sondern zusätzlich auch noch Gold beim Olympia-Turnier erstritten. Die Fachwelt sucht verzweifelt nach Würdigung eines solchen Triumphes und erfindet den Titel „Golden Slam". So etwas hatte die Welt noch nicht gesehen.

Doch der Reihe nach: Die „Australian Open" in Melbourne gewann Steffi Graf im Januar 1988, ohne auch nur einen einzigen Satz abzugeben. Im Finale besiegte sie Chris Evert aus den USA mit 6:1 und 7:6. Auch in Paris überstand sie im Juni alle Spiele ohne Satzverlust. Die Russin Natascha Zwerewa konnte sie im Endspiel sogar mit 6:0 und 6:0 bezwingen. Eine harte Auseinandersetzung folgte einen Monat später im letzten Spiel des traditionsreichen Turnieres von Wimbledon. Steffi Graf lag gegen ihre langjährige Widersacherin Martina Navratilova (USA) bereits mit 5:7 und 0:2 zurück. Dann gewann die Deutsche neun Spiele nacheinander und drehte das Blatt noch zum Sieg. Nach Maureen Conolly und Margret Court-Smith gelang ihr als dritter Spielerin der Welt mit dem Finalsieg von „Flushing Meadow" (USA) der „Grand Slam". Diesmal war es wieder Gabriela Sabatini, die im Finale den Kürzeren zog. Dass drei Wochen später erstmals seit 64 Jahren wieder ein olympisches Tennis-Turnier stattfinden würde,

Steffi Graf in Jubelpose.

bekam nun zusätzliche Bedeutung. Würde Steffi Graf auch das fünfte Großturnier innerhalb weniger Monate gewinnen? Sie machte den Triumph tatsächlich komplett.

Das Jahr 1988 war der Höhepunkt der einzigartigen Laufbahn von Steffi Graf. 46 Spiele blieb sie in diesen zwölf Monaten ungeschlagen. Das Jahr darauf schloss sie mit der einzigartigen Bilanz von 86 Siegen und zwei Niederlagen ab. 1991 war sie mit 22 Jahren die jüngste Spielerin aller Zeiten, die bereits auf 500 gewonnene Tennis-Spiele zurückblicken konnte. 1992 gewann sie Silber bei Olympia und stand wiederum in den Endspielen aller vier Grand-Slam-Turniere, verlor aber in Australien.

Die „Sportlerin des Jahrhunderts" wurde am 14. Juni 1969 als Stefanie Maria Graf in Mannheim geboren. Von ihrem Vater seit ihrem vierten Lebensjahr trainiert, gewann sie am 13. April 1986 ihr erstes Profiturnier. Ein Jahr später folgte der erste Sieg bei einem der großen Grand-Slam-Turniere. Wenige Wochen später führte sie bereits die Weltrangliste an. Von August 1987 bis März 1991 war Steffi Graf insgesamt 1310 Tage lang ohne Unterbrechung die Nummer Eins. 186 Wochen! Ein fabelhafter Weltrekord! Acht Jahre lang beendete sie die jeweilige Spielzeit als Nummer Eins der Welt. Insgesamt stand sie 377 Wochen an der Spitze der Weltrangliste. Ihre Erfolgs-Trainer waren Pavel Slozil (1986 – 1991) und Heinz Günthardt (1992 – 1999).

Steffi Graf hat das Welttennis mehr als ein Jahrzehnt geprägt. Sie gewann mit phänomenalen Leistungen alles, was es zu erreichen gab. Sie triumphierte bei 22 Grand-Slam-Turnieren. Das berühmteste Tennis-Turnier der Welt in Wimbledon hat sie allein siebenmal gewonnen (1988, 1989, 1991, 1992, 1993, 1995, 1996). Fünffach siegte sie bei den US-Open,

sechsmal in Paris und viermal in Australien. Insgesamt errang sie 107 Titel. „Sportlerin des Jahrhunderts", „Sportlerin des Jahres", Trägerin des „Olympischen Ordens", des „Deutschen Fernsehpreises" usw.: Steffi Graf wurde mit Ehrungen und Auszeichnungen geradezu überhäuft.

Nach einer komplizierten Knieoperation und zahlreichen Problemen in ihrem privaten Umfeld drohte zwischenzeitlich ihr Laufbahnende. Doch kämpfte sie sich wieder heran und zeigte noch einmal den umjubelten Nachwuchs-Größen reihenweise ihre Grenzen auf, siegte 1999 nochmals in Paris. Am 13 August 1999 beendete sie schließlich ihre große Karriere. Seither lebt sie in den USA, ist mit dem Tennisspieler André Agassi liiert und Mutter eines Sohnes. Sie unterhält zahlreiche Firmen, widmet sich ihren Vorlieben (Kunst und Photographie) und ist nach wie vor Objekt der Begierde von Massenmedien.

Steffi Graf: „Grand-Slam"-Turniere auf einen Blick

Jahr	Australien	French Open	Wimbledon	US Open
1999	Viertelfinale	Sieg	Finale	
1998			3. Runde	Achtelfinale
1997	Achtelfinale	Viertelfinale		
1996		Sieg	Sieg	Sieg
1995		Sieg	Sieg	Sieg
1994	Sieg	Halbfinale	1. Runde	Finale
1993	Finale	Sieg	Sieg	Sieg
1992		Finale	Sieg	Viertelfinale
1991	Viertelfinale	Halbfinale	Sieg	Halbfinale
1990	Sieg	Finale	Halbfinale	Finale
1989	Sieg	Finale	Sieg	Sieg
1988	Sieg	Sieg	Sieg	Sieg
1987		Sieg	Finale	Finale
1986		Viertelfinale	Halbfinale	
1985		Achtelfinale	Achtelfinale	Halbfinale
1984	3. Runde	2. Runde	Achtelfinale	1. Runde
1983	1. Runde	2. Runde		

„Auferstanden aus Ruinen"

1953 – 1989: DDR-Sportler des Jahres

1953: Gustav-Adolf Schur (Radsport)
1954: Gustav-Adolf Schur (Radsport)
1955: Gustav-Adolf Schur (Radsport)
1956: Gustav-Adolf Schur (Radsport)
1957: Gustav-Adolf Schur (Radsport)
1958: Gustav-Adolf Schur (Radsport)
      Karin Beyer (Schwimmen)
1959: Gustav-Adolf Schur (Radsport)
      Gisela Birkemeyer
      (Leichtathletik)
      Handball-Nationalmannschaft
      der Männer
1960: Gustav-Adolf Schur (Radsport)
      Ingrid Krämer (Wasserspringen)
      Friedensfahrtmannschaft
1961: Gustav-Adolf Schur (Radsport)
      Ute Starke (Turnen)
      SC Empor Rostock (Fußball)
1962: Helmut Recknagel (Skisport)
      Ingrid Krämer (Wasserspringen)
      Damen Lagen-Staffel
      (Schwimmen)
1963: Klaus Amper (Radsport)
      Ingrid Krämer (Wasserspringen)
      Fußball-Nationalmannschaft
1964: Klaus Urbanczyk (Fußball)
      Ingrid Engel-Krämer
      (Wasserspringen)
      Fußball-Olympia-Auswahl
1965: Jürgen May (Leichtathletik)
      Hannelore Suppe (Leichtathletik)
      Fußball-Nationalmannschaft
1966: Frank Wiegand (Schwimmen)
      Gabriele Seyfert (Eiskunstlauf)
      Fußball-Nationalmannschaft
1967: Roland Matthes (Schwimmen)
      Karin Janz (Turnen)
      Trophy-Mannschaft
1968: Roland Matthes (Schwimmen)
      Margitta Gummel (Leichtathletik)
      Dresdner Vierer ohne Steuermann
      (Rudern)

Die Sporterfolge mitteldeutscher Athleten bei Olympischen Spielen sind beachtlich. Oben: DDR-Bildband über die Winterspiele in Sarajewo.

1969: Roland Matthes (Schwimmen)
      Petra Vogt (Leichtathletik)
      Volleyball-Nationalmannschaft
1970: Roland Matthes (Schwimmen)
      Erika Zuchold (Turnen)
      Volleyball-Nationalmannschaft
1971: Roland Matthes (Schwimmen)
      Karin Balzer (Leichtathletik)
      4 x 400 Meter Frauenstaffel
      (Leichtathletik)
1972: Wolfgang Nordwig
      (Leichtathletik)
      Karin Janz (Turnen)
      4 x 400 Meter Frauenstaffel
      (Leichtathletik)
1973: Roland Matthes (Schwimmen)
      Kornelia Ender (Schwimmen)
      SG Dynamo Dresden (Fußball)

1974: Hans-Georg Aschenbach
(Skisport)
Kornelia Ender (Schwimmen)
FC Magdeburg (Fußball)
1975: Roland Matthes (Schwimmen)
Leichtathletik-Nationalmann-
schaft der Frauen
1976: Waldemar Cierpinski
(Leichtathletik)
Kornelia Ender (Schwimmen)
Fußball-Olympia-Auswahl
1977: Rolf Beilschmidt (Leichtathletik)
Rosemarie Ackermann
(Leichtathletik)
Leichtathletik-Nationalmann-
schaft der Männer
1978: Udo Beyer (Leichtathletik)
Marita Koch (Leichtathletik)
Ruder-Achter der Männer
1979: Bernd Drogan (Radsport)
Marita Koch (Leichtathletik)
Radsport-Straßenvierer
1980: Waldemar Cierpinski
(Leichtathletik)
Maxi Gnauck (Turnen)
Handball-Olympia-Auswahl
der Männer
1981: Lothar Thoms (Radsport)
Ute Geweniger (Schwimmen)
SC Magdeburg (Handball,
Männer)

1982: Bernd Drogan (Radsport)
Marita Koch (Leichtathletik)
Friedensfahrtmannschaft
1983: Uwe Raab (Radsport)
Marita Koch (Leichtathletik)
Volleyball-Nationalmannschaft
der Frauen
1984: Uwe Hohn (Leichtathletik)
Katarina Witt (Eiskunstlauf)
Hoppe-Viererbob
1985: Jens Weißflog (Skispringen)
Marita Koch (Leichtathletik)
Leichtathletik-Nationalmann-
schaft der Frauen
1986: Olaf Ludwig (Radsport)
Heike Drechsler (Leichtathletik)
Fußball-Juniorenauswahlmann-
schaft
1987: Torsten Voss (Leichtathletik)
Silke Möller-Gladisch (Leichtath-
letik)
Volleyball-Nationalmannschaft
der Frauen
1988: Olaf Ludwig (Radsport)
Kristin Otto (Schwimmen)
Radsport-Straßenvierer
1989: Andreas Wecker (Turnen)
Kristin Otto (Schwimmen)
Radsport-Straßenvierer

Einzug der mitteldeutschen Olympioniken 1976 ins Olympiastadion von Montreal.

Deutschland, einig Vaterland

1990: Endlich wieder Fußball-Weltmeister

Es kam einer deutschen Schicksalsstunde gleich: Ausgerechnet im Jahre 1990, wenige Monate nach dem Fall der Berliner Schandmauer und noch vor den offiziellen Feiern zur Wiedervereinigung zwischen West- und Mitteldeutschland konnte erneut der Weltmeistertitel im Fußball eingefahren werden. Ausgelassen feierten Millionen Deutsche am 8. Juli 1990 auf den Straßen. Die ganze Nacht. In Thüringen und Sachsen ebenso wie in Bayern oder Schleswig-Holstein. In diesen geschichtsträchtigen Stunden war Schwarz-Rot-Gold auf vielfache Weise Trumpf!

Nach dem WM-Titel von 1974 hatten viele große deutsche Spieler ihre Laufbahnen beendet. Ein Neuaufbau war schwierig, zumal sich schon damals abzeichnete, dass der Vereinsfußball auf Dauer der Nationalmannschaft den Rang ablaufen könnte. Ausländische Spitzenfußballer wechselten zu deutschen Klubs und umgekehrt. Deutsche Vereine, allen voran der FC Bayern München, errangen große Triumphe in den europäischen Wettbewerben, während es um die deutsche Elf eher still blieb. Immerhin konnte unter Jupp Derwall im Jahre 1984 der Europameistertitel errungen werden.

1990 sollte unter „Teamchef" Franz Beckenbauer wieder ein Titel her. Die Welt blickte ohnehin seit Wochen und Monaten nach Berlin, wo die Mitteldeutschen Geschichte schrieben. Ohne Zweifel gehörte die deutsche Elf zum Favoritenkreis dieser 14. Weltmeisterschaft. Die Vorrunde überstanden die Mannen um Kapitän Lothar Matthäus mühelos. Das Auftaktspiel gegen Jugoslawien (4:1) gehörte dabei vielleicht zu den glanzvollsten Auftritten einer deutschen Fußball-

1990: Der Weg zum Titel

Gruppenspiel in Mailand
Deutschland - Jugoslawien 4:1 (2:0)
Gruppenspiel in Mailand
Deutschland - VA Emirate 5:1 (2:0)
Gruppenspiel in Mailand
Deutschland - Kolumbien 1:1 (0:0)
Achtelfinale in Mailand
Deutschland - Holland 2:1 (0:0)
Viertelfinale in Mailand
Deutschland - Tschechoslowakei 1:0 (1:0)
Halbfinale in Turin
Deutschland - England 5:4 (1:1, 1:0) n. E.
Finale in Rom
Deutschland - Argentinien 1:0 (0:0)

Mannschaft überhaupt. Vom Pech verfolgt waren hingegen die Deutschen aus Österreich, die nach knappen Niederlagen bereits vorzeitig abreisen mussten.

Zu den überzeugenden Auftritten der Adler-Elf, die scheinbar mühelos durch das Turnier marschierte, gehörte insbesondere das dramatische Halbfinal-Spiel gegen England, das nach viel Kampf und Hektik letztlich im Elfmeterschießen entschieden werden musste. Die Deutschen kannten keine Nerven und verwandelten alle fünf Strafstöße, während zwei Engländer am Elfmeterpunkt versagten. Im Endspiel wartete schließlich Argentinien, das u. a. Gastgeber Italien aus dem Rennen geworfen hatte.

Spätestens seit dem England-Spiel war in Deutschland ein Fußball-Fieber wie zu den besten Zeiten ausgebrochen. Und tatsächlich: Im Olympiastadion von Rom wurde die Mannschaft um Diego Maradona besiegt. Es dauerte zwar bis zur 85. Spielminute, ehe Deutschland unter dem

Jubel der zigtausenden eigenen Anhänger im Stadion durch einen Elfmeter von Andreas Brehme mit 1:0 in Führung ging. Die Begeisterung auf den deutschen Straßen nahm ihren Lauf, als wenige Minuten später feststand: Deutschland ist Weltmeister.

Franz Beckenbauer, der „Vater dieses Erfolges" erinnerte sich später stolz: „Man identifizierte sich wieder mit der Nationalmannschaft und jubelte ihr zu, zeigte Flagge im wahrsten Sinne des Wortes, denn noch nie zuvor habe ich so viele schwarz-rot-goldenen Fahnen gesehen wie bei diesem WM-Endturnier." Folgende Mannschaft machte diesen großen Erfolg möglich: Bodo Illgner, Klaus Augenthaler, Jürgen Kohler, Guido Buchwald, Thomas Häßler, Thomas Berthold, Lothar Matthäus, Pierre Littbarksi, Andreas Brehme, Jürgen Klinsmann, Rudi Völler.

Das Magazin der „Süddeutsche Zeitung" hatte kurz vor dem Endspiel genörgelt:

„Wir haben die Welt durch die (Wieder-) Vereinigung erschreckt, wir erschrecken sie durch einen immer kecker sein Haupt erhebenden Neo-Nationalismus. Müssen wir sie auch noch durch den Gewinn der Fußball-Weltmeisterschaft schockieren?"

Die National-Zeitung hielt dagegen: „Wir sind Weltmeister – der Triumph der deutschen Fußball-Nationalmannschaft in Italien im Jahre der Wiedervereinigung ist in jeder Hinsicht ein überragendes Ereignis. Der Gewinn des WM-Titels übertrifft in seiner Bedeutung den Sieg von 1974 und erinnert in seiner Symbolkraft an jenen 4. Juli 1954, als durch das ‚Wunder von Bern' Deutschlands Wiedergeburt zumindest als Bundesrepublik der Welt vor Augen geführt wurde. (...) Menschen fielen sich in Meran und Wien ebenso in die Arme, wie in Leipzig, Dresden, Hamburg oder München. Die Freude über Deutschlands Fußball-Triumph ist grenzenlos."

Grund zu grenzenloser Freude: Deutsche Fußballanhänger beim Endspiel in Rom.

Nerz, Herberger, Schön

Die deutschen Fußball-Trainer (1)

Die Erfolgsgeschichte deutscher Reichs- bzw. Bundestrainer ist auch eine Geschichte enormer Kontinuität. Seit der deutschen Länderspiel-Premiere im Jahre 1908 wurde die Nationalelf lediglich von sieben verschiedenen Verantwortlichen betreut: Professor Otto Nerz, Sepp Herberger, Helmut Schön, Jupp Derwall, Franz Beckenbauer, Berti Vogts und Erich Ribbeck. Rudi Völler ist der achte Trainer der deutschen Mannschaft.

Otto Nerz, geboren am 21. Oktober 1892 in Hechingen (Baden-Württemberg), war neben seinem Studium (Promotion zum Dr. med.) aktiver Fußballer beim VfR Mannheim. Während des Ersten Weltkrieges diente er als Feldarzt im Heer. Er trat 1926 als Sportlehrer in die Dienste des Deutschen Fußball-Bundes. 1930 wurde er Reichstrainer und führte das moderne Trainingswesen ein. Von 70 Länderspielen unter seiner Leitung wurden 42 gewonnen, darunter 1934 das „Spiel um Platz drei" bei der Weltmeisterschaft in Italien. Nach seiner Trainer-Laufbahn war Professor Nerz Direktor des Sportpraktischen Instituts der Reichsakademie für Leibesübungen in Berlin. Bei Kriegsende wurde er von den Sowjets interniert und kam am 26. Februar 1949 im Lager Sachsenhausen ums Leben.

Nach den Olympischen Spielen von 1936 war Nerz von dem legendären **Sepp Herberger** als Reichstrainer abgelöst worden. Herberger, am 28. März 1897 als Sohn eines Arbeiters in Mannheim zur Welt gekommen, gelernter Kaufmann, dreimaliger deutscher Nationalspieler, übernahm die deutsche Mannschaft als mit Diplom ausgebildeter Turn- und Sportlehrer. Als die Nachkriegsnot über-

Wie wohl alle erfolgreichen DFB-Trainer trat auch Helmut Schön als Herausgeber von Fußball-Büchern in Erscheinung.

wunden war (Herberger war in Berlin ausgebombt worden), nahm er seine Tätigkeit als Bundestrainer wieder auf. „Der Chef", wie er von seinen Spielern respektvoll genannt wurde, führte die deutsche Nationalmannschaft in insgesamt 162 Länderspielen (92 Siege).

Der WM-Titel, den die Elf 1954 in Bern sensationell erreichte, ließ Sepp Herberger, den großen Taktiker, zum Volkshelden werden. Der DFB würdigt ihn auf seinen Internet-Seiten (www.dfb.de) mit folgenden Worten: „Eine facettenreiche, eine charismatische Persönlichkeit, die wegen ihrer Vielfalt und Widersprüchlichkeit von keinem Klischee eingegrenzt werden konnte: Herberger war eckig und sperrig, Pedant und Perfektionist, Diktator und Despot, väterlicher Freund und gestrenger Patron, nachsichtig und unerbittlich, schroff und charmant, treu, verlässlich und in höchstem Maße besorgt um jeden der Seinen, die ihm ans Herz wuchsen, als wären sie seine eigenen Kinder."

Sepp Herberger führte die DFB-Elf noch bis 1964, obwohl Vergangenheitsbewältiger Jahre nach dem WM-Triumph „entlarvten", dass er frühzeitig in die NSDAP (Mitglieds-Nummer 2208548) eingetreten war und sich nie vom NS distanziert habe. Letztlich konnte aber die Kampagne sein hohes Ansehen nicht schmälern. „Der Chef" starb am 28. April 1977 in Mannheim.

Im Jahre 1964 übernahm schließlich der unvergessene **Helmut Schön,** geboren am 15. September 1915 in Dresden, die Leitung der Nationalmannschaft. Auch Schön hatte zuvor das Trikot der deutschen Elf getragen (16 Einsätze, 17 Tore). Mit seinem Dresdner SC wurde er 1940 und 1941 Deutscher Pokalsieger sowie 1943 und 1944 Deutscher Fußball-

meister. Am 13. Februar 1945 erlebte er den alliierten Bombenüberfall auf Dresden („Feuer, überall Feuer. Brennende Häuser fielen zusammen. Auf den Straßen lagen Frauen, schwarz verkohlt. Sie hatten Kinder im Arm: Aschenbündel. Alle tot, verbrannt.").

Ab 1950 studierte er an der Sporthochschule in Köln und wurde schließlich Fußball-Lehrer. Drei Jahre später verpflichtete ihn der Saarländische Fußballverband, um die saarländische Mannschaft auf die Weltmeisterschaft 1954 vorzubereiten. Als das Saarland zur Bundesrepublik Deutschland zurückkehrte, wurde er zunächst Herberger-Assistent und schließlich neuer Bundestrainer. Unter seiner außerordentlich erfolgreichen Führung bis 1978 (139 Spiele, 87 Siege) wurde Deutschland Europameister (1972) und Weltmeister (1974). Mit ihm auf der Bank durchlebten und durchlitten Millionen Deutsche auch die so genannten Jahrhundertspiele des deutschen Fußballs (2:4 gegen England im Jahre 1966, 3:2 gegen England 1970 und 3:4 gegen Italien, ebenfalls 1970). Helmut Schön verstarb am 23. Februar 1996 in Wiesbaden.

Otto Nerz (li.) und Sepp Herberger.

Derwall, Beckenbauer, Vogts

Die deutschen Fußball-Trainer (2)

Die Erfolge, die Sepp Herberger und Helmut Schön zwischen 1936 und 1978 für den deutschen Fußball erreicht hatten, waren – so schien es – nicht mehr zu überbieten. Der bisherige Assistent von Helmut Schön, **Josef „Jupp" Derwall,** trat also kein leichtes Erbe an, als er auf der Trainerbank Platz nahm. Doch gleich zum Einstand gelang ihm eine einzigartige Serie von 23 Spielen in Folge ohne Niederlage. Derwall führte die Nationalelf zum Europameisterschaftstitel 1980 in Italien und zur Vize-Weltmeisterschaft 1982 in Spanien. In 67 Länderspielen unter ihm war die deutsche Elf 45-mal siegreich. Jupp Derwall, geboren am 10. März 1927 in Aachen, war selbst zweimaliger Nationalspieler. Nach seiner Bundestrainer-Tätigkeit war er noch in der Türkei erfolgreich. In einem Interview mit der „Deutschen Wochen-Zeitung" (DSZ-Verlag, München) bezeichnete er 1999 „Bismarck" als den bedeutendsten Deutschen.
Es war **Franz Beckenbauer,** der Jupp Derwall im Jahre 1984 im Amt des Bundestrainers beerbte; eigentlicher Titel war „Teamchef", da „Kaiser Franz" keine offizielle Ausbildung als Fußball-Lehrer absolviert hatte. Als Fachkräfte an seiner Seite wirkten Horst Köppel, Holger Osieck und Hans-Hubert Vogts. Beckenbauer, der wohl beste Spieler der Welt, war am 11. September 1945 in München als Sohn eines Postbeamten geboren worden. Bereits als 13-Jähriger kickte er beim FC Bayern. 1965 wurde er erstmals in die Nationalmannschaft berufen. Eine unvergleichliche Laufbahn mit dem Gewinn nahezu aller nur denkbaren Titel schloss sich an. Als Trainer ordnete er sogleich an, dass die deutschen Ball-

Man sagt, was Franz Beckenbauer auch anpackt, gelingt. Sein Lied „Gute Freunde kann niemand trennen" gehört noch heute zu den Klassikern in deutschen Fußballstadien.

treter vor dem Spiel die Nationalhymne mitzusingen hätten. Beckenbauer: „Es gibt überhaupt keinen Grund, dass wir nationale Gefühle oder Symbole verbergen. Was haben wir verbrochen, dass wir nicht zeigen können, dass wir Deutsche sind?"
Unter seiner Leitung fanden 66 Länderspiele statt (23 Siege). Im Jahre 1986 führte er die Mannschaft ins WM-Endspiel von Mexiko, wo man äußerst unglücklich mit 2:3 gegen Argentinien unterlag. Die Stunde von Franz Beckenbauer als Fußball-Trainer schlug dann im Jahre 1990. Deutschland wurde nach einer überzeugenden Weltmeisterschaftsrunde zum dritten Male Titelträger. Als die Mauer fiel, schoss Andreas Brehme Deutschland im Endspiel zum Sieg. 1:0 gegen Argentinien. Ein Sieg, der unmittelbar vor der offiziellen Wiederverei-

nigung von West- und Mitteldeutschland hohe Symbolkraft hatte und euphorisch im Volk gefeiert wurde. Franz Beckenbauer hatte es wieder einmal geschafft!

Beckenbauer trat ab und übergab an **Hans-Hubert („Berti") Vogts.** Der neue Trainer, am 30. Dezember 1946 im niederrheinischen Büttgen geboren, selbst vielfacher Nationalspieler, setzte auf sprichwörtliche „deutsche Tugenden", wie Kampfkraft und Härte. Vogts aber musste Bekanntschaft damit machen, dass überbezahlte Spieler dieser Tage gern auch den bequemeren Weg nehmen. Trotzdem: In 102 Länderspielen unter Vogts-Leitung sprangen 67 Siege heraus. Die Erfolgsgeschichte des deutschen Fußballs konnte zudem mit dem Gewinn der Europameisterschaft im Jahre 1996 fortgeschrieben werden.

Als Berti Vogts sein Amt im Jahre 1998 abgab, überschlugen sich die Gerüchte um seinen Nachfolger. Würde erstmals ein ausländischer Trainer gerufen? Das Amt erklomm letztlich überraschend **Erich Ribbeck.** Er galt als ruhiger Vertreter seines Faches, wurde am 13. Juni 1937 in Wuppertal geboren, war selbst erfolgreicher Bundesliga-Spieler. Erich Ribbeck wird als erster Trainer in die Sportgeschichte eingehen, der beim DFB scheiterte. Nach nur 24 Spielen (10 Siege) war seine Arbeit beendet. Der deutsche Fußball drohte im Mittelmaß zu versinken. Das Aus der Nationalmannschaft bei der Europameisterschaft im Jahre 2000 bereits in der Vorrunde war sportlicher Tiefpunkt der Nachkriegszeit. Als Konsequenz verzichtete Ribbeck auf eine Verlängerung seines Vertrages.

Seither betreut Ex-Nationalspieler **Rudi Völler** die Truppe. Ihm gelang es, gleich nach Amtsantritt eine neue Begeisterung rund um die deutsche Elf zu entfachen. Zuletzt hatten selbst treueste Anhänger Häme über die vom Wohlstand verwöhnten Spieler ausgegossen. Völlers Aufgabe ist es nunmehr, nicht nur eine ordentliche Weltmeisterschaft 2002 zu spielen, sondern insbesondere die Weichen dafür zu stellen, dass Deutschland als Gastgeber der Weltmeisterschaft im Jahre 2006 endlich wieder eine überzeugende Mannschaft stellt.

Eines der zahlreichen Fußball-Lehrbücher mit Franz Beckenbauer im Mittelpunkt.

Tore, Tränen, Triumphe

Die Fußball-Weltmeisterschaften 1978 – 1998 (1)

Fußball-Weltmeisterschaft in Argentinien
1. Juni - 25. Juni 1978

Endrunde, Gruppe A		**Endrunde, Gruppe B**	
BR Deutschland - Italien	0:0	Argentinien - Polen	2:0
Holland - Österreich	5:1	Brasilien - Peru	3:0
Italien - Österreich	1:0	Argentinien - Brasilien	0:0
BR Deutschland - Holland	2:2	Polen - Peru	3:0
Holland - Italien	2:1	Brasilien - Polen	3:1
BR Deutschland - Österreich	2:3	Argentinien - Peru	6:0

Spiel um Platz 3		**Endspiel**	
Brasilien - Italien	2:1	Argentinien - Holland	3:1 n. V.

Fußball-Weltmeisterschaft in Spanien
13. Juni - 11. Juli 1982

Endrunde, Gruppe A			**Endrunde, Gruppe B**		
Polen - Belgien		3:0	BR Deutschland - England		0:0
Belgien - Sowjetunion		0:1	BR Deutschland - Spanien		2:1
Polen - Sowjetunion		0:0	Spanien - England		0:0
1. Polen	3:0	3	1. BR Deutschland	2:1	3
2. Sowjetunion	1:0	3	2. England	0:0	2
3. Belgien	0:4	0	3. Spanien	1:2	1
Endrunde, Gruppe C			**Endrunde, Gruppe D**		
Italien - Argentinien		2:1	Österreich - Frankreich		0:1
Argentinien - Brasilien		1:3	Österreich - Nordirland		2:2
Italien - Brasilien		3:2	Frankreich - Nordirland		4:1
1. Italien	5:3	4	1. Frankreich	5:1	4
2. Brasilien	5:4	2	2. Österreich	2:3	1
3. Argentinien	2:5	0	3. Nordirland	3:6	1

Halbfinale		**Spiel um Platz 3**	
Polen - Italien	0:2	Polen - Frankreich	3:2
BR Deutschland - Frankreich	8:7 n. E.	**Endspiel:** Italien - BR Deutschland 3:1	

Fußball-Weltmeisterschaft in Mexiko
31. Mai - 29. Juni 1986

Gruppe A		**Gruppe B**	
Bulgarien - Italien	1:1	Belgien - Mexiko	1:2
Argentinien - Korea	3:1	Paraguay - Irak	1:0
Italien - Argentinien	1:1	Mexiko - Paraguay	1:1

Korea - Bulgarien		1:1	Irak - Belgien		1:2
Korea - Italien		2:3	Irak - Mexiko		0:1
Argentinien - Bulgarien		2:0	Paraguay - Belgien		2:2
1. Argentinien	6:2	5	1. Mexiko	6:2	5
2. Italien	5:4	4	2. Paraguay	4:3	4
3. Bulgarien	2:4	2	3. Belgien	5:5	3
4. Korea	4:7	1	4. Irak	1:4	0

Gruppe C / **Gruppe D**

Kanada - Frankreich		0:1	Spanien - Brasilien		0:1
Sowjetunion - Ungarn		6:0	Algerien - Nordirland		1:1
Frankreich - Sowjetunion		1:1	Brasilien - Algerien		1:0
Ungarn - Kanada		2:0	Nordirland - Spanien		1:2
Sowjetunion - Kanada		2:0	Nordirland - Brasilien		0:3
Ungarn - Frankreich		0:3	Algerien - Spanien		0:3
1. Sowjetunion	9:1	5	1. Brasilien	5:0	6
2. Frankreich	5:1	5	2. Spanien	5:2	4
3. Ungarn	2:9	2	3. Nordirland	2:6	1
4. Kanada	0:5	0	4. Algerien	1:5	1

Gruppe E / **Gruppe F**

Uruguay - BR Deutschland		1:1	Marokko - Polen		0:0
Schottland - Dänemark		0:1	Portugal - England		1:0
Dänemark - Uruguay		6:1	England - Marokko		0:0
BR Deutschland - Schottland		2:1	Polen - Portugal		1:0
Schottland - Uruguay		0:0	England - Polen		3:0
Dänemark - Deutschland		2:0	Portugal - Marokko		1:3
1. Dänemark	9:1	6	1. Marokko	3:1	4
2. BR Deutschland	3:4	3	2. England	3:1	3
3. Uruguay	2:7	2	3. Polen	1:3	3
4. Schottland	1:3	1	4. Portugal	2:4	2

Achtelfinale

Sowjetunion - Belgien	3:4
Mexiko - Bulgarien	2:0
Argentinien - Uruguay	1:0
Brasilien - Polen	4:0
Marokko - BR Deutschland	0:1
Italien - Frankreich	0:2
Dänemark - Spanien	1:5
England - Paraguay	3:0

Viertelfinale

Brasilien - Frankreich	
BR Deutschland - Mexiko	4:1 n. E.
Argentinien - England	2:1
Spanien - Belgien	5:6 n. E.

Halbfinale

Frankreich - BR Deutschland	0:2
Argentinien - Belgien	4:2 n.V.

Spiel um Platz 3:

Frankreich - Belgien	4:2 n. V.

Endspiel:

Argentinien - BR Deutschland	3:2

Tore, Tränen, Triumphe

Die Fußball-Weltmeisterschaften 1978 – 1998 (2)

Fußball-Weltmeisterschaft in Italien
8. Juni - 17. Juli 1990

Gruppe A

Italien - Österreich		1:0
USA - Tschechoslowakei		1:5
Italien - USA		1:0
Österreich - Tschechoslowakei		0:1
Italien - Tschechoslowakei		2:0
Österreich - USA		2:1
1. Italien	4:0	6
2. Tschechoslowakei	6:3	4
3. Österreich	2:3	2
4. USA	2:8	0

Gruppe B

Argentinien - Kamerun		0:1
Sowjetunion - Rumänien		0:2
Argentinien - Sowjetunion		2:0
Kamerun - Rumänien		2:1
Argentinien - Rumänien		1:1
Kamerun - Sowjetunion		0:4
1. Kamerun	3:5	4
2. Rumänien	4:3	3
3. Argentinien	3:2	3
4. Sowjetunion	4:4	2

Gruppe C

Brasilien - Schweden		2:1
Costa Rica - Schottland		1:0
Brasilien - Costa Rica		1:0
Schweden - Schottland		1:2
Schweden - Costa Rica		1:2
Brasilien - Schottland		1:0
1. Brasilien	4:1	6
2. Costa Rica	3:2	4
3. Schottland	2:3	2
4. Schweden	3:6	0

Gruppe D

VA Emirate - Kolumbien		0:2
BR Deutschland - Jugoslawien		4:1
Jugoslawien - Kolumbien		1:0
BR Deutschland - VA Emirate		5:1
BR Deutschland - Kolumbien		1:1
Jugoslawien - VA Emirate		4:1
1. BR Deutschland	10:3	5
2. Jugoslawien	6:5	4
3. Kolumbien	3:2	3
4. VA Emirate	2:11	0

Gruppe E

Belgien - Korea		2:0
Uruguay - Spanien		0:0
Korea - Spanien		1:3
Belgien - Uruguay		3:1
Belgien - Spanien		1:2
Korea - Uruguay		0:1
1. Spanien	5:2	5
2. Belgien	6:3	4
3. Uruguay	2:3	3
4. Korea	1:6	0

Gruppe F

England - Irland		1:1
Holland - Ägypten		1:1
England - Holland		0:0
Irland - Ägypten		0:0
England - Ägypten		1:0
Irland - Holland		1:1
1. England	2:1	4
2. Holland	2:2	3
3. Irland	2:2	3
4. Ägypten	1:2	2

Achtelfinale

Tschechoslowakei - Costa Rica	4:1
Kamerun - Kolumbien	2:1 n. V.
BR Deutschland - Holland	2:1
Brasilien - Argentinien	0:1
Italien - Uruguay	2:0
Irland - Rumänien	5:4 n. E.

Viertelfinale

Jugoslawien - Argentinien	2:3 n. E.
Italien - Irland	1:0
BR Deutschland - CSR	1:0
England - Kamerun	3:2 n. V.

Spanien - Jugoslawien	1:2 n. V.	**Halbfinale**	
England - Belgien	1:0 n. V.	Italien - Argentinien	3:4 n. E.

Spiel um Platz 3: Italien - England 2:1   BR Deutschland - England   5:4 n. E.

Endspiel: Deutschland - Argentinien 1:0

Fußball- Weltmeisterschaft in den USA
17. Juni - 17. Juli 1994

Bundesdeutsche Gruppe

BR Deutschland - Bolivien	1:0	1. BR Deutschland	5:3	7
Spanien - Korea	2:2	2: Spanien	6:4	5
BR Deutschland - Spanien	1:1	3: Korea	4:5	2
Korea - Bolivien	0:0	4: Bolivien	2:4	1
Bolivien - Spanien	1:3			
BR Deutschland - Korea	3:2			

Endrunde   **Viertelfinale**

Spanien - Schweiz	3:0	Italien - Spanien	2:1
BR Deutschland - Belgien	3:2	Holland - Brasilien	2:3
Saudi Arabien - Schweden	1:3	Rumänien - Schweden	6:7 n. E.
Rumänien - Argentinien	3:2	Bulgarien - Deutschland	2:1
Brasilien - USA	1:0		
Holland - Irland	2:0	**Halbfinale**	
Nigeria - Italien	1:2 n. V.	Bulgarien - Italien	1:2
Mexiko - Bulgarien	2:4 n. E.	Schweden - Brasilien	0:1

Spiel um Platz 3: Schweden - Bulgarien 4:0

Endspiel: Brasilien - Italien 3:2 n. E.

Fußball-Weltmeisterschaft in Frankreich
10. Juni - 12. Juli 1998

Bundesdeutsche Gruppe

Jugoslawien - Iran	1:0	1: BR Deutschland	6:2	7
BR Deutschland - USA	2:0	2: Jugoslawien	4:2	7
BR Deutschland - Jugoslawien	2:2	3: Iran	2:4	3
USA - Iran	1:2	4: USA	1:5	0
BR Deutschland - Iran	2:0			
USA - Jugoslawien	0:1			

Endrunde   **Viertelfinale**

Brasilien - Chile	4:1	Italien - Frankreich	3:4 n. E.
Italien - Norwegen	1:0	Brasilien - Dänemark	3:2
Nigeria - Dänemark	1:4	BR Deutschland - Kroatien	0:3
Frankreich - Paraguay	1:0 n. V.	Holland - Argentinien	2:1
BR Deutschland - Mexiko	2:1		
Holland - Jugoslawien	2:1	**Halbfinale**	
Argentinien - England	6:5 n. E.	Brasilien - Holland	5:3 n. V.
Rumänien - Kroatien	0:1	Frankreich - Kroatien	2:1

Spiel um Platz 3: Holland - Kroatien 1:2

Endspiel: Brasilien - Frankreich 0:3

Deutsche „Sprint-Göttin"

1990: Katrin Krabbe: Heldin oder Unperson?

Katrin Krabbe war zur Zeit der politischen Wende in Deutschland die wohl populärste Sportlerin. Die „Königin der Tartanbahn" schien über die 100-Meter-Strecke unschlagbar. Als die Mauer in Berlin fiel, war sie auf dem Höhepunkt ihrer Karriere angelangt. Eine ganz große Laufbahn der damals 20-jährigen Neubrandenburgerin in der wiedervereinigten Bundesrepublik galt als sicher. Letztlich konnte denn auch keine ihrer Konkurrentinnen die „große Blonde" besiegen, sondern Katrin Krabbe wurde durch eine merkwürdige Doping-Affäre sowie durch Neider und Massenmedien aufgerieben und gestoppt. Katrin Krabbe kam am 22. November 1969 in Neubrandenburg als Tochter sportbegeisterter Eltern zur Welt. Im Alter von 12 Jahren bereits traf sie auf ihren späteren langjährigen Trainer Thomas Springstein, der das junge Talent nach Kräften förderte. Bei der Kinder- und Jugendspartakiade wurde Katrin Krabbe 1985 Zweite über 100 Meter und Dritte über 200 Meter. Ein Jahr später zählte sie mit großartigen Leistungen bereits zu den herausragenden Athletinnen bei den Junioren-Weltmeisterschaften. Mit der Mannschaft wurde sie 1987 Sprint-Europameistern, 1988 errang sie über 200 Meter ihren ersten Einzel-Weltmeistertitel, jeweils noch bei den Junioren. Mit 10,89 Sekunden hielt sie 1988 auch den Junioren-Weltrekord über 100 Meter. Von den Olympischen Spielen 1988 kehrte sie zwar noch ohne Medaille heim, doch ihr internationaler Durchbruch war nur eine Frage der Zeit.
Nach weiteren Erfolgen (DDR-Meisterin, Europacupsiegerin) ist es dann am 19. September 1990 soweit. Bei den Eu-

Wird bei Autogrammjägern heutzutage hoch gehandelt: Ein Katrin-Krabbe-Autogramm.

ropameisterschaften in Split deklassiert sie die gesamte Konkurrenz und macht mit drei Titeln (100 Meter, 200 Meter, 4 x 100-Meter-Staffel) bei diesen symbolträchtigen Wettbewerben (letztmals sind zwei deutsche Leichtathletikverbände getrennt am Start) auf sich aufmerksam. In Hannover wird Katrin Krabbe über 100 Meter und 200 Meter jeweils erste deutsche Meisterin nach der Vereinigung von West- und Mitteldeutschland. Bei den Weltmeisterschaften in Tokio überragt sie 1991 wiederum: Gold über 100 Meter, Gold über 200 Meter. Katrin Krabbe wird 1990 und 1991 „Sportlerin des Jahres" und „Weltsportlerin des Jahres 1991". Jetzt schon gilt sie als große Gold-Favoritin für die Olympischen Sommerspiele 1992 in Barcelona.

Dann platzte eine sprichwörtliche Bombe: Am 24. Januar 1992 wurden bei einem Trainingslager in Südafrika Urinproben der drei deutschen Leichtathletinnen Katrin Krabbe, Silke Möller und Grit Breuer genommen. Diese Proben erwiesen sich als identisch. Eine infame Hetze der Meinungsindustrie setzte fortan ein. Es schien, als sollte nunmehr die ganze Sportförderung der ehemaligen DDR durch den Dreck gezogen werden – und zwar auf dem Rücken von Katrin Krabbe. Der Deutsche Leichtathletik-Verband knickte sofort ein und sperrte die Sportler von weiteren Wettkämpfen aus. Es gab nicht wenige Experten, die hinter dem Kesseltreiben einen „Racheakt" westdeutscher Funktionäre gegen jene Athleten vermuteten, die nach der Wiedervereinigung nicht zu finanzstarken Vereinen des Westens abwanderten, sondern heimischen Mannschaften die Treue hielten. Es folgte ein juristischer Marathon um positive Doping-Proben, rechtswidrige Sperren und eventuelle Schadensersatzansprüche der Sportlerinnen. Zunächst sah es so aus, als könne Katrin Krabbe ein Doping-Verstoß nicht nachgewiesen werden. Später aber galt als gesichert, dass sie zumindest das Asthma-Mittel „Spiropent" zur Leistungsförderung eingenommen hatte. Dies aber stand nicht auf der Liste der verbotenen Mittel. Internationale Leichtathletik-Verbände widersprachen sich in den folgenden Monaten mehrfach mit ihren Urteilen. Zivilgerichte wiederum hoben einzelne Sperren teilweise wieder auf. Während Grit Breuer im Jahre 1996 nochmals Europameisterin werden konnte, gab Katrin Krabbe völlig entnervt und frühzeitig ihre sportliche Laufbahn auf. Noch Jahre später kämpften ihre Anwälte darum, Schadensersatzansprüche gegen zuständige Leichtathletik-Verbände einzuklagen.

Katrin Krabbe heiratete den früheren Ruder-Weltmeister Michael Zimmermann und wurde im Mai 1995 Mutter eines gesunden Sohnes. Sie hat sich aus der Öffentlichkeit völlig zurückgezogen und betreibt Sportgeschäfte in ihrer Heimatstadt Neubrandenburg.

Katrin Krabbe: Die großen Erfolge

1986:	Zweite bei Junioren-WM (4 x 100 m)	Bestzeit 100 Meter: 11,48 Sekunden
	Dritte bei Junioren-WM (200 Meter)	Bestzeit 200 Meter: 23,31 Sekunden
	Vierte bei Junioren-WM (100 Meter)	
1987:	Junioren-Weltmeisterin (4 x 100 m)	Bestzeit 100 Meter: 11,81 Sekunden
1988:	Junioren-Weltmeisterin (200 Meter)	Bestzeit 200 Meter: 22,51 Sekunden
	Zweite bei Junioren-WM (100 Meter)	Bestzeit 100 Meter: 10,89 Sekunden
1989:	DDR-Meisterin (100 Meter)	Bestzeit 100 Meter: 11,14 Sekunden
	DDR-Meisterin (200 Meter)	Bestzeit 200 Meter: 22,67 Sekunden
1990:	Europameisterin (100 Meter)	Bestzeit 100 Meter: 10,89 Sekunden
	Europameisterin (200 Meter)	Bestzeit 200 Meter: 21,95 Sekunden
	Europameisterin (4 x 100 Meter)	
	DDR-Meisterin (200 Meter)	
1991:	Weltmeisterin (100 Meter)	Bestzeit 100 Meter: 10,91 Sekunden
	Weltmeisterin (200 Meter)	Bestzeit 200 Meter: 21,96 Sekunden
	Deutsche Hallenmeisterin (100 m)	
	Deutsche Hallenmeisterin (200 m)	
1992:	Deutsche Hallenmeisterin (60 m)	

Schneller, höher, weiter

1976 – 1990: Noch mehr deutsche Sporterfolge

Neben den vorgestellten Sternstunden des deutschen Sports und vor allem auch neben olympischen Sommer- und Winterspielen gab es zu jeder Zeit viele weitere famose Leistungen unserer Athleten. Nachfolgend eine kleine Auswahl.

7. März 1976:
Weltrekord im Skifliegen (176 Meter) durch Toni Innauer (Österreich).

8. April 1976:
Weltrekord durch den bundesdeutschen Gewichtheber Rolf Milser in Ost-Berlin. Im Leichtschwergewicht stößt er 207,5 Kilogramm.

12. Mai 1976:
Bayern München - Saint Etienne 1:0 (Endspiel um den Fußball-Europapokal der Landesmeister in Glasgow).

5. Juni 1976:
Inge Helten (BRD) läuft die 100 Meter in 11,04 Sekunden – Weltrekord!

11. Mai 1977:
Endspiel um den Fußball-Europapokal der Pokalsieger: Hamburger SV - RSC Anderlecht 2:0.

1. Juli 1977:
DDR-Sprinterin Marlies Göhr läuft in Dresden Weltrekord über 100 Meter (10,88 Sekunden).

17. August 1977:
Gerald Mörken (BRD) schwimmt die 100 Meter Brust in neuem Weltrekord.

5. Februar 1978:
Die BR Deutschland wird in Kopenhagen Handball-Weltmeister (20:19 im Endspiel gegen die Sowjetunion).

4. Juni 1978:
Marita Koch (DDR) läuft in Chemnitz die 200 Meter in Weltrekord-Zeit (22,06 Sekunden). 1978 wird sie Europameisterin in Prag mit 400-Meter-Weltrekord.

6. August 1978:
Hammerwurf-Weltrekord in Heidenheim durch Karl-Heinz Riehm (80,32 Meter).

19. August 1978:
Weltrekord im Diskuswurf durch Evelin Wahl aus Mitteldeutschland (70,72 Meter) in Dresden.

6. Oktober 1978:
Bei den Schieß-Weltmeisterschaften in Seoul gewinnt die Bundesrepublik Deutschland fünf Goldmedaillen.

5. November 1978:
Rudern (Einer): Peter-Michael Kolbe wird in Neuseeland Weltmeister; einer von fünf WM-Titel für den deutschen Ruderer.

18. März 1979:
Der Österreicher Armin Kogler wird Skiflug-Weltmeister in Planica. 1980 und 1981 verteidigt er seinen Titel jeweils mit Weltrekord-Weiten.

9. Mai 1979:
Borussia Mönchengladbach gewinnt den Uefa-Cup (und verteidigt den Titel im kommenden Jahr). Handball-Europapokalsieger wird der TV Großwallstadt.

10. Januar 1980:
Katrin Enke gewinnt in den USA den Vierkampf der Sprint-Weltmeisterschaften im Eisschnelllauf.

25. Januar 1980:
Sensation: Durch Walter Röhrl und Christian Geistdörfer siegen erstmals seit 20 Jahren Deutsche bei der berühmten Ralley Monte Carlo. 1982 wird Walter Röhrl dann zum zweiten Male Ralley-Weltmeister.

15. März 1980:
Eiskunstlauf-Weltmeisterschaften in Dortmund: Die Titel sichern sich die Mitteldeutschen Anett Pötzsch und Jan Hoffmann.

15. Februar 1981:
Bei den Biathlon-Weltmeisterschaften in Lathi gewinnt Frank Ullrich zum vierten Male den Titel über 10 Kilometer.
25. April 1981:
Der TSV Nettelstedt wird Handball-Europapokalsieger.
30. August 1981:
Ute Enzenauer (BRD) wird in Prag Weltmeisterin im Straßenradfahren.
4. Februar 1982:
Nach 91 Jahren wird in Lyon mit Norbert Schramm wieder ein Deutscher Europameister im Eiskunstlauf.
28. November 1982:
Der 72-jährige Hans Frömming gewinnt in München sein 5555. Trabrennen seit 1926 und ist damit der erfolgreichste Trabrennfahrer der Welt.
1. Mai 1983:
Der VfL Gummersbach gewinnt den Europapokal der Hallenhandball-Landesmeister.
5. Juni 1983:
Leichtathletik-Weltrekord im Zehnkampf durch Jürgen Hingsen in Bernhausen. Seine Weltbestleistung kann er 1984 nochmals verbessern.
24. März 1984:
Eisschnellläuferin Andrea Schöne schafft Weltrekord im Großen Vierkampf.
5. Juni 1984:
Siebenkampf-Weltrekord durch Sabine Paetz aus Mitteldeutschland in Potsdam.
20. Juli 1984:
DDR-Athlet Uwe Hohn erreicht mit 104,80 Meter einen „Weltrekord für die Ewigkeit" im Speerwerfen. Dadurch drohen die Stadien zu klein zu werden. Der internationale Speerwerfer-Verband verändert ab sofort die Speere, so dass ähnliche Weiten nicht mehr möglich sind.
21. Juli 1984:
Barbara Krause (DDR) schwimmt in Moskau die 100 Meter Freistil in 54,79 Sekunden. Weltrekord!

23. August 1984:
Brustschwimmerin Sylvia Gerasch stellt in Moskau einen neuen Weltrekord über 100 Meter auf.
25. Januar 1985:
Hermann Weinbuch (BRD) wird in Seefeld Weltmeister in der Nordischen Kombination. Er sichert sich die Titel im Einzel und mit der Mannschaft. Auch 1986 ist er nicht zu schlagen.
22. September 1985:
Leichtathletik-Weltrekorde in Ost-Berlin durch DDR-Athleten: Sabine Busch läuft die 400-Meter-Hürden-Strecke in 53,56 Sekunden, Heike Drechsler schafft 7,44 Meter im Weitsprung und Ulf Timmermann 22,62 Meter im Kugelstoßen.
9. März 1986:
Bei den Skiflug-Weltmeisterschaften in Bad Mitterndorf siegt Andreas Felder aus Österreich.
6. Juni 1986:
Diskuswurf-Weltrekord durch Jürgen Schuldt (DDR) – 74.08 Meter.
31. August 1986:
Harald Schmid aus der Bundesrepublik Deutschland wird in Stuttgart zum dritten Male Europameister über 400 m Hürden.
9. Juli 1988:
Diskuswurf-Weltrekord (76,80 m) durch Gabriele Reinsch in Neubrandenburg.
18. Dezember 1988:
Tennis: Die Bundesrepublik Deutschland gewinnt erstmals den Davis Cup durch ein 4:1 gegen Schweden.
9. April 1989:
Steffen Fetzner und Jörg Roßkopf gewinnen erstmals einen Tischtennis-WM-Titel für die Bundesrepublik Deutschland. Sie siegen im Doppel.
2. Juli 1989:
Die deutsche Frauen-Fußball-Nationalmannschaft wird Europameister.
3. März 1990:
Beate Anders erreicht einen Weltrekord über die 300 Meter-Distanz im Gehen.

Das Rennen seines Lebens

1991: Weltrekord für Jörg Hoffmann

Am 13. Januar 1991 schlägt die ganz große Stunde in der erfolgreichen Laufbahn des deutschen Weltklasse-Schwimmers Jörg Hoffmann. Erstmals finden Schwimm-Weltmeisterschaften in Australien statt. In Perth ist die gesamte internationale Langstrecken-Elite versammelt. Und es gibt Ärger. Die Australier Kieren Perkins und Glen Houseman sollen laut Zeitungsmeldungen unlängst den acht Jahre alten Weltrekord des einstigen Sowjet-Schwimmers Wladimir Salnikow über 1500 Meter überboten haben. Jörg Hoffmann aus Potsdam bezweifelt das öffentlich und sorgt damit für viel Wirbel. Die Stimmung ist also gereizt, als sich die Schwimmer für ihren Start über 1500 Meter vorbereiten.

Dann schnellen die Athleten von den Blöcken. Medien hatten zuvor viel über das „big race" berichtet. Jetzt zählen nur noch die Zeiten. Die 6000 euphorisierten Zuschauer ahnen noch nicht, dass sie jetzt Zeuge eines der denkwürdigsten Rennen der Schwimmgeschichte werden. Wie erwartet geht Perkins in Führung. Seine Stärken liegen auf den ersten Metern. Er legt ein Tempo vor, als gehe es um den Sieg auf einer Sprintstrecke. Hoffmann lässt sich mitziehen, Houseman fällt zurück. Sorge im deutschen Lager: Geht Jörg Hoffmann das Rennen zu schnell an?

Nach 700 Metern liegt Hoffmann knapp in Führung. Der Deutsche versucht nun, den Australier abzuschütteln. Aber es will nicht gelingen. Hoffmann muss jetzt auf seine großen Stärken im Schlussspurt vertrauen. Hier hat er – Experten sind sich einig – einen Vorteil gegenüber Perkins. Urplötzlich zieht Hoffmann seinen gefürchteten Endspurt an. Kurzzeitig

Jörg Hoffmanns große Laufbahn

1989:	Europameister (1500 Meter)
1990:	Deutscher Meister (1500 Meter)
1991:	Weltmeister (400 Meter)
	Weltmeister (1500 Meter)
	Europameister (1500 Meter)
	Deutscher Meister (400 Meter)
	Deutscher Meister (1500 Meter)
1992:	Olympische Bronzemedaille (1500 Meter)
	Deutscher Meister (1500 Meter)
1993:	Europameister (1500 Meter)
	Vize-Weltmeister (1500 Meter Kurzbahn)
	Deutscher Meister (1500 Meter)
1994:	Deutscher Meister (400 Meter)
	Deutscher Meister (1500 Meter)
1995:	Europameister (1500 Meter)
1996:	Deutscher Meister (400 Meter)
	Deutscher Meister (1500 Meter)
1997:	Kurzbahn-Weltcup-Sieger (Freistil, Langstrecke)
	Deutscher Meister (1500 Meter)

kann er sich von seinem Verfolger lösen. Doch die Zuschauer treiben ihren Landsmann fanatisch voran. Womit kaum einer jetzt noch gerechnet hatte, geschieht: Perkins kann zu Hoffmann aufschließen. Noch auf der allerletzten Bahn sind die beiden Schwimmer auf einer Höhe. Der Lärm im Schwimmstadion schwillt zu einem Orkan an. Dann verstummt der vieltausendfache Jubelschrei: Hoffmann schlägt vor Perkins an. Beide Schwimmer liegen unter dem alten Weltrekord. Was für ein Rennen! Jörg Hoffmann ist Weltmeister! Zuvor hatte er schon über 400 Meter triumphiert. Der Sieger: „Es ist ein schönes Gefühl, erster gesamtdeutscher Weltmeister über 400 m und 1500 m zu sein."

Jörg Hoffmann kam am 29. Januar 1970 in Schwerdt an der Oder zur Welt. Mit neun Jahren schwamm er erste Rennen und gewann 1980 bei der Kinder- und Jugendspartakiade auf Kreisebene über 100 Meter Brustschwimmen seine erste Goldmedaille. Als Elfjähriger wechselte er an die Kinder- und Jugendsportschule nach Potsdam und schloss sich dem Armeesportclub (ASK) Vorwärts an, einem der führenden Schwimmsportclubs in der ehemaligen DDR. Seine zahlreichen anschließenden Erfolge krönte Jörg Hoffmann 1989, als er in Bonn Europameister über 1500 Meter wurde und endgültig in die Weltspitze vorstieß.

Nach der Wende wurde Jörg Hoffmann mehrfacher Deutscher Meister. Seine Europameister-Titel von 1989 konnte er 1991 und 1993 verteidigen. Dennoch hatte man von Zeit zu Zeit das Gefühl, er würde die Lust am Leistungssport verlie-

ren. Einige Verletzungen und Rückschläge kamen hinzu. Hoffmann ärgerte sich sehr über Doping-Vorwürfe gegen ehemalige DDR-Sportler. Er wehrte sich dagegen, den „DDR-Sport" nachträglich zu schmähen und verglich die Situation bei den Schwimmern wie folgt: „Das war damals ein gut zusammengefügtes Team, in dem niemand eine Sonderrolle beanspruchte. (…) Heute ist das ein Haufen von Einzelkämpfern, in dem die meisten ängstlich darum bemüht sind, medial nicht zu kurz zu kommen."

Dennoch trumpfte Jörg Hoffmann im Jahre 1995 nochmals groß auf. Bei den Europameisterschaften von Wien wurde er wiederum Europameister über 1500 Meter. Damit hatte er den EM-Titel auf dieser Strecke zum vierten Male erreicht. Ein solches Kunststück war zuvor nur Michael Groß über die 200-Meter Schmetterling-Distanz gelungen. Jörg Hoffmann: „Mich hatte in Wien kaum einer auf der Rechnung."

Der Tag, an dem Jörg Hoffman kam
Erster deutscher Weltrekord-Schwimmer über 1500 Meter

25:02,4	Paul Radmilovic (ENG, 1908)	16:58,7	Roy Saari (USA, 1964)
23:45,8	Frank Beaurepaire (AUS, 1908)	16:58,6	Steve Krause (USA, 1965)
23:42,8	Thomas Battersby (ENG, 1908)	16:34,1	Mike Burton (USA, 1967)
22:48,4	Henry Taylor (ENG, 1908)	16:28.1	Guillermo Ecchervarria (MEX, 1968)
22:00,0	George Hodgson (CAN, 1912)		
21:15,0	Arne Borg (SWE, 1924)	16:04,5	Mike Burton (USA, 1967)
21:00,1	Andrew Charlton (AUS, 1924)	15:57,0	John Kinsella (USA, 1970)
20:51,1	Arne Borg (SWE, 1924)	15:52,9	Rick Demont (USA, 1972)
20:06,6	Andrew Charlton (AUS, 1924)	15:52,6	Mike Burton (USA, 1972)
19:07,2	Arne Borg (SWE, 1927)	15:31,85	Steve Holland (AUS, 1973)
18:58,8	Tomikatsu Amano (JPN, 1938)	15:31,75	Tim Shaw (USA, 1974)
18:35,7	Shigeo Hashizume (JPN, 1949)	15:27,79	Steve Holland (AUS, 1975)
18:19,0	Hironoshin Furuhashi (JPN, 1949)	15:20,91	Tim Shaw (USA, 1975)
		15:10,89	Steve Holland (AUS, 1976)
18:05,9	George Breen (USA, 1956)	15:02,40	Brian Godell (USA, 1976)
17:11.0	Jon Konrads (AUS, 1960)	14:54,76	Wladimir Salnikow (URS, 1983)
17:05,5	Roy Saari (USA, 1963)	14:50,36	Jörg Hoffmann (BRD, 1991)
17:01,8	Murray Rose (AUS, 1964)		

Olympiasieg mit Symbolkraft

1992: Gold für Gunda Niemann

Es ist ein historischer Moment, als am 9. Februar 1992 im Eisstadion von Albertville das Deutschlandlied für die Olympiasiegerin im 3000-Meter-Eisschnelllaufen erklingt. Die erste Goldmedaille für die wiedervereinigte deutsche Mannschaft! Gold schon am ersten Wettkampftag der Spiele! Gold für Gunda Niemann!

Die 25-jährige Erfurterin hatte zuvor ihren Konkurrentinnen nicht den Hauch einer Chance gelassen und mit einem kraftvollen Lauf das Publikum hellauf begeistert. Einzig ihre Freundin Heike Warnicke konnte mithalten und gewann Silber. Gunda Niemann siegte anschließend auch über 5000 Meter. Silber ging wiederum an Heike Warnicke, Bronze – völlig überraschend – an die erst 19-jährige Claudia Pechstein. Welch ein Traumstart für die deutsch-deutsche Olympiamannschaft. Über 1500 Meter konnte Gunda Niemann denn auch nur von einer Deutschen geschlagen werden: Es siegte Jacqueline Börner, die nach einem schweren Verkehrsunfall einige Monate zuvor noch schwerste Verletzungen erlitten hatte und an Kniescheibe und Sprunggelenk operiert werden musste.

Zwei Gold- und eine Silbermedaille! Die Winterspiele von 1992 waren der Höhepunkt in der großartigen Laufbahn der Gunda Niemann, der überragendsten Eisschnellläuferin aller Zeiten. Nur drei Wochen nach ihrem Olympia-Triumph bestätigte sie in Heerenveen ihre absolute Klasse mit dem Gewinn des Weltmeistertitels im Vierkampf.

Gunda Niemann, geboren am 7. September 1966 im mitteldeutschen Sondershausen, gewann bei Olympischen Spielen insgesamt drei Gold-, drei Silber- und ei-

Die großartige Eisschnellläuferin Gunda Niemann (hier im Jahre 1992 beim Weltcup-Rennen in Berlin).

ne Bronzemedaille. Im Verlauf ihrer großen Karriere erkämpfte sie acht Welt- und weitere acht Europameistertitel im Vierkampf und zudem elf WM-Siege über Einzelstrecken. 98 Weltcup-Einzelsiege konnte sie verbuchen, 19 Weltrekorde überbieten. Gunda Niemann ist dreifache DDR-Meisterin und 33-fache deutsche Meisterin. Im Jahre 1999 wurde sie zur „Eisschnellläuferin des Jahrhunderts" gewählt, 1995 zur „Sportlerin des Jahres". Seit 1998 ist sie Ehrenbürgerin ihrer Heimatstadt Erfurt.

Die Grundlagen ihres sportlichen Erfolges wurden einst in der Jugendsportschule in Erfurt gelegt. Zunächst sah es so aus, als würde Gunda Niemann eine Leichtathletik-Karriere starten. Über

400 Meter Hürden hatte sie bei der DDR-Kinder- und Jugendspartakiade als 15-Jährige auch bereits Gold gewonnen, konnte diesen Sieg aber in der Folgezeit nicht bestätigen und wurde als für die Leichtathletik „nicht talentiert genug" aussortiert.

Erst im Jahre 1983 landete Gunda Niemann bei den Eisschnellläufern des SC Turbine Erfurt. Drei Jahre harte Arbeit ermöglichten ihr dann die ersten DDR-Meistertitel über 3000 Meter und 5000 Meter (1987) und 1988 den ersten Europameisterschafts-Triumph. 1990 siegte sie bei der Vierkampf-EM auf allen vier Teilstrecken. Im gleichen Jahre gelang Gunda Niemann auch der erste Gesamtsieg im Langstrecken-Weltcup, den sie in der Folge nahezu abonniert hatte. Weltrekorde, Titel, Triumphe und kaum Rückschläge oder Pannen: Gunda Niemann eilte in den 80er- und 90er-Jahren von Erfolg zu Erfolg. Und selbst Niederlagen stärkten sie: Als sie 1988 bei den Winterspielen in Calgary über 3000 Meter stürzte, gingen die Bilder der verzweifelten Niemann um die Welt. Spätestens seither haben sie die Deutschen endgültig ins Herz geschlossen.

Tränen hatte man „Gunda Gnadenlos" – so wurde sie von der Presse getauft – offenbar gar nicht zugetraut. „Gnadenlos bin ich vermutlich – aber nur zu mir selbst", kommentierte sie ihren Spitznamen. Ihre Trainerin Gaby Fuß: „Der Ehrgeiz von Gunda ist nicht normal. Ich habe mehr als 80 Sportler trainiert – aber eine Gunda kriegt man nur einmal im Leben."

Seit 1997 ist Gunda Niemann mit ihrem langjährigen Manager Oliver Stirnemann verheiratet. Im Jahre 2002 erfreute sie ihre Familie mit der Nachricht einer Schwangerschaft, weshalb sie für die Olympischen Winterspiele 2002 in Salt Lake City von der Eisschnellbahn in die Reporterstudios wechselte. Den ZDF-Kommentatoren stand sie als Expertin beratend zur Seite. Gunda Niemann-Stirnemann will anschließend ihre sportliche Karriere fortsetzen.

Gunda Niemanns Olympia-Erfolge

1992, Albertville, 1500 Meter
Gold: Jacqueline Börner (BRD)
Silber: Gunda Niemann (BRD)
Bronze: Seijo Hashimoto (JPN)

1992, Albertville, 5000 Meter
Gold: Gunda Niemann (BRD)
Silber: Heike Warnicke (BRD)
Bronze: Claudia Pechstein (BRD)

1994, Lillehammer, 1500 Meter
Gold: Emese Hunyady (Österreich)
Silber: Swetlana Fedokina (Russland)
Bronze: Gunda Niemann (BRD)

1998, Nagano, 3000 Meter
Gold: Gunda Niemann (BRD)
Silber: Claudia Pechstein (BRD)
Bronze: Anni Friesinger (BRD)

1992, Albertville, 3000 Meter
Gold: Gunda Niemann (BRD)
Silber: Heike Warnicke (BRD)
Bronze: Emese Hunyady (Österreich)

1994, Lillehammer, 5000 Meter
Gold: Claudia Pechstein (BRD)
Silber: Gunda Niemann (BRD)
Bronze: Hiromi Yamamoto (JPN)

1998, Nagano, 1500 Meter
Gold: Marianne Timmer (HOL)
Silber: Gunda Niemann (BRD)
Bronze: Christine Witty (USA)

1998, Nagano, 5000 Meter
Gold: Claudia Pechstein (BRD)
Silber: Gunda Niemann (BRD)
Bronze: L. Prokaschewa (Kasachstan)

Der deutsche Turbo

1992: „Schorsch" Hackls Rodler-Gold

Internationale Rodel-Wettkämpfe sind zumeist „deutsche Festspiele". Rodler aus der Bundesrepublik, Österreich und Südtirol sind Weltklasse, beherrschen Olympische Spiele, Welt- und Europameisterschaften seit Jahrzehnten geradezu nach Belieben. Aber es gibt nur einen Georg Hackl. Der bodenständige und auch bei Konkurrenten über alle Maßen beliebte „Turbo-Schorsch" ist der deutsche Rekord-Abräumer von Medaillen und Titeln: Drei Gold- und zwei Silbermedaillen bei fünf aufeinanderfolgenden Olympischen Spielen, dazu drei Welt- und zwei Europameisterschafts-Siege, zwei Weltcup-Erfolge und insgesamt zwölf deutsche Meisterschaften – so lautet seine einzigartige Bilanz.

Unvergessen, wie er am 10. Februar 1992 bei den olympischen Wettkämpfen von Albertville seine erste Goldmedaille errang. Der Silbermedaillen-Gewinner von Calgary (1988) hatte sich über Monate auf diesen Tag vorbereitet. Ein nagelneuer Schlitten, den er selbst maßgeblich entwickelt hatte, sollte ihn auf die Goldspur führen. Es wird eine nervenaufreibende Angelegenheit: Denn bei den Tests gab es mit dem Schlitten mehrere Probleme. Der Wettkampf rückt näher und näher. Was tun? Spontan greift Hackl auf sein altes Model von 1988 zurück und fährt in vier Läufen drei Bestzeiten heraus! Das ist der Sieg vor den Österreichern Markus Prock und Markus Schmidt. Gold! Hackl: „Ein Traum ist in Erfüllung gegangen!"

Georg Hackl wurde am 9. September 1966 in Berchtesgaden geboren. Dank der Kunsteisbahn am Königssee kam er schon während der Schulzeit zum Rennrodeln. Als 14-Jähriger war er bereits

Georg Hackl im Eiskanal.

erstmals deutscher Schülermeister. Seine internationale Karriere begann mit einem dritten Platz bei den Junioren-Europameisterschaften. Dann ging alles sehr schnell: Junioren-Europameister im Jahre 1985, offizieller Deutscher Meister 1987, olympisches Silber und Europameister 1988, Weltmeister 1989.

Hackl galt über all die Jahre seiner erfolgreichen Laufbahn stets als „Trainingsweltmeister". Seine Vorbereitungen auf entscheidende Wettkämpfe waren immer von einer gesunden Erfolgs-Besessenheit begleitet. Unvergessen spannende Auseinandersetzungen lieferte er sich mit den großen Rodlern seiner Zeit, etwa mit dem Österreicher Markus Prock oder mit den Südtirolern Arnold Huber und Armin Zöggeler, die Hackl immer wieder Weltklasseleistungen abverlangten. Als der Bundesdeutsche 1994 wiederum olympisches Gold gewann, widmet er seine Medaille spontan dem Österreicher Markus Prock, den er zwar an diesem Tage schlagen konnte, der aber in den Saison-Rennen zuvor immer schneller gewesen war: „Ich habe die Medaille abgestaubt, eigentlich hätte sie der Markus verdient gehabt." Diese Form der Bescheidenheit hat Hackl immer vorgelebt: „Sicher gibt es Sportler, die mehr verdienen als ich. Doch das macht mir nichts aus. Für mich reicht das, was ich habe".

Im Laufe der Jahre entwickelte sich „Schorsch" Hackl, gelernter Bau- und Kunstschlosser, auch zu einem perfekten Schlittenbauer. Immer wieder ertüftelte er Verbesserungen an seinem Sportgerät. Zu einem Paukenschlag holte er bei den Olympischen Spielen in Nagano aus. Er gewann alle vier Läufe und sicherte sich Gold vor seinem alten Konkurrenten Armin Zöggeler. Bei den Spielen in Salt Lake City des Jahres 2002 konnte Zöggeler dann den Spieß wieder umdrehen. Hackl gewann Silber. Mit diesem zweiten Platz ging Hackl als erfolgreichster Rodler in die Geschichte ein. Nie zuvor hatte ein Athlet in einer Einzelsportart fünf Medaillen bei fünf verschiedenen Spielen erringen können.

Ein Deutscher aus Berchtesgaden, heimatverbunden, erfolgreich, beliebt, sympathisch, noch dazu Sportsoldat der Bundeswehr? Nörglern der politischen Linken war Georg Hackl schon immer ein Dorn im Auge. Im Jahre 1992 war er in zweiter Instanz mit einer Beleidigungsklage gegen die Berliner „taz" erfolgreich, die ihn als „dumpfen Dummbeutel" diffamierte, dem „das Resthirn in die Kufen gerutscht" sei. Georg Hackl ist seit 1999 mit seiner langjährigen Freundin verheiratet, ist Vater zweier Kinder. Das Fachblatt „kicker" erwählte den Ausnahmeathleten zum „Rodler des Jahrhunderts", 1988 wurde er „Sportler des Jahres". Kurz vor den Spielen von Salt Lake City äußerte er sich zu seinen Zukunftsplänen wie folgt: „Mein Ziel ist es, Trainer zu werden. Ich denke, dass ich als Athlet genug Erfahrung gesammelt habe, die ich weitergeben kann."

Georg Hackls Olympia-Medaillen

1988, Calgary, Rodel-Einsitzer

Gold: Jens Müller (DDR)
Silber: Georg Hackl (BRD)
Bronze: Juri Chartschenko (Russland)

1994, Lillehammer, Rodel-Einsitzer

Gold: Georg Hackl (BRD)
Silber: Markus Prock (Österreich)
Bronze: Armin Zöggeler (Südtirol)

1992, Albertville, Rodel-Einsitzer

Gold: Georg Hackl (BRD)
Silber: Markus Prock (Österreich)
Bronze: Markus Schmidt (Österreich)

1998, Nagano, Rodel-Einsitzer

Gold: Georg Hackl (BRD)
Silber: Armin Zöggeler (Südtirol)
Bronze: Jens Müller (DDR)

2002, Salt Lake City, Rodel-Einsitzer

Gold: Armin Zöggeler (Südtirol)
Silber: Georg Hackl (BRD)
Bronze: Markus Prock (Österreich)

Wiedervereinigter Erfolgskurs

1992: Olympiasieg von Heike Henkel

Als am 25. Juli 1992 im Olympia-stadion von Barcelona die 25. Sommerspiele eröffnet wurden, war die Euphorie in Deutschland groß. Nach der Wiedervereinigung von West- und Mitteldeutschland ging endlich wie-der eine gemeinsame Mannschaft an den Start. Viele Fachleute sahen ein „deut-sches Sportzeitalter" voraus. Wir wissen, dass es dauerhaft nicht so gekommen ist. Die Ursachen sind vor allem politischer Natur und anderswo zu analysieren. Am Ende der Spiele von Barcelona konnte sich das Ergebnis trotz mancher Enttäu-schung aber durchaus noch sehen lassen: 33-mal erklang das Deutschlandlied zu Ehren des Olympiasiegers; das hatte es seit 1936 nicht mehr gegeben.

Zu den Favoriten der faszinierenden Leichtathletik-Wettbewerbe gehört am 9. August 1992 auch Heike Henkel. Die „kühle Blonde" geht selbstbewusst an den Start der Hochsprung-Entscheidung bei den Frauen. Sie hat sich fest vorge-nommen, gleich für klare Verhältnisse zu sorgen. Während Hochspringer sonst gern zu taktischen Tricks greifen, will sie diesmal jeden Sprung im ersten Versuch nehmen. Von Anfang an möge ihre Hauptrivalin, die Bulgarin Stewka Kosta-dinowa, erkennen: Gold kann es heute nur für Deutschland geben!

Auf diese Weise hatte sie bereits 1991 tri-umphiert: Bei den Weltmeisterschaften von Tokio war sie ebenfalls in jedem Durchgang an den Start gegangen. Fünf-mal trat sie an. Fünfmal übersprang sie erfolgreich. Dann gehörte Heike Henkel mit übersprungenen 2,05 Metern der Weltmeistertitel; und zwar mit sieben Zentimetern Vorsprung! Sie springe „wie ein Uhrwerk", begeisterten sich Experten.

Plakat der Olympischen Sommerspiele 1992 von Barcelona.

Aber dies hier ist ein neuer, ein anderer Wettbewerb. Jetzt bedarf es der vollen Konzentration auf das Olympia-Gold … Die Latte liegt bei einer Höhe von 1,97 Metern. Wie geplant tritt Heike Henkel sofort an – und reißt. Entsetzen im deut-schen Lager. Diese Höhe bewältigt sie sonst mühelos. Auch im zweiten Versuch scheitert die deutsche Ausnahme-Sport-lerin. Was tun? Heike Henkel später: „Ich dachte wirklich, es ist aus!" Jetzt beginnt das große Zittern. Im Stadion stört ein zeitgleich stattfindender 5000-Meter-Lauf ihre Konzentration erheblich. In der Heimat ist die Fernseh-Einschaltquote mittlerweile emporgeschnellt. Die Span-nung von Barcelona hat sich in Windes-eile herumgesprochen. Es folgt der letzte Versuch. Fällt die Latte, ist alles aus.

Dann läuft Heike Henkel an – und schafft es! Die Bulgarin ist besiegt, wird sogar noch von der Rumänin Alina Astafei verdrängt, die bis heute zum engen Freundeskreis der Deutschen zählt. Befreit vom Druck, überspringt Heike Henkel anschließend auch die magischen 2 Meter und schafft sogar noch die Höhe von 2,02 m.

Die Goldmedaille von Barcelona war der Höhepunkt der erfolgreichen Laufbahn der am 6. April 1964 in Kiel geborenen Heike Henkel. Ihren ersten offiziellen Hochsprung-Wettbewerb bestritt sie 1978 als 14-Jährige unter ihrem Mädchennamen Heike Redetzky. 1984 der Durchbruch: Sensationell besiegte sie Ulrike Meyfarth, die kurz darauf Olympiasiegerin wurde.

Fast ein Jahrzehnt lang war Heike Henkel anschließend die beste bundesdeutsche Leichtathletin. 1990 wurde sie Europameisterin, 1991 Freiluft- und auch Hallenweltmeisterin. Im Jahr ihres Olympiasieges gelang ihr in Karlsruhe auch noch die Aufstellung eines Hallenweltrekords mit dem Sprung über 2,07 Meter. Als erste deutsche Leichtathletin siegte sie 1991 im „Grand Prix". Heike Henkel wurde anschließend zur „Sportlerin des Jahres" und zur „Weltleichtathletin des Jahres" gekürt. Insgesamt gewann sie acht deutsche Meistertitel und war über Jahre hinweg deutsche Rekordhalterin. Heike Henkel ist Mutter von zwei Söhnen.

Heike Henkel engagiert sich leidenschaftlich für einen energischen Kampf gegen Doping im Sport und gegen Drogen in der Gesellschaft. Ein Einsatz, der vom „Verband Deutscher Sportjournalisten" im März 1992 mit der so genannten Fairplay-Trophäe ausgezeichnet wurde.

Die wiedervereinten Olympia-Sieger 1992

Die Erwartungen waren enorm an die wiedervereinigte deutsche Olympiamannschaft. Am Ende waren es 33 Goldmedaillen, die ergattert werden konnten. Neben **Heike Henkel** trugen sich **Silke Renk** (Speerwerfen), **Heike Drechsler** (Weitsprung) und **Dieter Baumann** (5000-Meter-Lauf) als Leichtathletik-Olympiasieger in die Geschichtsbücher ein. Außerdem gewannen Gold: Die Boxer **Andreas Tews** (Federgewicht) und **Torsten May** (Halbschwergewicht), Ringer **Maik Bullmann** (Halbschwergewicht) sowie Gewichtheber **Ronny Weller** (Schwergewicht). Siege gab es ferner für unsere Männer-Fechtmannschaften (Florett und Degen) und – sensationell – für die deutsche Hockey-Olympiaauswahl der Herren.

Während **Dagmar Hase** (400 Meter Freistil) die einzige deutsche Siegerin bei den Schwimmerinnen und Schwimmern wurde, gab es bei den Kanuten den erhofften Medaillen-Segen (Kajak-Zweier der Männer über 500 und 1000 Meter, Kajak-Vierer der Männer über 1000 Meter, Kanadier-Zweier der Männer über 1000 Meter, Kajak-Einer der Frauen, Kajak-Zweier der Frauen über 500 Meter sowie Kajak-Einer der Frauen im Slalom). Auch die Radfahrer fuhren mehrfach zu Gold: Olympiasieger wurden **Jens Fiedler** im Sprint, die Straßenmannschaft der Männner, die Verfolgungsmannschaft über 4000 Meter sowie **Petra Roßner** bei den Frauen. Gewohnt souverän die deutschen Pferdesportler: Gold für die Dressur-Mannschaft und für **Nicole Uphoff** (Dressur-Einzel). **Ludger Beerbaum** gewann das Springreiten. Die Erfolge wurden von den Schützen **Ralf Schumann** (Schnellfeuerpistole) und **Michael Jakosits** (Laufende Scheibe) sowie von den Ruderern (Gold für **Thomas Lange** im Einer sowie jeweils für die Doppelvierer bei Frauen und Männern) komplettiert.

Der neue Schmeling
1993: Henry Maske Box-Weltmeister

Der 20. März 1993 ist für den deutschen Sport ein besonderes Datum. In der Philipshalle in Düsseldorf haben sich 6200 Sportfreunde versammelt. Die Arena ist restlos ausverkauft. Spannung liegt in der Luft. Wird hier und heute ein deutscher Box-Weltmeister gekürt? Nach Max Schmeling, Eckhard Dagge, Graciano Rocchigiani und Markus Bott hat der 29-jährige Henry Maske die Chance, Sportgeschichte zu schreiben und als fünfter Deutscher den Titel im Halbschwergewicht zu erkämpfen. Maskes Gegner kommt aus den USA und ist amtierender Weltmeister: Charles Williams.
Bereits nach zwei Runden ist der Deutsche schwer getroffen, blutet am linken Auge. Das frühe Ende aller Titelträume? Maske wächst über sich hinaus und zermürbt den Amerikaner in den verbleibenden Runden. Der Schlussgong nach der zwölften Runde löst einen Jubelschrei der Zuschauermasse aus. Es kann nur einen Sieger geben: Henry Maske. Und so kommt es auch. Die Punktrichter haben einen deutlichen Sieg des Deutschen ermittelt: 115:111, 116:111 und 118:110 – so der eindeutige Richterspruch. Henry Maske ist neuer Box-Weltmeister im Halbschwergewicht der „International Boxing Federation" (IBF). Für diesen Sieg hat er zuvor über Wochen geschwitzt, serienweise Sandsäcke verdroschen, Trainingspartner verhauen und ist ungezählte Kilometer gerannt. Jetzt ist es soweit. Weltmeister!

An diesem 20. März 1993 beginnt im Grunde erst die wahre Erfolgsgeschichte des Henry Maske. Außerordentlich geschickt vermarktet, löst er in der Bundes-

So behalten ihn die Deutschen auch nach Beendigung seiner Laufbahn in Erinnerung: Sieger Henry Maske.

republik eine wahre und seit Schmeling nicht mehr gekannte Begeisterung für den Box-Sport und vor allem für Maske-Kämpfe aus. Zwischen 1993 und 1996 verteidigt Henry Maske seinen Titel in zehn Kämpfen. Die Fernseh-Direktübertragungen werden zu Straßenfegern. Als Maske nach einer Punktniederlage gegen Virgil Hill (USA) am 23. November 1996 schließlich seine Laufbahn beendet, ist er der populärste deutsche Boxer seit Max Schmeling.

Henry Maske ist am 6. Januar 1964 in Treuenbrietzen (Brandenburg) zur Welt gekommen. Siebenjährig stand er erstmals im Box-Ring. Maske später: „Durch meine Statur und meinen Kampfstil galt ich damals nicht gerade als Siegertyp." Doch als talentierter Knabe erfuhr er ab 1977 die Unterstützung des weltweit besten Sportförderungs-Systems, das in der DDR entwickelt worden war und mit dem der deutsche Staat von nur 17 Millionen Einwohnern zur Weltmacht des Athletentums aufsteigen konnte.

Seine Erfolge waren frühzeitig eindrucksvoll: Olympiasieger im Jahre 1988 (Mittelgewicht), Amateur-Weltmeister 1989 (Halbschwergewicht), dreifacher Mittelgewichts-Europameister (1985, 1987, 1989), Weltcup-Sieger (1985, Mittelgewicht), fünffacher DDR-Meister. Als er im Jahre 1990 Berufs-Boxer wurde, hatte er 181 Amateur-Kämpfe bestritten.

Der DDR-Sportler wurde anschließend für Millionen Deutsche zu einer der Symbolfiguren der wiedervereinigten Bundesrepublik Deutschland. Von 31 Profi-Kämpfen gewann er 30. Unvergessen seine Kämpfe gegen Graciano Rocchigiani, die bis zu 18 Millionen Deutsche am Fernsehgerät vereinigten. Zwei-mal gewann Maske diese Kämpfe um die „Frage der Ehre", wie die Meinungsindustrie über Wochen trommelte. Die Siege über Rocchigiani waren Maskes Titelverteidigungen Nr. 7 und Nr. 8. Zuvor waren ihm Anthony Hembrick, David Vedder und Ernesto Magdaleno (alle aus den USA), Andreas Magi (Italien) und Iran Barkley (USA) vor die Fäuste gekommen. Maske hat sie alle besiegt, ebenso wie darüber hinaus die beiden US-Amerikaner John Scully und Duran Williams. Garant für die Erfolge des deutschen „Gentleman" war insbesondere sein Trainer Manfred Wolke, der als Motivationskünstler galt und Maske immer wieder großartig auf die Kämpfe und die jeweiligen Gegner vorbereitete.

Henry Maske ist für seine Leistungen vielfach ausgezeichnet worden. 1993 wurde er zum „Sportler des Jahres" gewählt, in den Jahren 1995 und 1996 jeweils zum „Boxer des Jahres". Seit seinem Karriereende nimmt er zahlreiche repräsentative Aufgaben wahr und wirbt für soziale Zwecke, darunter die Bekämpfung von Jugendkriminalität. Sein Lebensmotto: „Wer ein klares Ziel hat, der strauchelt nicht." Seit dem 7. September 2001 ist Henry Maske darüber hinaus Träger des Bundesverdienstkreuzes. Henry Maske – einer der vorbildlichsten Sportler der wiedervereinigten Bundesrepublik Deutschland.

Henry Maske: Die WM-Kämpfe

1993: Weltmeister (IBF)	Punktsieg über Charles Williams (USA)
1993: 1. Titelverteidigung	Punktsieg über Anthony Hembrick (USA)
1993: 2. Titelverteidigung	Punktsieg über David Vedder (USA)
1994: 3. Titelverteidigung	Sieg (Technischer K. O.) über E. Magdaleno (USA)
1994: 4. Titelverteidigung	Punktsieg über Andreas Magi (Italien)
1994: 5. Titelverteidigung	Sieg (Technischer K. O.) über Iran Barkley (USA)
1995: 6. Titelverteidigung	Punktsieg über Egerton Marcus (Kanada)
1995: 7. Titelverteidigung	Punktsieg über Graciano Rocchigiani (BRD)
1995: 8. Titelverteidigung	Punktsieg über Graciano Rocchigiani (BRD)
1996: 9. Titelverteidigung	Punktsieg über Duran Williams (USA)
1996: 10. Titelverteidigung	Punktsieg über John Scully (USA)
1996: 11. Titelverteidigung	Punktniederlage gegen Virgil Hill (USA)

Die deutsche „Italienerin"

1994: Gold für Gerda Weißensteiner

E in bedeutungsvoller Tag, dieser 16. Februar 1994: Bei den Olympischen Winterspielen im norwegischen Lillehammer werden die Rodelwettbewerbe zu einer triumphalen deutschen Angelegenheit. Im Einsitzer der Herren siegt Georg Hackl aus der Bundesrepublik Deutschland vor Markus Prock aus Österreich und Armin Zöggeler aus Südtirol. Den sprichwörtlichen I-Punkt auf diese Erfolge aber setzten am heutigen Tag die Damen: Hier gewinnt die Südtirolerin Gerda Weißensteiner die Goldmedaille. Die weiteren Platzierungen lassen das gesamtdeutsche Sportlerherz höherschlagen. Silber: Susi Erdmann (Bundesrepublik), Bronze: Andrea Tagwerker (Österreich). Für Gerda Weißensteiner, die in allen vier Läufen Bestzeit herausfährt, ist es der erste Olympiasieg.

In den Tagen nach ihrem Triumph geriet die Südtirolerin in die Schlagzeilen. Der englischen Zeitung „Harald Tribune" hatte sie verraten: „Ich spreche nur eine Fremdsprache – Italienisch!" Das war zuviel für politisch korrekte Gutmenschen, die unsere Südtiroler Medaillengewinner zu gern zu Ur-Italienern umfälschen. In den Tagen von Lillehammer hatten bundesdeutsche Sportreporter das Rodeln bereits zu einer „italienischen Spezialität" verfälscht. Und dann dieses Interview … Ein Trommelfeuer der Empörung prasselte seinerzeit auf Gerda Weißensteiner hernieder. Dem Südtirol-Blatt „Dolomiten" wurde es dann schließlich zu bunt: „Für was um Gottes willen musste sich Gerda Weißensteiner rechtfertigen? Auch für den Schreiber dieser Zeilen ist Italienisch, trotz der Staatsbürgerschaft, immer noch eine Fremdspra-

Rodeln:
Olympiasieger aus Südtirol

2002, Salt Lake City, Rodeln, Einer, Herren
  Olympiasieger Armin Zöggeler
1994, Lillehammer, Rodeln, Einer, Damen
  Olympiasiegerin Gerda Weißensteiner
1994, Lillehammer, Rodeln, Doppelsitzer, Herren
  Olympiasieger Kurt Brugger
  Olympiasieger Wilfried Huber
1984, Sarajewo, Rodel, Einer, Herren
  Olympiasieger Paul Hildgartner
1972, Sapporo, Rodel, Doppelsitzer, Herren
  Olympiasieger Paul Hildgartner
  Olympiasieger Walter Plaikner
1968, Grenoble, Rodel, Einer, Damen
  Olympiasiegerin Erika Lechner

che (…) Und ich bin stolz, diese (und andere, leider viel zu wenige) Sprachen zu sprechen. Das ändert aber nichts an der Tatsache, dass die Mutter-, Umgangs- und Arbeitssprache eben das Deutsche ist. Ihr (Gerda Weißensteiner) auf diese Art einen Strick zu drehen, sie zu unnötigen Kniebeugen und Verrenkungen zu zwingen, ist lächerlich, ja entsetzlich unfair."

Gerda Weißensteiner wurde am 3. Januar 1969 in Bozen geboren. Sie erinnert sich: „Mein Vater gewann öfter Wettbewerbe im Bauernrodeln. Eigentlich wurde dadurch mein Interesse für diese Sportart geweckt." Im Alter von 14 Jahren begann sie auf einer Naturrodelbahn. Als sie 1978 Junioren-Weltmeisterin wurde, war der internationale Durchbruch perfekt. Und bald schon hatte sich die Südtirolerin in der Weltelite etabliert. Vor allem mit der bundesdeutschen Susi Erdmann lieferte sie sich packende Duelle. Unvergessen bis heute ist die Weltmeisterschafts-Entscheidung von 1989 in Winterberg, als Gerda Weißensteiner Silber gewann und sich aufgrund eines Rückstandes von sechs Tausendstel Sekunden geschlagen geben musste. Gold ging damals an Susi Erdmann. Für Gerda Weißensteiner verblieb das Gold im Mannschaftswettbewerb. Zudem fuhr sie 1989 ihren ersten Weltcup-Sieg auf der Bahn in Königssee ein. Mit nur zwanzig Jahren gehörte sie zu diesem Zeitpunkt bereits zu den besten Rodlerinnen der Welt.

Ein Jahr vor ihrem Olympiasieg von 1994 konnte Gerda Weißensteiner – jetzt betreut vom ehemaligen DDR-Rodeltrainer Walter Jentzsch – den begehrten Weltcup gewinnen, wurde Weltmeisterin auf der Olympiabahn von Calgary und 1994 auch Europameisterin. Viermal nahm sie an Olympischen Spielen teil, zweimal wurde sie „Sportlerin des Jahres" in Südtirol. Als die Fachwelt schon mit ihrem Rücktritt vom Leistungssport rechnete, schlug Gerda Weißensteiner nochmals zu: Sensations-Sieg im Welt-

cup von 1998. Dieser Triumph war besonders eindrucksvoll, da die Ausnahme-Athletin vom SC Welschnofen nach einem schweren Sturz in der Saison 1996/97 im Rennen von Innsbruck lange Zeit ausgefallen war und sich erst wieder an die Weltspitze herankämpfen musste.

Viele so genannte Sport-Experten hatten die sympathische Südtirolerin bereits abgeschrieben und das Ende ihrer Karriere vorhergesagt. Doch Gerda Weißensteiner kämpfte sich mit Fleiß und enormer Willenskraft wieder an die Weltspitze heran.

Gerda Weißensteiner krönte mit ihrem Olympiasieg von 1994 die außerordentlich erfolgreiche Leistung deutscher Olympioniken in Lillehammer. Niemand holte bei diesen Olympischen Winterspielen mehr Medaillen als die Deutschen aus der Bundesrepublik, Österreich und Südtirol: 40 Medaillen in 61 Wettbewerben! Daneben gewannen für die Schweiz startende Sportler drei Gold- und drei Silbermedaillen. Erfolgreichste Deutsche waren Skiläufer Markus Wasmeier und Skispringer Jens Weißflog. Beide wurden Doppel-Olympiasieger.

Damen-Rodeln: Eine deutsche Angelegenheit

Olympische Spiele 2002
Gold: Sylke Otto (BRD)
Silber: Barbara Niedernhuber (BRD)
Bronze: Silke Kraushaar (BRD)

Olympische Spiele 1994
Gold: Gerda Weißensteiner (Südtirol)
Silber: Susi Erdmann (BRD)
Bronze: Andrea Tagwerker (Österreich)

Olympische Spiele 1988
Gold: Steffi Martin (DDR)
Silber: Ute Oberhofer (DDR)
Bronze: Kerstin Schmidt (DDR)

Olympische Spiele 1998
Gold: Silke Kraushaar (BRD)
Silber: Barbara Niedernhuber (BRD)
Bronze: Angelika Neuner (Österreich)

Olympische Spiele 1992
Gold: Doris Neuner (Österreich)
Silber: Angelika Neuner (Österreich)
Bronze: Susi Erdmann (BRD)

Olympische Spiele 1984
Gold: Steffi Martin (DDR)
Silber: Bettina Schmidt (DDR)
Bronze: Ute Weiss (DDR)

Strahlender Phönix aus der Asche

1994: Vergoldetes Laufbahn-Ende für Markus Wasmeier

Als Markus Wasmeier am 17. Februar 1994 bei den Olympischen Spielen im norwegischen Lillehammer zum so genannten Super-G antritt, werden bei vielen Sportfreunden Erinnerungen wach. War das ein Jubel, als der Junge aus dem oberbayerischen Schliersee fast auf den Tag genau vor neun Jahren in Bormio (Italien) mit einem Fabellauf Weltmeister im Riesenslalom wurde! Lang ist's her. Und heute? Nach einigen Rückschlägen durch schwere Verletzungen trauen es ihm die Experten nicht zu, in die Medaillenränge zu fahren. Im Abfahrtslauf hatte er kurz zuvor sogar lediglich Platz 36 erreicht. Markus Wasmeier selbst hingegen ist in erster Linie froh darüber, noch einmal bei Olympischen Spielen dabei sein zu können. An Gold im Super-G denkt er nicht …

Gut 92,53 Sekunden später ist alles anders! Auf sensationelle Weise passiert Markus Wasmeier in dieser Zeit 2754 Meter, 41 Tore und einen Höhenunterschied von 641 Meter. Das ist der Sieg! US-Abfahrtssieger und Favorit Tommy Moe hat das Nachsehen. Die Begeisterung in der Heimat über diesen völlig überraschenden Sensations-Erfolg ist überschäumend. Er sei zu ängstlich, hatte man Wasmeier zuletzt vorgeworfen. Und der Deutsche gestand sogar ehrlich ein: „Mir fällt es schwer, so unbekümmert wie die Jungen zu fahren. Nach den vielen Verletzungen der letzten Jahre kann ich die Hemmschwelle nicht mehr überwinden." Doch dann hat er es allen gezeigt – seinen Kritikern, seinen Konkurrenten und sich selbst!

Brigitte Wasmeier, Ehefrau des frischgebackenen Olympiasiegers, strahlte unter-

Das offizielle Plakat zu den Olympischen Winterspielen im norwegischen Lillehammer.

dessen in die Fernsehkameras: „Ich bin ja zweigeteilt, eigentlich sogar dreigeteilt. Ich komme aus Südtirol, bin Italienerin (meint Staatsbürgerschaft, d. Verf.) und lebe mit meinem Mann in Bayern. Doch als Markus auf dem Siegerpodest stand und die Deutsche Nationalhymne erklang, da hat es mich wirklich berührt. Dieses herrliche Gefühl. Da ist es mir schaurig schön den Rücken hinaufgekrochen. Und in diesem Augenblick habe ich plötzlich an Marc Giradelli gedacht. Marc tat mir irgendwie leid. Er ist Österreicher und startet für Luxemburg. Aber eine Heimat hat er nicht (…) Meine Mama Zuhause in Südtirol ist vor Freude fast ausgeflippt."

Die olympischen Wettbewerbe von 1994 wurden für Markus Wasmeier, geboren am 9. September 1963, zum krönenden Abschluss seiner Laufbahn. Wie Phönix aus der Asche war er nochmals in die Weltspitze zurückgefahren. Nach seinem schweren Sturz in Furano (Japan) am 28. Februar 1987, bei dem er sich zwei Rückenwirbel brach, monatelang ausfiel und nur knapp einer Querschnittslähmung entging, konnte damit nicht gerechnet werden. Wasmeier gewann dann nicht nur Gold im Super-G, sondern darüber hinaus im Riesenslalom. Wasmeier: „Das ist die Krönung der Krönung. Der absolute Höhepunkt meiner Karriere. Dieser Sieg ist noch unbegreiflicher als mein Sieg im Super-G." Wasmeier gewann mit zwei Hundertsteln vor dem Schweizer Urs Kälin und einem Zehntel vor Christian Mayer aus Österreich.

Genau 58 Jahre nach Franz Pfnür (Gold in der Kombination bei den Spielen von 1936 in Garmisch-Partenkirchen) war er der zweite deutsche Olympiasieger bei den Herren im alpinen Skisport. Als erfolgreichster deutscher Skirennfahrer aller Zeiten erklärte er zwei Monate später schließlich seinen Rücktritt vom Leistungssport („Logisch gesehen musste ich aufhören. Vom Herzen her sollte ich weitermachen"). Im Oktober 1994 wurde er bei einem Olympia-Festabend in Oberstdorf offiziell verabschiedet und mit der Ehrennadel in Gold des Deutschen Ski-Verbandes ausgezeichnet.

Der Vater dreier Söhne blickt auf außerordentliche Erfolge zurück: Zwei olympische Goldmedaillen, ein Weltmeisterschafts-Sieg, in der Saison 1985/86 jeweils ein Erfolg im Super-G-Weltcup und im Kombinations-Weltcup, neunfacher Deutscher Meister. In den Jahren 1986, 1987 und 1992 Gewinner des „Goldenen Ski", zweifacher „Skisportler des Jahres" (1986 und 1992) sowie „Sportler des Jahres 1994". Schon als Fünfjähriger hatte er sein erstes Skirennen gewonnen, 1975/76 war er Schülermeister im Riesenslalom. Zum Zeitpunkt seines Doppel-Olympiasieges war der traditions- und heimatbewusste Wasmeier Oberfeldwebel der Bundeswehr.

Ein Wasmeier-Autogramm ist bis heute begehrt.

Die deutsche Ski-Königin

1994: Katja Seizingers Olympia-Triumph

Dem Publikum an der Ski-Piste am Kritfjell wird dieser 19. Februar des Jahres 1994 für immer in Erinnerung bleiben. Der mit Spannung erwartete olympische Abfahrtslauf von Lillehammer gestaltet sich zu einer fabelhaften Demonstration der favorisierten Deutschen: Katja Seizinger. Die 21-Jährige rast die 3035 Meter in faszinierender Art und Weise talwärts und lässt der kompletten Weltspitze des Damen-Skisports nicht den Hauch einer Chance. Am Ende gewinnt sie Gold mit einem für diese Disziplin gewaltigen 0,66-Sekunden-Vorsprung vor der US-Amerikanerin Picabo Street. Noch vor Ort schwärmt Rainer Mutschler, der Trainer der deutschen Damen: „Sie ist einfach ein Skigenie. Das Skigefühl, das sie auszeichnet, kann man nicht lernen."

Schon in den vorausgegangenen Jahren hatte Katja Seizinger einige spektakuläre Erfolge herausfahren können. Doch erst mit diesem Olympiasieg war ihr der endgültige große Durchbruch gelungen. Es folgten zahlreiche Titel und aufsehenerregende Rennen. Fünf Jahre später wird sie als erfolgreichste deutsche Skisportlerin aller Zeiten ihre Laufbahn beenden.

Dabei hatte es in Lillehammer zunächst gar nicht gut ausgesehen. Auf dem Flug von Frankfurt am Main nach Oslo war ihre komplette Rennausrüstung abhanden gekommen. Im Super-G ging sie mit einem von Kollegin Ulrike Stanggassinger ausgeliehenen Sportanzug an den Start – und schied prompt aus. Der famose Abfahrtslauf aber entschädigte anschließend für alles und ließ ihre Kritiker, die sich nach dem Patzer im Super-G sofort zu Wort gemeldet hatten, verstummen. Auch Massenmedien gingen fortan freund-

Katja Seizinger nach ihrem Triumph beim Abfahrts-Rennen.

licher mit ihr um, nachdem man ihr zuvor einen Ruf als „arrogant und hochnäsig" angedichtet hatte, weil sie das Rampenlicht stets eher scheute. Die Olympiasiegerin: „Ich bin ein mathematisch-logischer Typ, fasse eben nicht so schnell Vertrauen."

Katja Seizinger kam am 10. Mai 1972 in Recklinghausen zur Welt. Entdeckt wurde sie 1979 bei einem privaten Jedermann-Skirennen im badischen Eberbach, wohin ihre Familie gezogen war. Fortan wurde sie – unterstützt durch ihre Eltern – gezielt gefördert. Beispielsweise besuchte sie das Internat in Hohenschwangau, wo sie sich ganz auf den Skisport konzentrie-

ren konnte. Erste nationale Erfolge ver-
buchte Katja Seizinger bei den Deutschen
Jugendmeisterschaften 1988, wo sie drei
Titel (Abfahrt, Super-G, Riesenslalom)
erreichte. Bei den Junioren gewann sie in
den folgenden Jahren zahlreiche Titel und
wurde 1990 „Junioren-Sportlerin des Jahres". Der Sprung in die Weltklasse gelang
ihr spätestens mit der olympischen Bronzemedaille von Albertville im Jahre 1992.
Zwischenzeitlich hatte sie ein erstklassi-
ges Abitur (Notendurchschnitt 1,6) abgelegt und an der Universität Hagen ein
Fernstudium in Betriebswirtschaftslehre
absolviert. Katja Seizinger hatte sich nie
auf ihren sportlichen Erfolg verlassen
wollen: „Ich laufe nicht wegen des Gel-
des, werde irgendwann Betriebswirtin
sein (…) Später werde ich bei meinem
Vater ins Geschäft einsteigen." Ihr Vater
ist ein erfolgreicher Stahlfabrikant.
Bis zu ihrem fantastischen Triumph bei
den Olympischen Winterspielen des Jahres 1998 im japanischen Nagano stellte
sie immer wieder ihre herausragende
Klasse unter Beweis. Den Olympiasieg
von 1994 bestätigte sie mit dem Sieg im

Gesamt-Weltcup des Jahres 1996. In den
Jahren 1994, 1996 und schließlich auch
1998 wurde sie zur „Sportlerin des Jahres" gekürt. Katja Seizinger mauserte
sich zur herausragenden Skiläuferin der
90er Jahre. Bei den Olympischen Spielen
1998 gewann sie Gold in Abfahrt und
Kombination. Im Riesenslalom holte sie
die Bronzemedaille. Mit ihrer Gesamtbi-
lanz bei Olympischen Spielen – drei
Goldmedaillen, zwei Bronzemedaillen –
löste sie Rosi Mittermaier als deutsche
Spitzenfahrerin in der ewigen Bestenliste
ab.
Ende Juni 1998 zog sich Katja Seizinger
eine schwere Verletzung am Kniegelenk
zu und fiel mehrere Monate aus. Als sie
sich mühsam wieder zurückgekämpft
hatte und endlich schmerzfrei trainieren
konnte, erklärte sie im April 1999 völlig
überraschend ihren Rücktritt vom Leistungssport. Kurze Zeit später heiratete sie
in engstem Familienkreis ihren langjährigen Lebensgefährten Kai-Uwe Weber, einen Fallschirmsprung- und Konditionstrainer. Katja Seizinger ist Ehrenmitglied
des Deutschen Ski-Verbandes.

*Nach ihren Erfolgen war die Popularität von Katja Seizinger enorm. Kaum ein Wintersportler
wird derart viele Autogrammwünsche erfüllt haben wie die Skikönigin.*

Deutsches Gold-Quartett
1994: Ricco Groß und Kameraden unschlagbar

Letzte Chance für die deutsche Biathlon-Mannschaft, die Olympischen Winterspiele von Lillehammer in Norwegen doch noch zu „vergolden". Enttäuscht haben sie bisher nicht. Doch es fehlt die Krönung der drei Silber- und zwei Bronzemedaillen dieser Spiele. Bis zum 26. Februar 1994. Jetzt wollen es Ricco Groß, Frank Luck, Mark Kirchner und Sven Fischer noch einmal wissen. Und sie überzeugen auf ganzer Linie. Das Quartett fährt einen nie gefährdeten Start-Ziel-Sieg ein. Am Ende beträgt der Vorsprung mehr als eine Minute auf die favorisierten Russen. Trainer Frank Ullrich strahlt: „Eine solche Geschlossenheit eines Teams habe ich seit Jahren nicht mehr erlebt. Die Jungs haben sich souverän durchgeboxt." Besonders glücklich über den Sieg ist Mark Kirchner, der alles überragende Biathlet der frühen 90er Jahre. Er hatte in den vergangenen Jahren leidenschaftlich gegen eine sportliche Krise angekämpft und konnte heute über seine Kritiker triumphieren. Die Goldmedaille von Lillehammer stellt auch für Ricco Groß einen Karriere-Höhepunkt dar …

Ricco Groß kam am 22. August 1970 im mitteldeutschen Schlema zur Welt. Er ist im erfolgshungrigen DDR-Sportsystem aufgewachsen. Als Achtjähriger kam er auf Anregung seiner Eltern im Erzgebirge zum Skisport. Im Alter von zehn Jahren wurde er entdeckt und sein Talent für den Biathlon gefördert. 1983 kam er zur Kinder- und Jugendsportschule Altenberg. Dort absolvierte er 1991 auch sein Abitur. Beim „SC Dynamo Zinnwald" gelang ihm dann der Durchbruch. Groß wurde sechsmaliger DDR-Jugend- und dreimaliger Staffelmeister. Auch internationale Erfolge ließen nicht lange auf sich warten. Mit der Mannschaft wurde Ricco Groß 1989 Junioren-Weltmeister in Voss. Im Zuge der politischen Wende entschied sich der große Sportler dann für den erfolgreichen „SC Ruhpolding" in Bayern und für den Bundeswehrdienst. Schon 1991 feierte er dann bei der Weltmeisterschaft im finnischen Lathi seinen ersten ganz großen Sieg. Bei den Olympischen Spielen von Albertville trug er maßgeblich zu einem vielbeachteten deutschen Doppelsieg im Sprint bei: Gold ging an Mark Kirchner, Silber an Ricco Groß. Gemeinsam mit Kirchner, Jens Steinigen und Fritz Fischer trug sich Ricco Groß in Albertville auch noch als Olympiasieger im Staffelrennen in die Sport-Annalen ein. Die deutsche Mannschaft hatte in einem famosen Rennen die siegesgewohnten GUS-Sportler geschlagen. Ein Olympiasieg, der sowohl 1994 in Lillehammer als dann auch 1998 in Seoul wiederholt werden konnte, jeweils mit Beteiligung von Ricco Groß. Für die deutsche Erfolgsstaffel sprang 1995 in Antholz auch noch der Weltmeistertitel heraus.

Die erfolgreichsten deutschen Olympioniken (Winterspiele)

Claudia Pechstein (Eisschnelllauf)
4 Gold, 1 Silber, 2 Bronze
Karin Enke (Eisschnelllauf)
3 Gold, 4 Silber, 1 Bronze
Gunda Niemann (Eisschnelllauf)
3 Gold, 4 Silber, 1 Bronze
Ricco Groß (Biathlon)
3 Gold, 3 Silber, 1 Bronze
Georg Hackl (Rodeln)
3 Gold, 2 Silber

Dann bestätigte Ricco Groß auch mit ruhmreichen Einzeltiteln seinen glänzenden Ruf. Ohne einen einzigen Schießfehler wurde er 1997 Weltcup-Sieger und kurz darauf in Osrblieb (Slowakei) Weltmeister über 20 Kilometer. Der zusätzliche WM-Staffelsieg mit Peter Sendel, Sven Fischer und Frank Luck kürte den deutschen Startläufer Groß zum erfolgreichsten Athleten der Weltmeisterschaften von 1997. Ricco Groß eilte auch in den Folgejahren von Erfolg zu Erfolg: Weltcup-Sieger 1998, Weltmeister im Verfolgungsrennen von 1999, Bronzemedaille im olympischen Jagdrennen 2002. Beim Weltcup in Ruhpolding gelang ihm ein ganz besonderes Kunststück: Drei Siege (Staffel, Massenstart, Sprint), obwohl ihn kurz zuvor eine Viruserkrankung zurückgeworfen hatte. Aber Ricco Groß gehörte immer zu jenen, die sich „durchbeißen können" und die „Übermenschliches" zu leisten vermögen, wie sein Trainer schwärmte.

Medaillenregen für Ricco Groß

Olympische Winterspiele 2002
Staffelrennen, 4 x 7,5 Kilometer

Gold: Norwegen
Silber: BRD
Bronze: Frankreich
BRD-Staffel:
Ricco Groß
Peter Sendel
Sven Fischer
Frank Luck

Olympische Winterspiele 1998
Staffelrennen, 4 x 7,5 Kilometer

Gold: BRD
Silber: Norwegen
Bronze: Russland
BRD-Staffel:
Ricco Groß
Peter Sendel
Sven Fischer
Frank Luck

Olympische Winterspiele 1994
Staffelrennen, 4 x 7,5 Kilometer

Gold: BRD
Silber: Russland
Bronze: Frankreich
BRD-Staffel:
Ricco Groß
Frank Luck
Mark Kirchner
Sven Fischer

Olympische Winterspiele 1992
Staffelrennen, 4 x 7,5 Kilometer

Gold: BRD
Silber: GUS
Bronze: Schweden
BRD-Staffel:
Ricco Groß
Jens Steiningen
Mark Kirchner
Fritz Fischer

Olympische Winterspiele 1994
Einzel, 10 Kilometer

Gold: Sergej Tschepikow (Russland)
Silber: Ricco Groß (BRD)
Bronze: Sergej Tarassow (Russland)

Olympische Winterspiele 1992
Einzel, 10 Kilometer

Gold: Mark Kirchner (BRD)
Silber: Ricco Groß (BRD)
Bronze: Harri Eloranta (FIN)

Olympische Winterspiele 2002
Jagdrennen, 12,5 Kilometer
Gold: Ole Einar Bjoerndalen (NOR)
Silber: Raphael Poiree (FRA)
Bronze: Ricco Groß (BRD)

Deutscher Goldfisch

1994: Fabel-Weltrekord durch Fanziska van Almsick

Wir schreiben den 6. September 1994. Bei den Schwimm-Weltmeisterschaften in Rom fallen die Entscheidungen bei den Frauen. Alle deutschen Hoffnungen ruhen auf Franziska van Almsick. Ihre besten Möglichkeiten rechnet sie sich über die 200-Meter-Freistil-Strecke aus. Doch sie verschätzt sich und patzt in der Qualifikation. Aus im Vorlauf! Entsetzen im deutschen Lager. Dann schlägt die große Stunde ihrer Kameradin Dagmar Hase. „Daggi" verzichtet auf ihren Start im Finale und ermöglicht somit Franziska van Almsick als Nachrückerin die große Chance auf den Sieg. Und so steht „Franzi" nun also doch am Startblock. Genau 1:56,78 Minuten später steht fest: Sie ist die schnellste Schwimmerin der Welt. Rund um den Globus bestaunt man ihren Triumph über die starken Konkurrentinnen vor allem aus China. 1:56,78 Min.: Das ist nicht nur der Sieg, das ist der Weltrekord!

Eine der erfolgreichsten deutschen Sportlerinnen: Franziska van Almsick.

Franziska van Almsick hat an diesem Tag Sportgeschichte geschrieben. Was die 16-Jährige zu diesem Zeitpunkt nicht weiß: Es sollte der Höhepunkt ihrer fabelhaften Karriere gewesen sein. Und obwohl sie in den folgenden Jahren – aufgerieben zwischen Verletzungen, Enttäuschungen, anderen Interessen und insbesondere einer gnadenlosen Meinungsindustrie – nur noch vereinzelt in die Weltspitze vordringen kann, so ist sie doch eine der erfolgreichsten deutschen Schwimmerinnen aller Zeiten. Ihr Weltrekord von Rom krönt eine ganze Serie von Triumphen. Insgesamt gewann Franziska van Almsick bei Europa- und Weltmeisterschaften sowie bei Olympischen Spielen sagenhafte 35 Medaillen.

Die Ausnahmeathletin wurde am 5. April 1978 in Berlin (Ost) geboren. Sie wuchs bei „der besten Familie der Welt" (Franziska van Almsick) in Treptow auf, hat einen Bruder. Mit fünf Jahren begann sie bereits mit dem Schwimmen. Ihr Talent wurde in der DDR rasch erkannt und gefördert. Nach Ausbildungen in Trainingszentren sowie Kinder- und Jugendsportschulen erzielte sie 1989 als Elfjährige bereits neun Siege bei der DDR-Spartakiade.

Als fröhliche Vierzehnjährige trat sie nach dem Mauerfall unbekümmert bei den Olympischen Sommerspielen 1992 von Barcelona auf. Eigentlich sollte sie hier lediglich Wettkampferfahrungen sammeln. Doch „Franzi" schwamm nicht nur in die Weltspitze, sondern vor allem in die Herzen der Deutschen. Nur knapp verpasste sie Gold über 200-Meter Freistil. Mit zwei Silber- und zwei Bronzemedaillen kehrte sie in die Heimat zurück – und wurde über alle Maßen gefeiert.

In der Folgezeit gewann Franziska van Almsick fast alles, was zu gewinnen war. Von den Jugend-Europameisterschaften im August 1992 in Leeds kehrte sie mit sechs Goldmedaillen zurück. Sie holte Erfolge und Medaillen bei den Sprint-Europameisterschaften 1992 in Espoo (Finnland), im Januar 1993 bei den Kurzbahn-Weltcup-Wettbewerben in Peking und Schanghai sowie einen Monat später in Sheffield und Gelsenkirchen. Ihre Bilanz der Schwimm-Europameisterschaften 1993 in England: Sechs Goldmedaillen, eine Silbermedaille. Franziska van Almsick wurde „Weltsportlerin" und „Europasportlerin" des Jahres 1993, „Sportlerin des Jahres" 1993 und 1995 sowie „Schwimmerin des Jahres" 1992, 1993, 1994 und 1995.

Neider und einflussreiche Massenmedien, denen „Franzi" zu selbstbewusst auftrat, waren frühzeitig bestrebt, sie mit „Skandalen" zu belasten. So gab es den absurden Versuch, ihr eine angebliche Stasi-Verstrickung ihrer Mutter anzuhängen. Und 1995 meldeten Medien empört, die junge Sportlerin habe in einem Interview Hitler als ihre „Lieblingsfigur in der Geschichte" bezeichnet (Wörtlich: „Das soll aber nicht heißen, dass ich Fan bin. Mich interessiert das Phänomen.") Franziska van Almsick: „Fragt man die Leute nach Hitler, hört man immer, dass er böse war und viele Menschen umgebracht hat. Doch mich interessiert, was das für ein Typ war. Eigentlich war er ja ganz schlau. Ich habe ‚Mein Kampf' gelesen und plötzlich verstanden, wie er das gemacht hat, seine Wege." Nach dem Trommelfeuer, das daraufhin in Massenmedien gegen sie einsetzte, bekundete die Schwimmerin: „Ich bin regelrecht mit Dreck beworfen worden. Aber aus solch bösen Erfahrungen habe ich gelernt. In Zukunft werde ich mich mit öffentlichen Äußerungen zurückhalten." Fünf Jahre später sagte sie: „Man hat in Deutschland immer das Gefühl, dass man nicht stolz sein darf auf sein Land. Ich habe mich immer als Deutsche gefühlt. Für mich gab es nie das Problem Ost-West."

Am 19. Juli 1996 strahlte die ARD im Fernseh-Hauptprogramm um 21.45 Uhr eine 45-minütige Reportage über Franziska van Almsick aus. Titel: „Goldfisch Franzi".

„Micha Nationale": Erster Streich

1994: Schumacher wird Weltmeister

Ob Bewunderern oder Neidern, ob „Fans" oder Kritikern – allen ist klar: Michael Schumacher ist der weltweit erfolgreichste Autorennfahrer überhaupt. Kein deutscher Sportler hat jemals derart für Aufsehen gesorgt. Sein Bekanntheitsgrad übertrifft vermutlich den des Bundeskanzlers. Was auch immer für Rekorde in der Formel 1 nur denkbar sind: Michael Schumacher hat sie aufgestellt!

Der „Motorsportler des Jahrhunderts" stammt aus Kerpen, genauer aus Hürth-Hermüllheim, wo er am 3. Januar 1969 geboren wurde. Bereits im Alter von fünf Jahren fuhr er diverse so genannte Kart-Rennen auf einer von seinem Vater betriebenen Freizeit-Rennbahn. Seine Schulzeit schloss er mit der Mittleren Reife ab und erlernte den Beruf des Kraftfahrzeug-Mechanikers. Da war er bereits deutscher Juniorenmeister im Kartrennen (1984). 1985 wurde er Vizeweltmeister und 1987 Europameister.

Michael Schumacher galt schon damals als Heißsporn und als erfolgshungrig. Er wechselte die Rennklasse, kam zur so genannten Formel König und wurde 1988 sogleich nationaler Meister. Weitere Stationen auf dem Weg zur Formel 1: Vize-Europameister in der „Formel-Ford-1600" (1988), Sieger beim traditionsreichen Formel-3-Grand-Prix von Macao (1989), deutscher Formel-3-Meister (1990). Zudem sammelte er als Testfahrer von Mercedes wertvolle Erfahrungen. Dann erfüllte sich sein großer Traum: Am 25. August 1991 absolvierte er beim Großen Preis von Belgien sein erstes Formel-1-Rennen. Genau dort gewann er ein Jahr später – bei Bennetton unter Vertrag – als 23-Jähriger sein erstes Grand-Prix-

Michael Schumacher

Rennen. Sein erstes Jahr als Formel-1-Pilot beendete er mit einem ausgezeichneten dritten Platz.

Zwischenzeitlich hatte er in Deutschland eine nie gekannte Begeisterung rund um den Motorsport entfacht. Die Euphorie seiner stetig wachsenden Anhängerschaft war atemberaubend und allenfalls mit dem Wirbel um die Tennis-Legenden Steffi Graf und Boris Becker vergleichbar. Schon 1993 wurde er von Massenmedien zum Favorit der neuen Formel-1-Saison gekürt. Schumacher wurde letztlich Vierter. Sein defektanfälliger Wagen fiel zu oft aus. Nur in neun von 16 Rennen kam er ins Ziel, kam dann aber immer unter die ersten Drei, in Portugal gewann er sogar.

Zu diesem Zeitpunkt war Schumacher längst einer der weltbesten Fahrer. Vor der Saison 1994 fieberte die Fachwelt einem großen Duell zwischen dem Deutschen und dem dreifachen Weltmeister Ayrton Senna entgegen. Die ersten beiden Rennen gewann Schumacher. In Imola verunglückte sein Kontrahent dann tödlich. Trotz großer Trauer im Rennsport-Lager wurde die WM-Wertung fortgesetzt. Schumachers Fahrt zu seinem ersten Titel wurde durch Regelverstöße seiner Bennetton-Mannschaft gefährdet. Der Deutsche wurde für vier Rennen gesperrt. Damon Hill aus England nutzte die Gunst der Stunde und fuhr bis auf einen Punkt an Schumacher heran. Die Spannung vor dem letzten Rennen war kaum zu überbieten.

Am 13. November 1994 ist es dann soweit. Im australischen Adelaide muss die Entscheidung fallen. Schumacher oder Hill? Wer wird neuer Weltmeister? Es ist der 52. Grand Prix, bei dem der Kerpener an den Start geht. Steht er vor seinem größten Triumph? Der zweite deutsche Formel-1-Titelträger seit Niki Lauda? Der zweitjüngste Champion aller Zeiten? Acht Rennen hat er in diesem Jahr gewonnen. Es steht 92:91 für Schumacher.

Die alles entscheidende Fahrt geht für Schumacher nur über 36 Runden. Dann stockt Millionen deutschen Fernseh-Zuschauern und den vielen Anhängern vor Ort der Atem. Schumacher ist, in Führung liegend, von der Strecke abgekommen. Er schrammt eine Mauer und schleudert zurück auf die Fahrbahn. Genau in diesem Moment rast Hill heran. Die beiden Wagen kollidieren. Beide Klassefahrer scheiden aus. Damit ist Schumacher Weltmeister.

Der Jubel in Deutschland war groß. Trotzdem verband sich mit diesem ersten „Schumi"-Sieg ein bitterer Beigeschmack. Der Tod Sennas und das unglückliche Ausscheiden von Damon Hill dämpften die ganz große Euphorie. Doch Schumacher zeigte es fortan allen Skeptikern. Im folgenden Jahr unterstrich er seine Vormachtstellung erneut, gewann wiederum acht Rennen – und wurde erneut Weltmeister. Damit war er der jüngste Doppel-Weltmeister aller Zeiten. Wer geglaubt hatte, der Deutsche stünde damit am Zenit seiner Karriere, sollte später noch eines Besseren belehrt werden …

Von Erfolg zu Erfolg: Schumacher

Sieg des Rekord-Springers

1996: Jens Weißflog schreibt Geschichte

Da reißt er nun die Arme hoch, der „Floh vom Fichtelberg" (1,68 Meter Körpergröße bei 52 Kilogramm Körpergewicht). Es ist der 6. Januar 1996. Abschluss der berühmten Vierschanzentournee der Skispringer in Bischofshofen. Und Jens Weißflog siegt. Wieder einmal. Nach den Erfolgen von 1984, 1985 und 1991 ist dies heute sein vierter Vierschanzen-Triumph. Das hat vor ihm noch niemand vollbracht. Ein Sieg für die Geschichtsbücher!

Noch im Zielbereich gibt er bekannt: „Jetzt bin ich ein Vierteljahrhundert Skispringer, ich meine das reicht." Der Rücktritt eines großen Sportlers. Es folgen noch zwei Wettkämpfe und ein Abschiedsspringen. Dann endet die phantastische Laufbahn des Jens Weißflog. Für sein stets „vorbildliches und faires Auftreten, mit dem er für Deutschland und Sachsen in der Welt viel Sympathie und Anerkennung gewinnen konnte", trägt er bei seinem Abschied das Bundesverdienstkreuz.

Fabelhaft: Bei Olympischen Spielen und Weltmeisterschaften sammelte er zwischen 1984 und 1996 insgesamt 18 Medaillen. Ihm gehören drei olympische Goldmedaillen und eine Silbermedaille. 1985 und 1989 war er Weltmeister, 1984 Weltcup-Sieger. 31 Weltcup-Springen sahen ihn als Sieger. Der Rekordgewinner der Vierschanzen-Tournee war fünffacher DDR-Meister und gewann nach 1990 vier deutsche Meisterschaften.

Jens Weißflog wurde am 21. Juli 1964 in Erlabrunn-Steinheidel geboren. Im paradiesischen Wintersportgebiet von Oberwiesenthal kam er früh zum Skispringen. Schon als 12-Jähriger erreichte er bei der Schüler- und Jugendspartakiade erstmals

Jens Weißflog: Sternstunden

Olympische Spiele:
1984: Olympiasieger (Normalschanze)
Silbermedaille (Großschanze)
1994: Olympiasieger (Großschanze)
Olympiasieger (Mannschaft)

Weltmeisterschaften:
1984: Vize-Weltmeister (Mannschaft)
1989: Weltmeister (Normalschanze)
Vize-Weltmeister (Großschanze)
1995: Vize-Weltmeister (Mannschaft)

Weltcup:
1984: Sieger
1994: Zweiter

Vierschanzentournee:
1984: Sieger
1985: Sieger
1991: Sieger
1996: Sieger

eine Weite von 50 Metern. Mit Fünfzehn sprang er 113 Meter. 1983 gewann er bei seinem ersten internationalen Auftritt in Bischofshofen sensationell das Abschluss-Springen der Vierschanzentournee und wurde Gesamt-Zweiter hinter der finnischen Skispringer-Legende Matti Nykänen. Wenige Wochen später errang Weißflog seinen ersten DDR-Meistertitel.

Der Sprung an die Weltspitze war damit vollbracht. Weißflog gewann 1984 die Vierschanzentournee und wurde nach packenden Duellen mit Nykänen kurze Zeit später in Sarajewo Olympiasieger auf der Normalschanze und Silbermedaillen-Gewinner auf der Großschanze. Diese glänzende Saison krönte er schließlich mit dem Gesamtsieg im Weltcup. Angesichts seiner wunderbaren weiteren Erfolge in den kommenden Jahren (Weltmeister, Vize-Weltmeister, mehrfacher DDR-Meister) galt der Volkskammer-Abgeordnete später bei Nörglern als „Staatssozialismus-Profi", zumal er – im Gegensatz zu vielen anderen DDR-Athleten – nach der politischen Wende im heimischen DDR-Leistungszentrum verblieb. Weißflog: „Ich habe meinem Land das zu verdanken, was ich heute bin, ich habe in diesem Land gesiegt, gelebt, gelitten, und deshalb kann ich dieses Land nicht einfach wegschmeißen."

Trotz einiger verletzungsbedingter Rückschläge und Umstellung auf neuere, modere Sprungstile siegte der „Erzgebirgsadler" schließlich auch gesamtdeutsch bei vielen hochklassigen Weltcup-Springen und Wettbewerben. So konnte er 1991 wiederum die Vierschanzen-Tournee gewinnen. Ein ganz großer Triumph gelang ihm dann 1994 bei den Olympischen Winterspielen im norwegischen Lillehammer, wo er am 2. Februar vor mehr als 32 000 Zuschauern den favori-

sierten Norweger Espen Bredesen mit einem 133-Meter-Satz besiegen konnte. Weißflog: „Der schönste Sieg meiner Karriere." Sein Trainer Reinhard Heß: „Der beste Weißflog, den es je gab." Der Oberwiesenthaler erreichte mit der deutschen Mannschaft dann auch noch seine dritte Goldmedaille. Den für 1994 angekündigten Rücktritt verschob er daraufhin kurzerhand.

So folgten noch einige spektakuläre Auftritte des sympathischen Mitteldeutschen. Zum Abschluss seiner Karriere gelang ihm noch ein 201-Meter-Sprung, mit dem er sich würdig unter die besten Skispringer aller Zeiten einreihte. Sein Abschiedsspringen in Oberwiesenthal beendete er mit neuem Schanzenrekord. Tausende Zuschauer bejubelten den letzten seiner insgesamt mehr als 21 500 Trainings- und Wettkampfsprünge. Seit 1987 ist Jens Weißflog verheiratet. Im Dezember 1989 kam sein Sohn Daniel zur Welt. Weißflog ist Ehrenbürger seiner Heimatstadt Oberwiesenthal, wo er ein Appartement-Hotel eröffnet hat.

Jens Weißflog: Autogrammkarte

Deutsche Langstrecken-Königin

1996: Uta Pippig schreibt Marathon-Geschichte

Der so genannte Boston-Marathon in den USA ist so etwas wie die „Mutter aller Langstreckenläufe". Die Besten dieser Sportart treten hier an. So auch heute, am 15. April 1996. In diesem Jahr ist die Aufmerksamkeit besonders groß. Es ist der 100. Lauf auf der legendären Strecke. Und eine Deutsche kann ihn gewinnen: Uta Pippig, geborene Leipzigerin, gehört zum engen Favoritenkreis. In den vergangenen beiden Jahren hat sie hier gesiegt. Zwei Millionen (!) Zuschauer an der Strecke wollen wissen: Kann Uta Pippig als erste Läuferin der Leichtathletik-Geschichte den berühmten Marathon zum dritten Male nacheinander gewinnen?

Uta Pippig hat sich gewissenhaft auf diesen Lauf vorbereitet. Seit Monaten. Doch am Morgen dieses Laufes wird sie von Magen- und Unterleibsschmerzen geplagt. Aus der Traum vom Rekord? Sie geht dennoch an den Start. Nach ungefähr zehn Kilometern sind Uta Pippig die Schmerzen anzusehen. Die Magenkrämpfe werden schlimmer. Soll sie aufgeben? Pippig: „Bei jedem anderen Lauf wäre ich ausgestiegen." Aber heute will sie Geschichte schreiben. Unterdessen ist ihre schärfste Konkurrentin, die Kenianerin Tegla Loroupe, bereits enteilt. Uta Pippig nimmt unter Qualen die Verfolgung auf. Nach 25 Kilometern hat sie ihre Gegnerin wieder eingeholt. Die Zuschauer sind begeistert. Welch eine Spannung!

Auf den nächsten Kilometern arbeitet sich die Kenianerin erneut einen Vorsprung heraus. Hat sich Uta Pippig „verpokert"? Es sieht so aus. Doch nach 40 Kilometern bricht Loroupe ein. Ihre Gesichtszüge werden verzerrter, ihr Tempo

Marathon-Läuferin Uta Pippig (links)

immer langsamer. Das ist die Chance der Uta Pippig. Sie zieht tatsächlich vorbei. Beflügelt durch die Führung, gewinnt sie jetzt ihre Lockerheit zurück, für die sie berühmt ist. Schon vor zwei Jahren flogen ihr auf dieser Strecke die Herzen zu. Während ihre Konkurrentinnen wegen Überanstrengung teilweise ärztlich behandelt werden mussten, warf sie Kusshände ins Publikum, strahlte und winkte. So auch jetzt. Die letzten Meter werden für Uta Pippig zu einem Triumphzug. Nach 2:27:12 Stunden passiert sie strahlend die Ziellinie. Es ist vollbracht! Welch eine Energieleistung! Ein dreifacher Triumph beim Boston-Marathon; einer der fabelhaftesten Rekorde der Leichtathletik. Mehr noch: Seit 1992 ist Uta Pippig bei Marathon-Läufen nunmehr ungeschlagen. Da werden die 300 000 Dollar Siegprämie zur Nebensache!

Uta Pippig wurde am 7. September 1965 geboren. Nach glänzendem Abitur begann sie ihre Laufbahn nahe Straußberg bei Berlin. 1983 kam sie zur Talentschmiede des ASK Vorwärts Potsdam. Ein Jahr später bestritt sie ihren ersten Marathon-Lauf. In den Jahren 1986 und 1987 war sie DDR-Meisterin. Weil sie mit DDR-Sportoberen mehrfach im Streit lag, kam es nicht zu einer Olympia-Teilnahme der Uta Pippig 1998 in Seoul. Die turbulenten Zeiten der politischen Wende nutzte sie, um frühzeitig „im Westen" ihr Glück zu versuchen.

Hier stellte sie gleich einige neue deutsche Rekorde auf, ehe sie 1990 ihren „größten emotionalen Sieg" feierte. Vor einer Million Zuschauer siegte sie im Berlin-Marathon, der die Sportler durch das Brandenburger Tor der wiedervereinigten Stadt führte. Ein historischer Moment. „Der Lauf meines Lebens", stellte Uta Pippig anschließend bewegt fest. Es folgten Rekorde und Siege auch über andere Strecken, darunter 1991 der Hallen-weltrekord über 5000 Meter in Stuttgart. 1993 gewann sie den Marathon in New York und war nun auch für US-Amerikaner ein Laufidol, ehe sie dann 1994, 1995 und 1996 jeweils in Boston triumphierte.

Eine positive Doping-Probe erschütterte im Oktober 1998 die Laufbahn der erfolgreichen Athletin. Rasch war es mit den Hymnen von Massenmedien auf die „Wunderläuferin" vorbei. Der Rechtsausschuss des Deutschen Leichtathletik-Verbandes sperrte sie für zwei Jahre von Wettkämpfen aus. Verzweifelt beteuerte Uta Pippig bei jeder Gelegenheit ihre Unschuld, wies immer wieder auf Ungereimtheiten und Verfahrensfehler hin. Vergeblich. Seit April 2000 ist die Sperre abgelaufen.

Uta Pippig verzog unterdessen in die USA: „Meine Heimat ist Deutschland, meine sportliche Heimat ist die USA." Uta Pippig über ihre Laufbahn: „Laufen ist mein Leben. Die Liebe zu diesem Sport ist tief in mir verwurzelt. Niemals werde ich nur um des Erfolges oder der Medaillen willen laufen, sondern aus Freude und um der Jugend und speziell dem Nachwuchs ein Vorbild zu sein."

Uta Pippig, die Marathon-Spezialistin

Jahr	WM	EC	Berlin	Boston	New York	Bestzeit
1984						2:47:42 Std.
1985						2:36:45 Std.
1986						2:37:56 Std.
1987	14.					2:30:50 Std.
1988						2:32:20 Std.
1989						2:35:17 Std.
1990			1.	2.		2:28:03 Std.
1991	6.	2.		3.		2:26:52 Std.
1992			1.	3.		2:27:12 Std.
1993	9.				1.	2:26:23 Std.
1994				1.		2:21:45 Std.
1995		2.	1.	1.		2:25:11 Std.
1996				1.		2:27:12 Std.
1997				4.		2:28:51 Std.

Der bärenstarke Sachse

1996: Lars Riedel Diskus-Olympiasieger

Dreifacher Weltmeister ist er schon (1991, 1993, 1995). Olympia-Gold blieb ihm bisher versagt. 1992 in Barcelona spielten seine Nerven nicht mit. Die Folge: Sensationelles Aus bereits in der Qualifikation. Das soll heute ganz anders werden. Es ist ein herrlicher Juli-Tag. Im mit Spannung erwarteten Diskus-Wettbewerb der Olympischen Spiele 1996 von Atlanta ist Lars Riedel ohne Zweifel Favorit. Doch zeigt der Mann mit der Größe von 1,99 Metern, dem Gewicht von 115 Kilogramm und der Armspannweite von 2,10 Metern heute wieder Nervenflattern? Der erste Versuch misslingt ihm. Der zweite auch. Millionen Deutsche vor den Fernsehschirmen sind entsetzt, zittern mit ihrem Athleten. Droht wieder ein vorzeitiges Ausscheiden?

Dritter Versuch. Einen weiteren Fehler kann sich Lars Riedel nicht mehr leisten. Er muss jetzt „auf Sicherheit" werfen. 65,40 Meter! Aufatmen. Zum Vergleich: Seine beste persönliche Weite liegt bisher bei 69,84 Metern. Doch zunächst war es wichtig, im Wettbewerb zu bleiben und nicht etwa auszuscheiden. Und das ist gelungen. Riedel findet jetzt zu guter Verfassung zurück. Jubel im weiten Rund, als er den Diskus im fünften Durchgang auf 69,40 schleudert. Olympischer Rekord. Damit gewinnt er die Goldmedaille nach einer aufregenden Entscheidung letztlich doch äußerst souverän.

Lars Riedel wurde am 28. Juni 1967 in Zwickau geboren. Schon im Schulsport-Unterricht fiel er durch überragende Wurfleistungen auf. Trotz einiger Erfolge noch zu DDR-Zeiten (DDR-Wintermeister bei den 17-Jährigen, vierter Platz bei den Junioren-Weltmeisterschaften 1986

Lars Riedel: Die größten Erfolge

1991: Weltmeister
Bestleistung: 67,78 Meter
1992: Deutscher Meister
Bestleistung: 68,66 Meter
1993: Weltmeister
Bestleistung: 68,42 Meter
Europacupsieger
1995: Weltmeister
Bestleistung: 69,08 Meter
Europacupsieger
1996: Olympiasieger
Bestleistung: 71,06 Meter
1997: Weltmeister
Bestleistung: 71,50 Meter
Europacupsieger
1998: Europameister
Bestleistung: 68,21 Meter
Deutscher Meister
2000: Olympia-Zweiter
Bestleistung: 69,72 Meter
2001: Weltmeister
Bestleistung: 69,72 Meter

in Athen) fand er erst nach der politischen Wende Anschluss an die Weltspitze. Der gelernte Kaufmann fand sein sportliches Glück beim Landessportbund Rheinland-Pfalz unter Bundestrainer Karl-Heinz Steinmetz.

Ohne zuvor ein Turnier von überragender internationaler Bedeutung gewonnen zu haben, wurde er 1991 in Tokio sensationell Weltmeister. Nach einem unerklärlichen Leistungseinbruch im Jahre 1992 war Lars Riedel ein Jahr später wieder voll da. In Stuttgart konnte er sich 1993 wieder als bester Diskuswerfer der Welt feiern lassen. Ein weiterer Sieg 1995 in Göteburg bedeutete dann den dritten

Weltmeister-Titel in Folge. Es folgten Triumphe beim Europacupfinale und in der Grand-Prix-Wertung. Sein Olympiasieg von 1996 krönte diese erstklassigen Leistungen. Spätestens im Sommer 1996 war Lars Riedel, gemessen an seinen Erfolgen, bereits einer der besten Leichtathleten aller Zeiten. Trainer Steinmetz über ihn: „So ein Talent wird nur einmal in zehn Jahren geboren. Und Lars ist geboren zum Diskuswerfen."

Einen weiteren sportlichen Traum erfüllte sich Lars Riedel im Jahre 1996: Erstmals warf er den Diskus über 70 Meter weit und stellte mit 71,06 Metern eine neue persönliche Bestleistung auf. 1997 gewann er nicht nur die deutsche Meisterschaft, den Europacup und den Grand Prix, sondern wurde sogar Zweiter in der disziplinübergreifenden Wertung der Grand-Prix-Sportfeste. Und: In Athen wurde er wieder Weltmeister; der vierte Titel in Folge. Längst war er der „König des Diskusringes". Einer seiner Konkurrenten genervt: „Es war klar, dass wir alle nur um Platz zwei oder drei mitmachen." Trotz einiger Verletzungen ergänzte Riedel diese großartigen Erfolge 1998 noch mit dem Titel des Europameisters, den er in Budapest gewann.

Verletzungssorgen haben die gesamte Karriere von Lars Riedel, stolzer Vater eines Sohnes, stets begleitet. Doch immer wieder kämpfte er sich heran. So auch im Jahre 2000. Riedel gewann olympisches Silber in Sydney und verlängerte anschließend mit seinem vierten Europacupsieg und seiner achten deutschen Meisterschaft seine fabelhafte Erfolgsliste. Im Mai 2001 musste sich Lars Riedel einer komplizierten Knie-Operation (Meniskus und Knorpel) unterziehen. Wer jetzt mit seinem Laufbahn-Ende rechnete, wurde sehr rasch eines Besseren belehrt. Wenige Wochen später lieferte er sich mit dem Litauer Virgilius Alekna im kanadischen Edmonton einen großen und denkwürdigen Wettkampf um WM-Gold. Mit 69,72 Metern hatte Riedel das bessere Ende für sich und feierte seinen fünften WM-Triumph. Kaum jemand hatte diesen neuerlichen Erfolg für möglich gehalten. Lars Riedel wurde zum „Leichtathleten des Jahres 2001" gewählt.

Kraftvoll auf der Jagd nach Titeln: Lars Riedel.

„Ein unbeschreibliches Gefühl"

1996: Wieder Deutschlandlied für Jens Fiedler

Als für Jens Fiedler bei den Olympischen Spielen 1992 in Barcelona das Deutschlandlied anlässlich der Siegerehrung gespielt wurde, war der 22-Jährige anschließend kaum in der Lage, sein Glück in Worte zu fassen: „Ein unbeschreibliches Gefühl, bei der Siegerehrung oben zu stehen. Da kamen mir die Tränen." Kurz zuvor hatte der deutsche Radrennfahrer Gold gewonnen. Im Sprint setzte er sich im dritten Lauf gegen den Australier Garry Neiwand durch. Es war ein Sieg, der Nerven gekostet hatte. Schulter an Schulter waren die beiden Klassefahrer ins Ziel geschossen. Eine Fotoaufnahme musste über Gold und Silber entscheiden. Und es dauerte endlos erscheinende sechs Minuten, bis schließlich der Fiedler-Triumph dann offiziell verkündet wurde. Später erfuhr Jens Fiedler darüber hinaus, dass er in Barcelona die 1000. olympische Medaille für Deutschland seit 1896 gewonnen hatte.

Einen Olympiasieg zu wiederholen, war fortan das Ziel des Jens Fiedler. Schon als Kind war er zum Radsport gekommen. Am 15. Februar 1970 in Heidenau (südlich von Dresden) geboren, hatte er bereits zur Schulzeit seine sportliche Karriere im Sinn. Er siedelte gleich nach einer Lehre als Elektronik-Fachmann nach Berlin über, um die erfolgreiche DDR-Sportförderung mit dem Besuch der Kinder- und Jugendsportschule in Hohenschönhausen ausschöpfen zu können. Mit Erfolg: Er wurde Jugend-Hallenmeister der DDR und 1988 dann Junioren-Weltmeister im Sprint; der Durchbruch für „Fiedel".

Nach weiteren Erfolgen war klar, dass Jens Fiedler zu den großen deutschen Sporthoffnungen nach der Wende gehö-

Offizielles Plakat der Olympischen Sommerspiele von Atlanta.

ren würde. Alle Erwartungen rechtfertigte er überzeugend. Fiedler wurde Weltmeister und Deutscher Meister. Höhepunkt seiner Laufbahn aber war die Goldmedaille von Barcelona. Anschließend wurde es ruhiger um ihn. Zwar wurde er auch in den folgenden Jahren jeweils Deutscher Meister, ganz große Erfolge aber blieben aus, und eine Förderung für Sportler, wie sie in Mitteldeutschland praktiziert wurde, galt in der vereinigten Bundesrepublik nicht als vorrangig.

Sein Ziel, noch einmal auf dem olympischen Siegerpodest zu stehen, verlor Jens Fiedler jedoch nie aus den Augen. Er wechselte den Trainer und bereitete sich hochkonzentriert in Australien auf die Spiele von Atlanta vor. Zwei Goldmedaillen im Radfahren – das hatten zuvor nur der Franzose Daniel Morelon und Lutz Heßlich aus Cottbus vollbracht. Jens Fiedler wollte unbedingt auch zu diesen ganz Großen seiner Zunft gehören.

Am 28. Juli 1996 ist es dann soweit. Jens Fiedler präsentiert sich in Atlanta als wahres Kraftpaket. Sein Auftreten ist von Anfang an geprägt durch Kampfeswillen, höchste Konzentrationsfähigkeit und gleichzeitiger Lockerheit nach außen. Jeder spürt: Der Deutsche will es heute wissen. Er schafft es bis ins Finale. Dort wartet – vor Selbstbewusstsein strotzend – der US-Amerikaner Marty Nothstein, ein 97-Kilo-Hüne. Mit schlitzohriger Taktik geht Fiedler beide Läufe an. Und beide Male sieht Nothstein nur das Hinterrad des Deutschen. Fiedler siegt zunächst durch Zielfoto-Entscheid und schließlich durch einen souverän von vorn gefahrenen Spurt. Er hat es tatsächlich geschafft. Erneut erklingt in Atlanta das Deutschlandlied für Jens Fiedler. Gold!

In der Folgezeit gelang es Jens Fiedler mehrfach, seinen Olympiasieg zu bestätigen. 1997 wurde er in Berlin Sprint-Europameister sowohl im Einzel als auch mit der Mannschaft (gemeinsam mit Eyk Pokorny und Stefan Nimke). Zudem hatte sich Fiedler zu einem Meister der neuen Raddisziplin Keirin entwickelt. 1998 und 1999 wurde er Keirin-Weltmeister. Mittlerweile 30 Jahre alt und Vater eines Sohnes, trat Fiedler bei den Olympischen Spielen des Jahres 2000 in Sydney erneut an – und kehrte mit zwei Bronze-Medaillen (Keirin und Sprint) heim. Im Sprint konnte er vor 6000 begeisterten Zuschauern noch einmal seinen langjährigen Rivalen Laurent Gane aus Frankreich schlagen – dann aber nahm der Amerikaner Nothstein Revanche für seine Niederlage von 1996 und besiegte den Deutschen. Fiedler war dennoch zufrieden: „Auch bei meinen dritten Spielen habe ich es auf das Podest geschafft, was kann man mehr erwarten?"

Atlanta 1996: Deutsche Olympiasieger

Judo, Halbleichtgewicht (bis 75 Kilogramm): Udo Quellmalz
Kanu, 500 Meter: Bundesdeutscher Kajak-Zweier der Männer
Kanu, 1000 Meter: Bundesdeutscher Kajak-Vierer der Männer
Kanu, 1000 Meter: Kanadier-Zweier, Männer: Bundesrepublik
Kanu, 500 Meter: Bundesdeutscher Kajak-Vierer der Frauen
Kanu, Slalom: Bundesdeutscher Kajak-Einer der Herren (Oliver Fix)
Leichtathletik, Diskuswerfen, Männer: Lars Riedel
Leichtathletik, Diskuswerfen, Frauen: Ilke Wyludda
Leichtathletik, Kugelstoßen, Frauen: Astrid Kumbernuss
Radfahren: Jens Fiedler (Sprint)
Pferdesport, Dressur, Einzel: (Isabell Werth)
Pferdesport, Dressur, Mannschaft: Bundesrepublik
Pferdesport, Springreiten, Einzel: (Ulrich Kirchhoff)
Pferdesport, Springreiten Mannschaft: Bundesrepublik
Rudern: Bundesdeutscher Doppel-Vierer der Männer
Rudern: Bundesdeutscher Doppel-Vierer der Frauen
Segelsport, Soling: Bundesrepublik Deutschland
Segelsport, „Match, Race": Bundesrepublik Deutschland
Schießsport, Kleinkaliber, liegend: Christian Klees
Schießsport, Schnellfeuerpistole: Ralf Schumann

Der Tiger aus Danzig

1997: Michalczewski Dreifach-Weltmeister

Endlich hat der „Tiger" seinen großen Kampf. Am 13. Juni 1997 stehen sich in Oberhausen WBO-Weltmeister Dariusz Michalczewski und IBF- sowie WBA-Weltmeister Virgil Hill gegenüber. Jener Hill, der kürzlich die deutsche Box-Legende Henry Maske entthronte. Dieser Kampf ist für den „Tiger" eine Wiedergutmachung. Zu gerne hätte er zuvor gegen Maske geboxt, um den deutschen Boxfreunden zu zeigen, wer der „wahre deutsche Champion" ist. Das Maske-Lager aber hatte immer abgewunken. Ging es ums Geld? Angst vor einer Niederlage? Der vielfach geforderte Kampf wurde jedenfalls nie verwirklicht. Jetzt aber hat Dariusz Michalczewski jenen Mann vor den Fäusten, der Henry Maske besiegen konnte …

Von der ersten Runde an zeigen beide Halbschwergewichts-Boxer eine Weltklasse-Leistung. Sie schenken sich nichts. „Tiger, Tiger" hallt es in der Halle. Die Zuschauer sind begeistert. Michalczewski weiß, worum es geht. Heute ist eine Dreifach-Weltmeisterschaft möglich. Im Boxen gibt es vier verschiedene internationale Verbände, die jeweils ihren Weltmeister führen. Dariusz ist einer dieser Weltmeister. Zwei weitere Verbände aber führen Virgil Hill ganz vorn. Gewinnt Michalczewski heute, übernimmt er zusätzlich die beiden Titel seines Gegenübers. Und der „Tiger" setzt sich durch. Von Runde zu Runde wird er stärker und zeigt Hill seine Grenzen auf. Ein Niederschlag erscheint jederzeit möglich. Dariusz ist bärenstark. Am Ende des Kampfes kann er die Punktrichter überzeugen und siegt mit 3:0. Virgil Hill ist letztlich ohne jede Chance. Dreifach-Weltmeister Dariusz Michalczewski! Nie

Dariusz „Tiger" Michalczewski
(hier ein Bildband über den Boxer)

war ein für Deutschland boxender Sportler erfolgreicher!

Dariusz Michalczewski stand in den 90er Jahren immer im Schatten des Henry Maske. Dabei war der Danziger erfolgreicher, sein Boxstil spektakulärer. Kein Wunder also, dass Michalczewski die Schuld an diesem Umstand auf seine Vermarkter und auch auf Massenmedien schob. Denn an seinen sportlichen Leistungen konnte die mangelnde Popularität nicht gelegen haben.

Geboren wurde der „Tiger" am 5. Mai 1968 in Danzig. Sein Onkel konfrontierte ihn früh mit dem Boxsport. Bereits 1985 war er Jugendmeister in polnischen Verbänden. 19-jährig erkämpfte er sich

den nationalen Meistertitel im Mittelgewicht. Am 24. April 1988 setzte er sich in
den Westen ab, boxte hier zunächst für
Hanau und Leverkusen. 1991 wurde Michalczewski in Göteborg Europameister.
Damit war der Weg ins Profi-Lager frei.
Von bis dahin 150 Amateur-Kämpfen
hatte der „Tiger" 139 gewonnen, 89 davon jeweils mit Niederschlag des Geg-
ners.
Im Jahre 1991 siedelte Dariusz nach
Hamburg über, wo er sich durch seine
volkstümliche und unkomplizierte Art
viele Freunde machte. Sein draufgängeri-
scher Kampfstil sorgte für einen rasch
steigenden Bekanntheitsgrad. Am 10.
September 1994 errang er in Hamburg
gegen den US-Titelträger Leonzer Barber
den Halbschwergewichts-Weltmeisterti-
tel. In den folgenden Jahren konnte Dariusz Michalczewski seinen Titel immer
wieder verteidigen, oft durch Niederschlag, manchmal auch nur mit Mühe.

Mehr als 40 Profikämpfe hat er gewonnen. Unvergessen sein Kampf gegen Graciano Rocchigiani am 10. August 1996 in
Hamburg, den der „Tiger" erst nach einer
umstrittenen Disqualifikation seines Geg-
ners gewann. Den Rückkampf im April
2000 gewann Michalczewski dann klar.
Vor dem Hill-Kampf sorgte Dariusz Michalczewski mit folgender Aussage für
Aufsehen: „Ich bin stolz auf meine Heimat Deutschland (…) Mein Opa war ein
deutscher Soldat, hat für Hitler gekämpft.
Ich kann doch die Deutschen meiner Generation nicht für Hitler verantwortlich
machen, genauso wenig wie die jungen
Russen für Stalin, der der größte Mistkerl
war. Und wenn bei uns mal einer sagt,
Scheißpole, Scheißtürke, dann ist er
gleich ein Nazi. Ausländer haben auch
das Recht, dass ihnen mal ein ‚Scheiß-
deutscher' rausrutscht. So etwas ist
menschlich und hat mit Rassismus nichts
zu tun."

WM-Kämpfe des „Tigers" 1994–2000

1994:	Weltmeister (WBO)	Punktsieg über Leonzer Barber
1994:	Titelverteidigung	K.O.-Sieg über Nestor Giovanni
1995:	Titelverteidigung	K.O-Sieg über Roberto Domiguez
1995:	Titelverteidigung	K.O.-Sieg über Paul Carlo
1995:	Titelverteidigung	K.O.-Sieg über Everado Armenta
1995:	Titelverteidigung	Punktsieg über Philippe Michel
1996:	Titelverteidigung	K.O.-Sieg über Asluddin Umarow
1996:	Titelverteidigung	Punktsieg über Cristophe Girard
1996:	Titelverteidigung	Disqualifikationssieg über Graciano Rocchigiani
1996:	Titelverteidigung	Sieg (Technischer K.O.) über Cristophe Girard
1997:	Titelverteidigung	Punktsieg über Virgil Hill
1997:	Titelverteidigung	Sieg (Technischer K.O.) über Nicky Piper
1997:	Titelverteidigung	Sieg (Technischer K.O.) über Daren Zenner
1998:	Titelverteidigung	Sieg (Technischer K.O.) über Andreas Magi
1998:	Titelverteidigung	K.O.-Sieg über Mark Price
1998:	Titelverteidigung	Sieg (Technischer K.O.) über Drake Thadzi
1999:	Titelverteidigung	Sieg (Technischer K.O.) über Muslim Biarslanow
1999:	Titelverteidigung	Sieg (Technischer K.O.) über Montell Griffin
2000:	Titelverteidigung	Sieg (Technischer K.O.) über Graciano Rocchigiani
2000:	Titelverteidigung	Sieg (Technischer K.O.) über Ka-Dy King

Der deutsche Gigant

1997: Jan Ullrich gewinnt Tour de France

Die „Tour de France", das berühmteste und härteste Radrennen der Welt. Am 1. Juli 1903 fiel in einem kleinen Vorort von Paris erstmals ein Startschuss zu einer Tour-de-France-Etappe. In den kommenden mehr als 90 Jahren sollte nie ein Deutscher dieses faszinierende Rennen gewinnen. Zwar konnte der legendäre Rudi Altig im Jahre 1962 das so genannte Grüne Trikot für den Punktbesten als erster Deutscher einfahren und 1964 in der Spitzengruppe mitmischen; zwar gelang es Dietrich „Didi" Thurau im Jahre 1977, lange die Tour anzuführen, um kurz vor Schluss noch abgefangen zu werden, zwar konnte im Jahr darauf auch Klaus-Peter Thaler zwischenzeitlich das Gelbe Trikot erkämpfen, aber bis zum Jahre 1997 war niemals die deutsche Nationalhymne für den Tour-Sieger gespielt wurden.

Dann war es doch soweit. 14. August 1997! Tausende Deutsche waren nach Paris gekommen. Um 18.07 Uhr wurde Wirklichkeit, was den Deutschen bisher verwehrt blieb: Sieg bei der „Tour de France". Den Jahrhundert-Triumph konnte der 23-jährige Jan Ullrich einfahren. 3942 Kilometer hatte er sich zuvor abgequält, um für die Gesamtwertung einen Neun-Minuten-Vorsprung vor dem Franzosen Richard Virenque herauszufahren. Die französische Sportzeitung „L'Equipe" staunte: „Der neue Riese! Er ist erst 23 Jahre alt, aber er hat bereits alle seine Gegner geschafft."

Der große Favorit dieser Tour ist der Däne Bjarne Riis. Doch bereits auf der ersten Etappe verliert er nach einem Sturz eine Minute auf Jan Ullrich. Der Deutsche wittert schon frühzeitig seine große Chance. Kilometer für Kilometer zeigt er

Mit ungezählten TV-Sendungen, Zeitungsbeiträgen, Dokumentationen und Hochglanzbroschüren wurde der erste deutsche Tour-Sieg in der Heimat begeistert aufgearbeitet.

sich hundertprozentig konzentriert. Nach der 10. Etappe hat er sich das Gelbe Trikot des Führenden erkämpft; als erster deutscher Fahrer seit Klaus-Peter Thaler im Jahre 1978. Der Franzose Virenque entpuppt sich in den kommenden Tagen als härtester Widersacher des Deutschen. Doch weder er noch die schwierigen Bergetappen der folgenden Tage können Ullrichs Siegesfahrt stoppen. Längst ist in der Heimat eine bisher ungekannte Radsport-Euphorie ausgebrochen. Deutschland fiebert mit Jan Ullrich.

Dann macht unserem „Riesen" eine Bronchitis zu schaffen. Muss Ullrich aufgeben? Er beißt sich – mit Hilfe seiner großartigen Mannschaftskameraden – weiter durch. „Quäl Dich, Du Sau", schreit ihm Kollege Udo Bölts vom Fahrrad aus zu, als Ullrich einen Gang zurückschalten will. Die Schinderei wird belohnt. Als die Fahrer in Paris eintreffen, hat Ullrich dem Franzosen mehr als neun Minuten Vorsprung abgetrotzt. Welch ein Sieg, welch ein Triumph! Viele Sympathiepunkte sammelt Jan Ullrich in dieser Stunde durch sein bescheidenes Auftreten. Immer wieder bedankt er sich bei seinen Kollegen für die meisterhafte Unterstützung.

Jan Ullrich wurde am 2. Dezember 1973 in Rostock geboren. Sein überragendes Talent wurde frühzeitig entdeckt. Mit neun Jahren bestritt er bereits seine ersten Rennen, ehe er mit 13 Jahren in die Obhut des damaligen „Ostberliner Dynamo-Internats" gelangte. Die wohl berühmteste DDR-Schule für werdende Spitzensportler prägte ihn, schulte Disziplin und Ausdauer. Der Lohn: Im Jahre 1993 wurde Jan Ullrich Straßen-Weltmeister der Amateure in Oslo. Dieser Erfolg war sein großer sportlicher Durchbruch.

Im Jahre 1994 erkämpfte er einen dritten Platz bei der Weltmeisterschaft für Amateur-Straßenrennfahrer, 1955 wurde er deutscher Zeitfahrmeister über 50 Kilometer. Schließlich wechselte Jan Ullrich ins Lager der Profis. 1996 gewann er erstmals eine Tour-de-France-Etappe und wurde am Ende Zweiter. Sein Tour-Triumph im Jahr darauf wurde durch die Wahl zum „Weltradsportler des Jahres" komplettiert. Außerdem siegte er 1997 bei der deutschen Straßenmeisterschaft. Im Jahre 1999 erreichte Ullrich den Weltmeister-Titel im Einzelfahren und gewann die Spanien-Rundfahrt. Er ist Olympiasieger im Straßenrennen und Silbermedaillengewinner im Einzelzeitfahren (2000).

Jan Ullrich hat viel erreicht. Er gehört zur absoluten Weltspitze im Radrennsport. Bescheidenheit lebt er vor: „Ich muss nicht immer der Beste sein." Viermal ist er Zweiter bei der Tour de France geworden; 1996, 1998, 2000 und 2001, geschlagen von Ausnahme-Fahrer Lance Armstrong aus den USA. Doch es ist der Lebenstraum des Jan Ullrich, erneut die Tour de France zu gewinnen. So wie 1997, beim deutschen Triumph von Paris!

Der Ullrich-Triumph im Spiegel der Presse

„L'Equipe", Frankreich
„Ein neuer Gigant wurde geboren, der im Jahr 2001 erst 27 sein wird – in diesem Alter gewann Miguel Indurain seine erste Tour."

„Daily Mail", England
„Paris grüßt den neuen Sultan des Sattels!"

„Bild am Sonntag", Bundesrepublik
„Jan, heute wirst Du unsterblich!"

„Le Parisien", Frankreich
„Wir sahen den Champion 2000!"

„Le Figaro", Frankreich
„Der Triumphbogen schien Jan Ullrich gewidmet zu sein. Er ist noch recht jung, um ein Gott zu sein. Aber die Menge macht aus ihm einen Messias."

„The Guardian", England
„Ullrich führt den Triumph der Jugend vor."

„El Mundo", Italien"
„Ein Deutscher nimmt Paris ein!"

„Daily Telegraph", England
„Der neue König hat eine lange Herrschaft vor sich!"

„El Pais", Spanien
„Der Radsport hat jetzt einen Kaiser!"

„Kurier", Österreich
„Triumphzug für einen Himmelsstürmer!"

Die Besten der Welt

1997: Dortmunds Fußballer auf dem Gipfel

Tokio, 2. Dezember 1997: 46 953 Zuschauer verfolgen das Fußball-Finale im Weltpokal. 21 Jahre ist es nun her, dass mit dem FC Bayern zuletzt eine deutsche Mannschaft diese Trophäe erringen konnte. Heute will es Borussia Dortmund wissen. Der Gegner kommt aus Brasilien. Die Kicker vom Klub Belo Horizonte sind hochmotiviert, haben sich speziell für dieses Spiel mit drei Akteuren verstärkt. Tatsächlich legen sie los wie die Feuerwehr. BVB-Torwart Stefan Klos muss seine ganze Klasse aufbieten, um seine Truppe vor einem Rückstand zu bewahren. In der 2., 6. und in der 12. Minute riskiert der Dortmunder Torwart jeweils Kopf und Kragen und rettet in glänzender Manier das 0:0.

Dann kommt Dortmund besser ins Spiel. Noch vor der Halbzeit kann Mittelfeldmann Michael Zorc eine Unachtsamkeit in der brasilianischen Hintermannschaft zum 1:0 nach schöner Flanke vom Schweizer Außenstürmer Chapuisat nutzen. Auch im zweiten Spielabschnitt kontrolliert der BVB zunächst das Geschehen auf dem Rasen. Dann werden die Brasilianer wieder stärker. Zunehmend geraten die Schwarz-Gelben jetzt ins Hintertreffen. Ab der 67. Minute aber steht Belo Horizonte nur noch mit zehn Mann auf dem Platz, geschwächt durch einen Platzverweis. Jetzt hat der BVB alle Trümpfe in der Hand. Und tatsächlich kann die Truppe den Vorteil nutzen: Kurz vor Spielschluss führt Stürmer Herrlich die Entscheidung herbei: 2:0. Dortmund gewinnt den Weltpokal. Trainer Nevio Scala: „Meine Mannschaft hat mit Begeisterung, Herz und Seele gespielt. Ich bin stolz auf meine Spieler."

Traditionsverein Borussia Dortmund

Gründungsdatum: 19. Dezember 1909
Deutscher Meister:
1956, 1957, 1963, 1995, 1996, 2002
Deutscher Pokalsieger: 1965, 1989
Europapokal der Pokalsieger: 1966
Europapokal der Landesmeister: 1997
(„Champions League")
Höchster Bundesliga-Sieg: 11:1 gegen
Arminia Bielefeld (6. November 1982)
Spieler mit den meisten Bundesliga-Einsätzen:
Michael Zorc (463 Spiele)
Erfolgreichster Torjäger:
Manfred Burgsmüller (135 Tore)

Der Weltpokalsieger trat mit folgender Aufstellung an: Stefan Klos, Wolfgang Feiersinger, Stefan Reuter, Julio Cesar, Steffen Freund, Paolo Sousa, Michael Zorc, Jörg Heinrich, Andreas Möller, Heiko Herrlich, Stephane Chapuisat.
Um sich für dieses Weltpokal-Finale zu qualifizieren, hatte es des größten Erfolges in der BVB-Vereinsgeschichte bedurft. Und der wurde am 27. Mai 1997 erkämpft. Im Münchner Olympiastadion traf Borussia Dortmund im Endspiel um den Pokal der Landesmeister („Champions League") auf die Truppe von Juventus Turin. Fußball-Deutschland blickte gebannt auf dieses Endspiel. Schließlich war es seit dem HSV-Erfolg von 1983 keiner deutschen Mannschaft mehr gelungen, diesen begehrtesten europäischen Pokal in die Heimat zu holen. Der Weltpokal ist zwar auf dem Papier der höchste Titel, den eine Vereinsmannschaft überhaupt gewinnen kann, doch ist der Stellenwert in Europa nicht sehr überragend.

Der BVB ging mit folgender Aufstellung in dieses wichtigste Spiel der Dortmunder Vereinsgeschichte: Stefan Klos, Jürgen Kohler, Matthias Sammer, Martin Kree, Stefan Reuter, Paul Lambert, Paolo Sousa, Andreas Möller, Jörg Heinrich, Karlheinz Riedle, Stephane Chapuisat. Sensationell schossen die Schwarz-Gelben bis zur Halbzeit eine 2:0-Führung heraus. Stürmer Riedle hatte doppelt getroffen. Die Italiener waren geschockt, hatten sich für die zweite Halbzeit eine Menge vorgenommen und setzten ab der 45. Spielminute bereits alles auf eine Karte. In der 64. Minute fiel der Anschlusstreffer. Nur noch 1:2!

Was nun geschah, ist als Sternstunde in den deutschen Sport eingegangen. Gerade als die Überlegenheit von Juventus erdrückend wurde, wechselte Trainer Ottmar Hitzfeld den blutjungen Spieler Lars Ricken ein. Der kam auf das Spielfeld, schnappte sich Sekunden später das runde Leder und drosch es zum entscheidenden 3:1 ins Netz von Juventus. Welch ein Jubel! Der „Pott" geht in den „Pott"! Mehr als 100 000 begeisterte Menschen empfingen die Spieler von Borussia Dortmund am folgenden Tag in der Heimatstadt. Eine rauschende Siegesfeier schloss sich an.

Der Gewinn der „Champions League" krönte alle bisherigen Erfolge des traditionsreichen Dortmunder Fußballklubs. Der BVB war 1956 erstmals deutscher Fußballmeister geworden (4:2 gegen den Karlsruher SC), konnte im Jahre 1966 als erste deutsche Mannschaft den Europapokal der Pokalsieger gewinnen (2:1 gegen Liverpool in Glasgow), fuhr in den Jahren 1995 und 1996 nacheinander die deutsche Meisterschaft ein. Dies alles reicht nicht heran an diesen fantastischen Triumph über Juventus Turin an jenem Mai-Abend des Jahres 1997 in München.

Borussia Dortmund gehört nach den Erfolgen der jüngsten Vergangenheit zu den beliebtesten Vereinen in der Bundesrepublik.

„Herminator", der Teufelskerl

1998: Hermann Maiers Doppelsieg

Es ist der 16. Februar 1998. Die alpinen Ski-Wettbewerbe bei den Olympischen Spielen von Nagano werden heute mit dem Super-G der Herren fortgesetzt. Vor drei Tagen war der Österreicher Abfahrtsläufer Hermann Maier hier auf furchtbare Weise gestürzt. Die deutsche Medaillenhoffnung wurde mehrere Meter durch die Luft geschleudert, schlug anschließend mit den Schultern auf und durchbrach die Fangnetze. Bilder, die um die Welt gingen. Würde er jemals wieder Sport treiben können? Millionen Sportfreunde sorgten sich um den 25-jährigen Österreicher.

Viele trauen denn auch ihren Augen nicht, als Hermann Maier sich jetzt, kaum 70 Stunden nach seinem Sturz, für den Start im Super-G bereit macht. Und er donnert förmlich den Abhang herunter, fährt spektakulär und aggressiv – direkt zum Sieg. Niemand der Zuschauer kann glauben, was er da eben gesehen hat. Hermann Maier zu staunenden Reportern: „Ich hatte in paar Probleme mit meinem Knie und meiner Schulter. Am Start musste ich einen Moment des Zweifels überwinden, aber als ich meinen Rhythmus gefunden hatte, war alles in Ordnung." Wie ein Ausrufungszeichen hinter seine Worte steuert der „Herminator", so sein Spitzname, am 19. Februar noch einen weiteren Sieg im Riesenslalom hinzu. Sechs Tage nach seinem Sturz war Hermann Maier, die Lichtgestalt der alpinen Skiwelt, somit zweifacher Olympiasieger.

Hermann Maier wurde am 7. Dezember 1972 in der kleinen Salzburger Gemeinde Flachau geboren. Seine Eltern, Inhaber

Plakat der Olympischen Winterspiele von Nagano.

einer Skischule, führten ihn frühzeitig an das Skifahren heran. An eine Karriere als Leistungssportler aber war nicht zu denken. Hermann Maier litt unter Wachstumsstörungen. Er absolvierte statt dessen eine Lehre als Maurer. Skirennen bestritt er nur noch sporadisch, war aber bei regionalen Sportveranstaltungen immer schon besonders erfolgreich. Ein Verantwortlicher des Salzburger Skiverbandes entdeckte ihn schließlich. Und nach Siegen bei den Salzburger Landesmeisterschaften wurde schließlich und endlich auch der Österreichische Skiverband auf ihn aufmerksam.

Nach einigen Erfolgen im Europacup bestritt Hermann Maier im Winter 1996/97 dann seine ersten Weltcup-Rennen. 1997 fuhr er in Garmisch seinen ersten Sieg ein. Für Hermann Maier bedeutete dies der Durchbruch. In den kommenden Monaten brach er „lawinengleich über den alpinen Weltcup" herein (so die „Süddeutsche Zeitung"). Bei 17 Saisonrennen fand er sich in 14 Fällen auf dem Siegertreppchen wieder. Als erster Österreicher seit Karl Schranz (1969 und 1970) wurde Hermann Maier Weltcup-Sieger.

Der Olympia-Triumph von Nagano ließ ihn schließlich zur Berühmtheit werden. Ein ungeahnter Pressewirbel brach nach Beendigung der Spiele über ihn herein. Er war der weltweit überragende Skiläufer des ausgehenden Jahrhunderts. Weiterhin gewann er mit der Regelmäßigkeit eines Uhrwerks Weltcup-Rennen. Bei seinen Konkurrenten wurde bereits ein „Maier-Komplex" vermutet. 1999 wurde er Doppel-Weltmeister (Super-G und Abfahrt). Österreichs Ski-Legende Toni Sailer: „Er hat eine wunderbare Technik und enorme Kraft. Damit kann er eine Linie fahren wie kein anderer."

Hermann Maier dominierte den Ski-Zirkus des Winters 2000 fast nach Belieben. Er gewann die ersten vier Weltcup-Rennen. Am Ende der Zwischensaison stellte er mit 2000 Punkten einen neuen Weltcup-Rekord auf. Dazu kamen noch Disziplinsiege in Abfahrt, Super-G und Riesenslalom. Der Weltcup-Gesamtsieger war in der Form seines Lebens, die er auch im Winter 2000/2001 mehr als eindrucksvoll bestätigte. Maier konnte seinen Weltcup-Sieg abermals verteidigen, siegte wiederum im Riesenslalom, Super-G und Abfahrt. Er wurde zum „Sportler des Jahres 2001" gewählt und galt frühzeitig als der große Favorit für die Olympischen Winterspiele von Salt Lake City im Jahre 2002.

Dann der Schock: Am 24. August 2001 geriet der Ausnahmesportler bei München unverschuldet in einen schweren Autounfall, musste wochenlang im Krankenhaus zubringen. Zeitweise berichteten Medien gar über lebensgefährliche Verletzungen und eine mögliche Amputation seines rechten Beines. Hermann Maier überlebte den Unfall und begann sofort nach seiner Entlassung aus dem Krankenhaus wieder mit dem Krafttraining. An eine Teilnahme bei den Olympischen Spielen 2002 allerdings war nicht mehr zu denken.

1998: Deutsche Olympiasieger

Biathlon: Bundesdeutsche 4 x 7,5-Kilometer-Staffel der Frauen
Biathlon: Bundesdeutsche 4 x 7,5-Kilometer-Staffel der Männer
Eisschnelllauf: 3000 Meter, Frauen (Gunda Niemann, BR Deutschland)
Eisschnelllauf: 5000 Meter, Frauen (Claudia Pechstein, BR Deutschland)
Bob: Vierer-Bob „Deutschland II"
Rodeln: Einsitzer, Männer (Georg Hackl, BR Deutschland)
Rodeln: Einsitzer, Frauen (Silke Kraushaar, BR Deutschland)
Rodeln: Bundesdeutscher Doppelsitzer der Männer
Ski: Super-G, Männer (Hermann Maier, Österreich)
Ski: Riesenslalom, Männer (Hermann Maier, Österreich)
Ski: Alpine Kombination, Männer (Mario Reiter, Österreich)
Ski: Alpine Kombination, Frauen (Katja Seizinger, BR Deutschland)
Ski: Abfahrtslauf, Frauen (Katja Seizinger, BR Deutschland)
Ski: Spezialslalom, Frauen (Hilde Gerg, BR Deutschland)
Snowboard: Halfpipe (Nicola Thost, BR Deutschland)

Die Medaillen-Sammlerin

2000: Birgit Fischer schreibt Geschichte

Am 1. Oktober 2000 beendet Birgit Fischer ihre sportliche Karriere. Gerade eben hat die Kanu-Fahrerin gemeinsam mit Kathrin Wagner aus Potsdam olympisches Gold im Zweier gewonnen. Ein turbulentes Rennen, das wegen Sturmchaos kurzfristig um sechs Stunden verschoben werden musste. Doch Birgit Fischer kennt keine Nervosität. Dafür ist sie seit vielen Jahren bekannt. Die 38-Jährige erklärt anschließend in Sydney: „Das war heute definitiv mein letztes Rennen. Irgendwann muss man mal einen Schlussstrich ziehen." Als sie dies sagt, liegen mehr als zwei Jahrzehnte Spitzensport hinter ihr. Birgit Fischer ist die erfolgreichste deutsche Olympia-Teilnehmerin aller Zeiten.
Wenige statistische Daten lassen bereits den Glanz ihrer einzigartigen Erfolgs-Laufbahn erahnen: Birgit Fischer ist siebenfache Olympiasiegerin im Kanufahren. Darüber hinaus hat sie drei Silbermedaillen gewonnen. Ferner war sie 27-mal Weltmeisterin, zweimal Europameisterin, 17-mal Deutsche Meisterin und gewann sieben DDR-Meistertitel. Die Ausnahmeathletin: „Seit mehr als einem Vierteljahrhundert ist meine Lust auf Kanurennen die Gleiche geblieben – die Lust am Schnellfahren, an der Körperbeherrschung, am Siegen."

Birgit Fischer kam am 25. Februar 1962 in Brandenburg an der Havel zur Welt. Ihr Vater nahm sie früh zu so genannten Kanu-Wanderungen mit. Birgit Fischer: „Ich bin durch meine Eltern praktisch im Kanu aufgewachsen." Als Sechsjährige trat sie in den Verein „Stahl Brandenburg" ein. Bald wurde ihr großes Talent gezielt gefördert. Sie besuchte 1975 die

Birgit Fischers olympischer Rekord

1980 in Moskau:
  Gold im Kajak-Einer, 500 Meter
1988 in Seoul:
  Silber im Kajak-Einer, 500 Meter
  Gold im Kajak-Zweier, 500 Meter
  Gold im Kajak-Vierer, 500 Meter
1992 in Barcelona:
  Gold im Kajak-Einer, 500 Meter
  Silber im Kajak-Vierer, 500 Meter
1996 in Atlanta:
  Silber im Kajak-Zweier, 500 Meter
  Gold im Kajak-Vierer, 500 Meter
2000 in Sydney:
  Gold im Kajak-Zweier, 500 Meter
  Gold im Kajak-Vierer, 500 Meter

Kinder- und Sportschule im Internat des „ASK Vorwärts Potsdam". Mit Erfolg: Bei der Spartakiade 1975 in Berlin gewann sie ihre ersten Medaillen, und schon 1979 wurde sie in Duisburg eine der jüngsten Weltmeisterinnen aller Zeiten. Bei den Spielen von Moskau erkämpfte sie 1980 ihre erste olympische Goldmedaille. Mit 18 Jahren und 158 Tagen war sie die jüngste Kanu-Olympiasiegerin. Der Olympiasieg bedeutete gleichzeitig den endgültigen internationalen Durchbruch für Birgit Fischer.
Trotz großer Sporterfolge schloss sie 1982 ihre Schulausbildung mit dem Abitur ab. Ein Studium der Rechtswissenschaft stellte sie zu Gunsten ihrer sportlichen Laufbahn zurück. Später studierte sie erfolgreich Sportwissenschaft.
Als mehrfache Weltmeisterin bereitete sie sich frühzeitig auf die Olympischen Spiele von Los Angeles 1994 vor. Drei

Goldmedaillen hatte sie im Visier, ehe die DDR sich dem Boykott zahlreicher „Ostblockstaaten" anschloss. Die legendäre Erfolgsbilanz der Birgit Fischer hätte also durchaus noch ausgeweitet werden können, zumal sie wegen der Geburt ihres Sohnes in der Saison 1984/85 pausierte. Sofort fand sie anschließend wieder Anschluss an die Weltspitze. Zwei weitere olympische Goldmedaillen fuhr sie im Zweier und im Vierer bei den Spielen in Seoul 1988 ein. Dann erklärte sie überraschend ihren Rücktritt vom Spitzensport. Sie brachte anschließend eine gesunde Tochter zur Welt und leitete den Kanu-Landesverband Brandenburg als Geschäftsführerin.

Die Wiedervereinigung von West- und Mitteldeutschland verleitete Birgit Fischer dazu, ihren Traum vom Start in einer gesamtdeutschen Mannschaft zu verwirklichen. Ihr „Comeback" glückte voll und ganz. Sie gewann 1992 bei den Sommerspielen von Barcelona Gold im Einer. Selbst Optimisten hatten zu diesem Zeit-

punkt nicht damit gerechnet, dass Birgit Fischer noch zwei weitere Olympische Spiele erfolgreich bestreiten und sogar als 38-Jährige noch im Jahre 2000 Gold in Sydney erreichen würde.

Birgit Fischer wird ihre großen Erfahrungen als Trainerin für deutsche Nachwuchskanuten zur Verfügung stellen. Unzufrieden ist sie allerdings mit der bundesdeutschen Sportförderung. Birgit Fischer: „Die Sportschulen sind im Grunde genommen keine mehr, auch wenn man draußen Eliteschulen dranschreibt." Sportschulen für Kinder und Jugendliche müssten das Fundament einer Pyramide sein, an deren Spitze die Weltklasse stehen solle, erläuterte sie ihre Vorstellungen und warnte gleichzeitig: „Es ist eine Frage der Zeit, bis es auch oben wackelt. Wenn nichts geschieht, werden wir in ein, zwei Olympischen Spielen wieder auf dem Niveau gelandet sein, das die Bundesrepublik in den 70er- und 80er Jahren hatte."

Birgit Fischer (vorn) sowie Anett Schuck, Kathrin Wagner und Manuela Mucke: Gold in Sydney.

Rekorde für die Ewigkeit

2001: Michael Schumachers Triumphzug

Es ist der 19. August 2001. Michael Schumacher gewinnt auf Ferrari den Großen Preis von Ungarn. Es ist mittlerweile sein 4. Weltmeisterschaftstitel. Auch in Italien feiern sie den Deutschen längst als Helden. Seit 1979 hatte der traditionsreiche Rennstall keinen WM-Titel mehr gewonnen. Bis Schumacher kam. Sieg im Jahre 2000, Sieg im Jahre 2001. Zudem kann Ferrari durch die Schumacher-Erfolge zum dritten Mal in Folge die so genannte Konstrukteurs-Weltmeisterschaft gewinnen. In Deutschland hält die Euphorie um den Rennfahrer nun schon seit Jahren unvermindert an. Schumacher begeistert durch kompromisslosen Einsatz, hohe Risikobereitschaft, offene Fahrweise, exzellente Fahrzeugbeherrschung und unbeugsamen Siegeswillen.

Im Jahre 1996 war der Deutsche vom berühmten Ferrari-Rennstall unter Vertrag genommen worden. Spätestens zu diesem Zeitpunkt galt Schumacher als bestbezahlter Rennfahrer aller Zeiten. Die Erwartungen im erfolgshungrigen Ferrari-Stall waren ungemein hoch. Bereits in seinem dritten Rennen für die „Roten" stand Schumacher erstmals als Grand-Prix-Sieger auf dem Siegerpodest. Bei strömendem Regen triumphierte er in Spanien. Vor hunderttausenden fanatisierten italienischen Ferrari-Anhängern siegte er zudem auch auf deren „Hausstrecke" von Monza und löste dort einen nationalen Begeisterungstaumel aus. Am Ende seines ersten Ferrari-Jahres wurde Michael Schumacher WM-Dritter.

Im Jahr darauf fuhr er nach einem packenden Duell mit dem Kanadier Jacques Villeneuve den Vizeweltmeister-Titel ein. Dem Deutschen wurde dieser Erfolg spä-

Jubel um Michael Schumacher.
Hier siegt er beim Großen Preis
von Australien (4. März 2001).

ter wegen Unsportlichkeit aberkannt. Angeblich soll er versucht haben, seinen Kontrahenten bewusst zu rammen. Die fünf in jenem Jahr errungenen Schumacher-Siege behielten in den Statistiken jedoch ihre Wertung. Der Ferrari-Druck auf den Fahrer wurde schließlich immer größer. Der erste WM-Titel seit 1979 musste jetzt unbedingt her. Nach vielen spektakulären Rennen und einem unvergessenen Zweikampf mit Mika Häkkinen blieb dann abermals „nur" der zweite Platz. Der Finne behielt auch im Jahr darauf die Oberhand, allerdings begünstigt durch einen schweren Schumacher-Unfall beim Großen Preis von England in Silverstone, der eine wochenlange Zwangspause des Kerpeners zur Folge hatte.

In der Saison 2000 war es dann endlich soweit. Michael Schumacher fuhr seinen dritten WM-Titel ein. Die ersten drei Saisonrennen hatte er souverän gewonnen.

Dann schien ihn das Glück zu verlassen, und es sah so aus, als würde er wiederum den undankbaren zweiten Platz einnehmen müssen. Doch mit einem sensationellen Rennen beim Großen Preis von Italien kämpfte er sich zurück. Anschließend triumphierte er auch in US-Amerika und in Japan. Siege, die den Titel bedeuteten und sowohl in der Bundesrepublik Deutschland als auch in Italien einen wahren Freudentaumel zur Folge hatten.

Das Jahr 2001 sah dann einen – jetzt vom Erfolgsdruck befreiten – Schumacher, der unschlagbar zu sein schien: Sieg in Melbourne, Sieg in Malaysia. Und auch in Imola gab es einen Schumacher-Sieg – allerdings für seinen sechs Jahre jüngeren Bruder Ralf, der sich mittlerweile an die Weltspitze herangekämpft hatte. Fortan lieferten sich die beiden Brüder mehrere packende Auseinandersetzungen – auch einen solchen „Bruderkampf" hatte die Welt zuvor noch nicht gesehen. Konkurrent Häkkinen stöhnte nach einem weiteren Brüder-Doppelsieg in Kanada:

„Zum Glück gibt es nur zwei Schumachers." Michael Schumacher konterte: „Ist doch klasse: Wenn es bei mir mal nicht so klappt, habe ich immer noch Ralf, der die Kohlen für die Familie aus dem Feuer holt."

Beim Großen Preis von Belgien, jener Strecke in Spa, auf der er einst sein erstes Rennen bestritten und auch sein erstes Rennen gewonnen hatte, fuhr Schumacher in jenem Weltmeisterschafts-Jahr den 52. Grand-Prix-Sieg seiner Karriere ein. Nie zuvor war ein Formel-1-Rennfahrer erfolgreicher. Mit einer absoluten Demonstration seiner Fahrkunst krönte er dann schließlich in Ungarn das Jahr 2001 neuerlich mit dem Weltmeistertitel. Michael Schumacher ist seit 1995 mit der Bürokauffrau Corinna verheiratet. 1997 kam Töchterchen Gina zur Welt, im Jahre 1999 Schumacher-Sohn Mick. Dem überragenden öffentlichen Interesse an seiner Familie ist der Rennfahrer entflohen. Die Schumachers bewohnen eine Villa am Genfer See.

„Schumi" ist längst auch Werbeprodukt geworden. Die Palette von Fan-Artikeln ist uferlos.
Hier ein Kalender.

Weltmeister der Vereine

2001: FC Bayern triumphiert

Es ist der 27. November 2001: Weltweit verfolgen eine Milliarde Menschen, wie Oliver Kahn, Torwart und Kapitän des Fußball-Clubs Bayern München den ranghöchsten Pokal in Empfang nimmt, den eine Vereinsmannschaft überhaupt erringen kann: Den Weltpokal. Kahn: „Jetzt sind wir die Besten der Welt!" Etwa 1000 Bayern-Anhänger haben den Weg zum Austragungsort nach Tokio nicht gescheut und jubeln den Mannen in den roten Hemden zu. Gerade eben hat die Truppe das Weltpokal-Finale mit 1:0 nach Verlängerung gegen den südamerikanischen Vertreter Boca Juniors gewonnen. Das Tor erzielte Abwehrspieler Sammy Kuffour.

Der Weltpokal-Gewinn war für den FC Bayern die Krönung eindrucksvoller Erfolge der jüngsten Vergangenheit, insbesondere unter Trainer Ottmar Hitzfeld. Spätestens mit dem Sieg in der so genannten Champions-League, errungen am 23. Mai 2001 gegen den FC Valencia in Mailand, ist diese Bayern-Mannschaft sportlich in die legendären Fußstapfen von Beckenbauer, Müller und Rummenigge getreten. Allerdings standen zu dieser Zeit – wie auch beim Weltpokal-Endspiel in Tokio – mit Oliver Kahn und Thorsten Fink oft nur zwei (!) deutsche Spieler in der FCB-Anfangself. Das ist das Ergebnis einer bedenklichen Entwicklung im Fußballsport, die aber letztlich nicht der erfolgreiche Verein aus München zu verantworten hat.

Seit dem letzten Weltpokalgewinn von 1976 hat Bayern München den deutschen Fußball durchgängig geprägt und für zahlreiche Sternstunden des deutschen Sports gesorgt. 1977 endeten die sportlichen Laufbahnen unvergesslicher Bay-

Traditionsverein FC Bayern München

Gründungsdatum: 27. Februar 1900
Deutscher Meister:
1932, 1969, 1972, 1973, 1974, 1980, 1981, 1985, 1986, 1987, 1989, 1990, 1994, 1997, 1999, 2000, 2001
Deutscher Pokalsieger:
1957, 1966, 1967, 1969, 1971, 1982, 1984, 1986, 1998, 2000
Europapokal der Pokalsieger: 1967
Uefa-Pokal: 1996
Europapokal der Landesmeister:
1974, 1975, 1976, 2001
(„Champions League")
Weltpokal: 1976, 2001
Höchster Bundesliga-Sieg:
11:1 gegen Borussia Dortmund
(27. November 1971)
Spieler mit den meisten Bundesliga-Einsätzen:
Sepp Maier (473 Spiele)
Erfolgreichster Torjäger:
Gerd Müller (365 Tore)

ern-Spieler wie Beckenbauer oder Müller. Umbruch und Neuaufbau benötigten zwar einige Zeit, dann aber war der FC Bayern wieder da. Maßgeblich Paul Breitner und Karl-Heinz Rummenigge trieben im Olympiastadion die Mannschaft von Erfolg zu Erfolg: Deutscher Meister in den Jahren 1980, 1981, 1985, 1986, 1987, 1989, Pokalsieger 1982, 1984 und 1986. Die Bayern waren es, die die Begeisterung von Millionen Deutschen für den Fußballsport entfachten. Sechs „Rote" gehörten dem Nationalmannschafts-Kader an, der 1990 Weltmeister wurde.

Die 1963 gegründete Fußball-Bundesliga wurde vom FC Bayern wie von keiner zweiten Mannschaft geprägt. Unglaubliche Spiele sind mit Beteiligung des deutschen Serienmeisters in den vergangenen Jahrzehnten absolviert worden. Meisterschafts-Entscheidungen, wie sie spannender nicht hätten sein können, fesselten die Bundesdeutschen über alle Maßen.

Zahlreiche Erfolge konnte der FC Bayern in teils atemberaubenden Spielen einfahren. Zwischen 1965 und 1981 stellten die Bayern gleich elfmal den „Fußballer des Jahres" – nur international gelang der Durchbruch nicht. Mehrere unglückliche Niederlagen vereitelten den Platz an der Sonne auch auf europäischer Bühne. Zwar folgten 1990, 1994, 1997, 1999, 2000 und 2001 weitere Meisterschaften und auch weitere Pokal-Triumphe (1998 und 2000), doch es dauerte bis zum Jahre 1996, ehe mit dem UEFA-Cup wieder ein internationaler Titel an die Isar geholt werden konnte.

Doch die Bayern wollten mehr: Der Gewinn der Champions League lautete das Ziel aller Träume. Im Jahre 2000 wurde man auf dramatische Weise aus diesen Träumen gerissen. Das Champions-League-Finale gegen Manchechster United in Barcelona befand sich bereits in der letzten Spielminute. Die Bayern führten mit 1:0. Dann schlugen die Engländer gnadenlos zu. Zwei Treffer in der Nachspielzeit stürzten die Bayern in ein Tal der Tränen. Ein Jahr später folgte dann der Triumph von Mailand. Der FC Valencia wurde im Elfmeterschießen besiegt. Bayern München hatte sein großes Ziel erreicht: Sieg im Landesmeister-Cup. Welch ein Jubel in der bayerischen Hauptstadt! „Held des Tages" war einmal mehr Oliver Kahn. Der Torhüter konnte gleich mehrere Elfmeter der Spanier abwehren und war der Garant jenes Sieges, der schließlich am 27. November 2001 durch den Gewinn des Weltpokals gekrönt wurde.

2000/2001: FC Bayern gewinnt „Champions League"

Gruppenspiele, Vorrunde

Trondheim - Paris		3:1	2:7
Helsingborg - München		1:3	0:0
München - Trondheim		3:1	1:1
Paris - Helsingborg		4:1	1:1
Paris - München		1:0	0:2
Trondheim - Helsingborg		6:1	0:2
1. München	9:4 Tore	11 Pkt.	
2. Paris	14:9 Tore	10 Pkt.	
3. Trondheim	13:15 Tore	7 Pkt.	
4. Helsingborg	6:14 Tore	5 Pkt.	

Viertelfinale:

Manchester - München	0:1	1:2
Istanbul - Madrid	3:2	0:3
Leeds - La Coruna	3:0	0:2
London - Valencia	2:1	0:1

Gruppenspiele Zwischenrunde

München - Lyon		1:0	0:3
Moskau - London		4:1	0:1
London - München		2:2	0:1
Lyon - Moskau		3:0	1:1
Lyon - London		0:1	1:1
München - Moskau		1:0	3:0
1. München	8:5 Tore	13 Pkt.	
2. London	6:8 Tore	8 Pkt.	
3. Lyon	8:4 Tore	8 Pkt.	
4. Moskau	5:10 Tore	4 Pkt.	

Halbfinale:

Madrid - München	0:1	1:2
Leeds - Valencia	0:0	0:3

Finale:

München - Valencia	5:4 n. E.

Im Würgegriff der Geldgier

Wohin treibt deutscher Fußball?

Tomislav Piplica, Rudi Vata, Janos Máty-us, Faruk Hujdurovic, Bruno Akrapovic, Laurentin Reghecampf, Moussa La-toundji, Andrzej Kobylanski, Vasile Miri-uta, Marko Topic, Antun Labak. So laute-te im September 2001 die Mannschafts-aufstellung des FC Energie Cottbus im Bundesliga-Spiel gegen den VfL Wolfs-burg. Erstmals trat eine Mannschaft in der höchsten deutschen Spielklasse ohne einen einzigen deutschen Spieler an. Cottbus-Trainer Eduard Geyer: „Bei mir hat sich in den letzten Jahren kein junger deutscher Spieler gemeldet, der Tag und Nacht trainieren wollte, um unbedingt in die Stammelf zu kommen." Und: „Wer sich jetzt das Maul zerreißt, hätte lieber mehr für die Nachwuchsarbeit tun sol-len." Tatsächlich ist das Problem keine Cottbusser Privatangelegenheit. Anders-wo sieht es kaum besser aus.

Die Entwicklung ist verheerend. Noch in den 60er Jahren hatte es beispielsweise beim HSV ein Neuzugang aus Braun-schweig schwer, weil er eben kein Ham-burger war. Und heute? Hamburger sucht man in der Truppe vergebens. Bei heuti-gen „Münchner Derbies" zwischen 1860 und dem FC Bayern steht zumeist kein einziger Spieler aus München oder auch nur aus Bayern auf dem Platz. In der Na-tionalmannschaft kicken bereits erste Spieler, die für lockere Interviews Dol-metscher bräuchten.

Spätestens seit dem „Bosman-Urteil" Anfang der neunziger Jahre ist es so, dass Ausländer in beliebiger Zahl in den Bundesliga-Mannschaften eingesetzt werden können. Ablösesummen fallen weg. Ärmere Vereine erhalten also auf diesem Weg kein Geld mehr. Schon feh-len die Mittel für gute deutsche Spieler,

„Faszination Fußball":
Aber wie lange noch?

so dass man gezwungen ist, sich auf dem ausländischen Billigmarkt zu bedienen. Zahllose mittelmäßige ausländische Spieler bevölkern seither die Plätze und verdrängen junge deutsche Talente, was sich wiederum auf das Spielniveau der deutschen Fußball-Nationalmannschaft verheerend auswirkt. Welcher Fußball-Anhänger ist schon begeistert, wenn sie-ben, acht oder mehrere fremdsprachige Spieler in den eigenen Vereinsfarben auf-laufen? Wo soll dort noch Identifikation stattfinden?

Als ob dies alles noch nicht verfahren ge-nug wäre, droht zudem die „Europaliga", ein Millionenprojekt für die Millionen-klubs. Zwar beteuern die Macher der Monsterliga, die Bundesliga bliebe erhal-ten, doch wird dies in der Praxis nicht umzusetzen sein, schon gar nicht auf

Dauer. Die Bundesliga würde zu einer Art Regionalliga schrumpfen. Die Horrorliga, gefördert durch Firmen wie Coca Cola, würde Großklubs einen Stammplatz garantieren, Auf- und Abstieg gäbe es nicht mehr.

Ein Überangebot an Fernsehübertragungen hält bereits jetzt immer mehr Zuschauer aus dem Stadion heraus. Eine wahnwitzige Kommerzialisierung, wie sie etwa durch die TV-Sendung „ran" deutlich wird, soll den Sport für breite Schichten interessant machen. Mit so genannten Logen locken die Vereine Zahlungskräftige ins Stadion. Folge: Der herkömmliche Fußballfan wird entweder durch teure Eintrittspreise verdrängt oder aber erscheint nur noch als Randbild in einer Masse von Menschen, die Fußball als gelegentliches Freizeitvergnügen verstehen.

Die gegenwärtige Situation des deutschen Fußballs: Siegreich ist, wer das meiste Geld hat, deutsche Spieler schaffen den Sprung in die höchste Liga nicht mehr. Ein Blick zum Eishockey genügt als warnendes Beispiel: Streit um Vermarktungsrechte verschiedener Ligen, es steigt ab, wer pleite ist, in den deutschen Mannschaften spielen mehrheitlich Ausländer.

Die Fußball-Fans haben in Wahrheit längst genug. Außerhalb der Pseudo-Begeisterung, wie sie etwa in der Werbesendung „ran" vermittelt wird, rumort es hinter den Kulissen gewaltig. Heute bezeichnen selbst die glühendsten Vereinsanhänger ihre Spieler nur noch als „Söldner". Immer wieder ist zu lesen oder in Sprechchören zu hören: „Spieler kommen und gehen, der Verein aber bleibt bestehen." In Massenmedien wird der protestierende Fußball-Fan totgeschwiegen. Mächtige haben Interesse daran, dass der Spielbetrieb ungestört weiter läuft, weil – ganz im Sinne von „Brot und Spiele" – die Masse sich lieber mit der Bundesliga-Meisterschaftsfrage beschäftigen soll, als mit den neuesten Arbeitslosenzahlen.

Nur ganz vereinzelt und oberflächlich befassen sich Massenmedien mit den Sorgen von Fußball-Anhängern. Hier ein Beispiel aus der Münchner „tz".

Fußball ohne Fans?

Sportfreunde schlagen Alarm

Wie zuvor dargestellt, ist bundesweit zu Beginn des neuen Jahrtausends eine schleichende Entfremdung zwischen Fußballspielern und Stadionbesuchern zu beobachten. Grund ist in erster Linie die mangelnde Identifikation der Vereinsspieler mit dem jeweiligen Klub. Was zeichnet einen klassischen und wahren Fußball-Anhänger aus? – Das Schicksal seines Vereins liegt ihm über alle Maßen am Herzen, er investiert Unsummen für Fanartikel, Eintrittskarten und unter Umständen dafür, seine Mannschaft auch zu Auswärtsspielen zu begleiten. Dabei legt er seine Treue an den Tag, die – vergleicht man dies mit anderen gesellschaftlichen Bereichen – einmalig ist. Der Fan-Prototyp bleibt länger dem Verein erhalten als jeder Spieler, jeder Präsident, jeder Trainer. Beispiel: Wer über zehn Jahre zu seinem Verein hält, dürfte in dieser Zeit weit mehr als 100 verschiedene Spieler „seiner Elf" bejubelt haben. Der zu Bejubelnde aber wechselt alsbald den Verein, und das weitere Schicksal des Klubs ist ihm anschließend völlig gleichgültig.

Wer dies zehn, zwanzig, dreißig oder sogar vierzig Jahre mitmacht, der weiß zwar, dass er sich auf seinen Nachbarn im Stadion felsenfest verlassen kann, doch er zweifelt oder verzweifelt an dem, den er hier beklatschen soll. Aus einem der vielen kleinen Zeitschriften für Fußball-Anhänger: „Muss man beispielsweise als 40-Jähriger nach 30-jähriger Fankarriere wirklich Schlange stehen für das Autogramm eines 18-jährigen Milchgesichtes, dessen Manager schon die nächsten Angebote prüft? Ins Tor treffen soll er nächsten Samstag und sonst nichts! Bringt er das nicht, kann er ge-

Aufruf zu einer „Fan-Demo".
Fußball-Anhänger machen mobil.

hen! Unser Verein gehört nach oben, ihm gebühren Ruhm und Ehre. Uns dahin zu ballern, ist die Aufgabe der Angestellten, die wir wahrlich nicht lieben müssen."

Mehr und mehr erkennt sich der Fan in einem Teufelskreis. Von seinem Sport, von seinem Verein will er nicht lassen. Aber mit dem, was sich da auf dem Rasen abspielt, kann er zunehmend weniger anfangen. Wirkliche Fußballfans sind nicht geneigt, beim Anblick von überbezahlten Balltretern in Begeisterungs-Kreischen einzufallen. Noch ein Zitat aus einem der so genannten Fanzines: „Wir hecheln hier nicht Popgrößen hinterher, sondern einem Fußballverein, einer eigenen Religion, einem Lebensgefühl, einer Herzensangelegenheit. Und das alles hat etwas mit Aufrichtigkeit und Treue zu tun. Bei diesen Begriffen trennen sich dann nämlich unsere Wege vom Schicki-micki-Kommerz, der um unseren Sport veranstaltet wird."

Spätestens bei anhaltendem Misserfolg schlägt sich das dann auch auf den Rängen nieder. Wenn die Zuschauer merken, dass die Spieler auf dem Rasen die eigene Hoffnung und die eigene Leidenschaft nicht im Geringsten teilen, dann ist das Problem gegeben. Und so sind auch Unmutsäußerungen gegen die eigene Mannschaft zu verstehen, wie sie zuletzt vermehrt in allen Stadien vorkommen. Weiteres Zitat aus der Fußball-Fan-Szene: „Die auf dem Platz befindliche Mannschaft anzufeuern, ist letztlich eine Selbstverständlichkeit. Aber diesen Spielern alles zu verzeihen, ihnen blind zu vertrauen und ihnen bei Unverschämtheiten auf dem Platz immer noch ihren Namen hinterherzurufen, wäre auch eine Vernachlässigung unserer Pflichten. Zu diesen gehört es, die Herren Spieler daran zu erinnern, dass sie zu laufen und zu

rennen haben. Für uns. Diesen Druck müssen sie haben in dieser bequemen Zeit. Diesen Druck auszuüben, ist eine wesentliche Aufgabe, die uns Fans obliegt und die dem Verein auch weiterhilft. Deswegen sind gegebenenfalls auch Pfiffe gegen die eigene Mannschaft erlaubt! Schließlich trifft ein solcher Unmut nicht den Klub, sondern er richtet sich gegen Spieler, die nur laufen, wenn sie müssen, die nur fordern, aber selten geben und die nicht einmal ansatzweise zur Selbstkritik bereit sind."

Solche Gedanken sind es, die Massenmedien völlig verschweigen. Lieber wird eine glitzernde Scheinwelt des Fußballs im Fernsehen präsentiert. Mit gut 300 000 vornehmlich jungen Menschen, die bei ihrem Sport Ablenkung suchen, etwa vom Polit-Elend unserer Tage, von Massenarbeitslosigkeit, Wohnungssuche, Einsamkeit, und die Woche für Woche die Bundesrepublik kreuz und quer bereisen, um ihre Mannschaft in die verschiedenen Stadien zu begleiten, sind ohne jedes Sprachrohr, ohne jede Lobby. Ohne sie aber geht es nicht. Ein Fußballstadion ohne typische Atmosphäre kann sich kein Verein und auch kein Fernsehsender leisten. Dann rollt der Rubel plötzlich nicht mehr. Insofern ist es sträflich, die Interessen von wahren Fußballanhängern derart zu vernachlässigen.

Anhänger verschiedener Vereine ziehen für eigene Interessen an einem Strang.

Die Spiele der Deutschen

2002: Olympia-Erfolge übertreffen Erwartungen

Ein Bild mit Symbolcharakter: Nach einem unglaublichen Weltrekord (6:46,91 Minuten über 5000 Meter) reißt die bundesdeutsche Eisschnell-läuferin Claudia Pechstein die Arme in die Luft. Es ist der 23. Februar 2002, letzter Wettkampftag bei den Olympischen Winterspielen von Salt Lake City. Nochmals Gold für Deutschland. Nie zuvor war eine bundesdeutsche Olympia-Mannschaft erfolgreicher: 12 Gold-, 16 Silber- und 7 Bronzemedaillen! Platz eins im Medaillenspiegel der 80 teilnehmenden Staaten! Claudia Pechstein wird mit ihrer zweiten Goldmedaille (Weltrekord-Sieg auch über 1000 Meter) zu einer der erfolgreichsten Sportlerinnen dieser Spiele. Ihre Mannschaftskameradin Anni Friesinger aus Inzell fährt ebenfalls mit einer goldenen Plakette (Weltrekord über 1500 Meter) in die Heimat zurück.

Die Olympischen Winterspiele von Salt Lake City erlebten eine großartige Demonstration des deutschen Sports. Athleten aus der Bundesrepublik, Südtirol und Österreich sorgten für einen wahren Medaillensegen, der selbst optimistische Erwartungen noch übertraf. US-Amerikaner, von fanatischen Einheimischen nach vorne getrieben, konnten da nicht mithalten, sondern wurden auch von norwegischen Sportlern übertrumpft.

Einmal mehr ragten die deutschen Rodler heraus. Bei den Damen beherrschten Sylke Otto, Barbara Niedernhuber und Silke Kraushaar (alle Bundesrepublik) die Konkurrenz. Unglaublich: Von 1997 bis zum Jahre 2002 haben bundesdeutsche Rodlerinnen sämtliche Weltcuprennen, Weltmeisterschaften und Olympische Spiele für sich entscheiden können. 57 Siege in Folge! Bei den Herren waren es

Plakat der olympischen Winterspiele 2002.

Armin Zöggeler aus Südtirol, Georg Hackl aus der Bundesrepublik und Markus Prock aus Österreich, die einen dreifachen deutschen Triumph herausfuhren. Im Doppelsitzer siegten Patric Leitner und Alexander Resch (Bundesrepublik).

Einen deutschen Doppelsieg gab es ferner im Biathlon-Sprint der Damen über 7,5 Kilometer. Hier siegte die 25-jährige Kati Wilhelm vor ihrer Kameradin Uschi Disl. Gemeinsam mit Katrin Apel und Andrea Henkel triumphierten die deutschen Mädchen auch im Mannschaftswettbewerb über die gleiche Distanz. Über 15 Kilometer gewann Andrea Henkel die Goldmedaille. Die bundesdeutsche Damen-Langlauf-Staffel (Claudia Künzel, Manuela Henkel, Viola Bauer, Evi Sachenbacher) siegte über die 4 x 5 Kilometer-Strecke.

Weitere Höhepunkte der Spiele: Im Skispringen konnte der Schweizer Simon Amman sensationell gewinnen. Sven Hannawald, bundesdeutscher Rekordspringer der Vierschanzen-Tournee, wurde Vierter, gewann dann aber Gold mit der bundesdeutschen Mannschaft (mit Stephan Hocke, Michael Uhrmann und Martin Schmitt). In der Herren-Abfahrt gewann Fritz Strobl aus Österreich die Goldmedaille. Im Riesenslalom siegte Stephan Eberharter (ebenfalls Österreich). Im Zweierbob ging Gold an das bundesdeutsche Gespann Christoph Langen und Markus Zimmermann, im Viererbob an die Besatzung Andre Lange, Enrico Kühn, Kevin Kuske und Carsten Embach.

Ergebnisse, die den IOC-Vizepräsidenten Thomas Bach in Entzückung versetzten: „Die deutsche Mannschaft hat sportlich die Erwartungen bei weitem übertroffen. Wie sie sich nach außen dargestellt hat, ohne Staralüren und so sympathisch, war fast noch wertvoller." Und Rolf Ebeling, bundesdeutscher Leistungssport-

koordinator: „Wir können stolz auf das Abschneiden der deutschen Mannschaft sein."

Einen Überraschungssieg gab es bei der alpinen Damen-Abfahrt: Die Französin Carole Montillet fuhr vor Isolde Kostner, zweifache „Sportlerin des Jahres" aus Südtirol, und Renate Götschl aus Österreich ins Ziel. Doch auch die beiden deutschen Damen waren anschließend mit ihren Leistungen hochzufrieden. Für Isolde Kostner aus St. Ulrich war es nach zwei Bronzemedaillen in der Vergangenheit bereits das dritte olympische Edelmetall.

Armin Zöggelers Rodel-Triumph setzte darüber hinaus die erfolgreiche Schlitten-Tradition der Südtiroler fort: 1968 siegte Erika Lechner und 1994 Gerda Weißensteiner bei den Damen, 1984 Paul Hildgartner bei den Herren. Mit Paul Hildgartner und Walter Plaikner (1972) sowie Kurt Brugger und Wilfried Huber (1994) waren auch schon die Herren-Doppelsitzer aus Südtirol erfolgreich.

2002: Deutsche Olympia-Siege

Langlauf: 4 x 5 Kilometer (Bundesdeutsche Staffel)
Biathlon: 15 Kilometer, Frauen (Andrea Henkel, BR Deutschland)
Biathlon: 7,5 Kilometer, Frauen (Kati Wilhelm, BR Deutschland)
Biathlon: 4 x 7,5 Kilometer (Bundesdeutsche Staffel)
Bob: Zweier-Bob, Männer (Bob „BRD I")
Bob: Vierer-Bob, Männer (Bob „BRD II")
Rodeln: Einsitzer, Herren (Armin Zöggeler, Südtirol)
Rodeln: Einsitzer, Frauen (Sylke Otto, BR Deutschland)
Rodeln: Doppelsitzer, Herren (BR Deutschland)
Ski: Abfahrtslauf, Männer (Fritz Strobl, Österreich)
Ski: Riesenslalom, Männer (Stephan Eberharter, Österreich)
Skispringen: 120-Meter-Schanze (Bundesdeutsche Mannschaft)
Eisschnelllauf: 1500 Meter, Frauen (Anni Friesinger, BR Deutschland)
Eisschnelllauf: 3000 Meter, Frauen (Claudia Pechstein, BR Deutschland)
Eisschnelllauf: 5000 Meter, Frauen (Claudia Pechstein, BR Deutschland)

Das Geheimnis des Erfolges

Thüringen und der Olympia-Triumph

Das Medaillen-Ergebnis, das allein bundesdeutsche Sportler bei den Olympischen Winterspielen von Salt Lake City 2002 erkämpften, schlug alle Rekorde. Nie zuvor konnte ein teilnehmender Staat 35 Medaillen abräumen. Schon 1992 in Albertville und 1998 in Nagano hatten Bundesdeutsche die Wertung angeführt. Aber 35 Medaillen? Das ist historischer Rekord! Unglaublich: 75 Prozent der für die Bundesrepublik Deutschland nach Salt Lake City gereisten Athleten kamen am Ende unter die ersten vier Plätze des jeweiligen Wettbewerbes.

Befasst man sich mit den Ursachen dieses Triumphes, so führt die Erfolgsspur vor allem nach Thüringen. Aus dem kleinen Bundesland mit 2,4 Millionen Einwohnern stammt knapp die Hälfte, nämlich gleich 17 der bundesdeutschen Medaillengewinner von Salt Lake City. Würde man diese Erfolge in einem Medaillenspiegel gesondert aufführen, so lägen die Athleten aus Thüringen gemeinsam mit Sportlern aus Kanada auf Platz fünf der 80 Staaten umfassenden Wertung.

Kein Wunder also, dass 6000 begeisterte Thüringer ihren Helden einen triumphalen Empfang in der Heimat bereiteten. Kati Wilhelm, die zur Ehrenbürgerin ihres Heimatortes Steinbach-Hallenberg ernannt wurde, strahlte: „Das ist der absolute Wahnsinn. Wir haben ja schon in Salt Lake City gehört, dass hier einiges los ist, aber so etwas habe ich nicht für möglich gehalten." Mit zwei Gold- und einer Silbermedaille war die Thüringerin die erfolgreichste Biathletin der Spiele. Im Olympiastützpunkt Oberhof ist sie erst vor wenigen Jahren von einer guten Langläuferin zu einer perfekten Biathletin umgeschult worden.

Olympiastützpunkt Thüringen

Zu einer regelrechten Medaillenschmiede hat sich der Olympiastützpunkt Thüringen entwickelt, offiziell gegründet am 20. Juni 1991. An seinen fünf Leistungszentren betreut dieser Stützpunkt mit 20 hauptamtlichen Mitarbeitern und sechs Trainern Kader-Athleten:

- in Erfurt: Eisschnelllauf, Leichtathletik und Radsport;
- in Oberhof: Nordischer Skisport, Biathlon, Bobsport und Rennrodeln;
- in Jena: Leichtathletik und Ringen;
- in Gera: Radsport.
- in Suhl: Sportschießen.

Der Olympiastützpunkt fördert auch den Behindertensport durch gezielte Vorbereitungen auf die „Paralympics". Durchschnittlich werden hier etwa 350 Athleten gefördert. Zu den bekanntesten Medaillengewinnern, die hier betreut wurden, zählen Gunda Niemann, Kati Wilhelm oder Frank Luck (siehe auch Kasten auf der nächsten Seite).

Walther Tröger, Präsident des nationalen Komitees, nach dem Erfolg: „Wir profitieren noch ein bisschen von dem Sportsystem der DDR". Ältere Olympioniken waren tatsächlich noch für die damalige DDR am Start, jüngere Sportler profitieren vom überragenden Erfahrungs- und Wissensschatz einstiger mitteldeutscher Trainer. Gerade die Biathleten kämpfen seit drei Jahrzehnten ununterbrochen an der Weltspitze mit. Sie werden in Oberhof betreut von Hans Hartleb, gebürtiger Thüringer und im Jahre 1973 Biathlon-

Weltcupgewinner. 1975 musste er nach einer Verletzung seine erfolgreiche Laufbahn beenden. Der Leistungsdiagnostiker bereitet die Skijäger perfekt und professionell auf ihre Wettkämpfe vor und ist einer der Garanten des Erfolges.

Ganz anders als bei den Sommersportarten gibt es zudem bei den Wintersportlern nur fünf Verbände, einen davon in Thüringen. „Die Führung ist deshalb viel leichter", analysiert Rolf Ebeling, Leistungssportdirektor im Deutschen Sportbund. Mehr als 60 Prozent aller in Salt Lake City eingesetzten bundesdeutschen Sportler sind darüber hinaus entweder bei der Bundeswehr oder aber beim Bundesgrenzschutz angestellt. Training und Wettkämpfe sind mit dem Dienstherren bis ins Detail abgestimmt. Vorteil: Man weiß, welche Sportler wann und wo zu sportlichen Ereignissen fahren. Bei den Sommersportarten ist das anders. Dort gibt es keine klaren Vorgaben oder Strukturen. Die Athleten bereisen sozusagen nach Belieben und auf eigene Faust zahlreiche Wettkämpfe rund um den Erdball.

Dagegen die Situation beispielsweise in Thüringen: Die Biathlon-Erfolgstrainer Uwe Müßiggang und Harald Böse sind nun schon seit 1990 im Einsatz und zeichnen für insgesamt 39 Medaillen, darunter 15 goldene, bei Olympischen Spielen und Weltmeisterschaften verantwortlich. Rolf Ebeling: „Hochleistungssport muss hauptamtlich geführt werden, und die Hauptamtlichen müssen das Sagen haben." Professionalität sei in jeder Hinsicht das Schlüsselwort.

Walther Tröger weiter: „Wintersport ist auch eine Materialsache." Und auf diesem Bereich ist das „Institut für Forschung und Entwicklung von Sportarten" (FES) in Berlin weltweit führend. Das ganze Jahr über perfektionieren die Fachleute das Material der Athleten. Für den sensationell erfolgreichen Viererbob „Deutschland II" wurden kurzerhand Kufen gewählt, die noch aus DDR-Zeiten stammten. Olympiasieger Andre Lange aus Thüringen scherzte über die blaue Farbe des Gefährts: „Vielleicht war die Farbe auch ein gutes Omen, denn die DDR-Bobs waren früher auch blau."

Medaillengewinner aus Thüringen

Nachfolgend einige wenige Beispiele für Medaillengewinner bei Olympischen Winterspielen, die sich über den Olympiastützpunkt in Thüringen auf ihre Wettkämpfe vorbereiteten.

Gunda Niemann	Eisschnelllauf	3 Gold, 4 Silber, 1 Bronze
Mark Kirchner	Biathlon	3 Gold, 1 Silber
Frank Luck	Biathlon	2 Gold, 3 Silber
Sven Fischer	Biathlon	2 Gold, 1 Silber, 1 Bronze
Stefan Krauße	Rennrodeln	2 Gold, 1 Silber, 1 Bronze
Jan Behrendt	Rennrodeln	2 Gold, 1 Silber, 1 Bronze
Kati Wilhelm	Biathlon	2 Gold, 1 Silber
Karin Apel	Biathlon	2 Gold, 1 Bronze
Andrea Henkel	Biathlon	2 Gold
Peter Sendel	Biathlon	1 Gold, 1 Silber
Silke Kraushaar	Rennrodeln	1 Gold, 1 Bronze
Stephan Hocke	Skispringen	1 Gold

Der deutsche Flieger
2002: Hannawalds Jahrhundert-Sieg

Am 6. Januar 2002 schreibt der deutsche Skiflieger Sven Hannawald Sportgeschichte. Ihm gelingt, was niemand zuvor vollbracht hat: Triumph bei der berühmten Vierschanzentournee mit vier Siegen. Einmalig! Dass er an diesem Sonntag im österreichischen Bischofshofen bei der letzten Station des bedeutendsten Wettkampfes für Skispringer auch noch einen Schanzen- und Punkterekord aufstellt, gerät kurzzeitig zur Nebensache. Vierschanzentournee – Der Mythos ist geknackt!

35 000 begeisterte Zuschauer vor Ort geraten in einen wahren Freudentaumel. Bis zu 15 Millionen Fernsehzuschauer verfolgen gebannt die Entscheidung; nie zuvor hat diese Sportart so viele Menschen begeistern können. Als Sven Hannawald um 15.57 Uhr seinen letzten Sprung sicher gestalten kann, ist er sofort von einer Reportertraube umringt. „Ich kann nicht registrieren, was ich hier geschafft habe. Es ist unglaublich. Ich bin sprachlos", jubelt der Jahrhundert-Sieger in die Kameras.

Österreichs Nationaltrainer Toni Innauer: „Hanni hat etwas Einzigartiges geschafft, woran 50 Jahre lang die weltbesten Skispringer gescheitert sind. Damit ist er zur lebenden Legende geworden." Binnen einer Woche siegt der Deutsche auf den Schanzen von Oberstdorf, Garmisch, Innsbruck und Bischofshofen. Einzigartig! Hannawald fliegt direkt in die Herzen der Deutschen. In der Bundesrepublik bricht ein atemberaubendes „Hanni-Fieber" aus. Die Münchner „tz": „Ganz Deutschland dreht durch – ein neuer Held ist geboren. Seit Boris Beckers überraschenden Wimbledon-Sieg 1985 war die Begeisterung über einen Sportler nicht

Einer der Triumph-Sprünge: Sven Hannawald bei der 50. Vierschanzentournee.

mehr so frenetisch, so frisch und so ehrlich." Tatsächlich war die Euphorie grenzen- und manchmal auch maßlos. Hannawald hatte außerordentlich Mühe, sich wieder auf kommende Aufgaben vorzubereiten. Aber natürlich genoss der junge Deutsche die Begeisterung auch.

Die Weltpresse überschlug sich in diesen Tagen vor Begeisterung. Die französische Zeitschrift „Libération": „Darauf haben die Deutschen 50 Jahre gewartet." Die „Neue Zürcher Zeitung": „Ein Mythos ist zerstört, und es stellt sich die schwierige Frage, welche Superlative in dieser Sportart noch formuliert werden können." Der „Berliner Kurier": „Hannawald bester Flieger aller Zeiten." Und Jens Weißflog, der erfolgreichste deut-

sche Skiflieger: „Ich bin stolz, dass es ein Deutscher als Erster geschafft hat. Hanni ist ein ganz Großer. Jetzt ist die Tür auf, und es wird nicht wieder 50 Jahre dauern, bis jemand alle vier Springen gewinnt."
Zehn Deutsche konnten bis dahin die Vierschanzentournee gewinnen, sieben Springern gelang ein Dreifach-Erfolg. Hannawald siegte als erster Flieger überhaupt mit so genanntem Grand Slam. Die Konkurrenz konnte nur staunen und war völlig chancenlos. Es war eine phänomenale Wiederauferstehung des 27-Jährigen, den nach durchwachsenen Leistungen zuvor mancher „Experte" schon abgeschrieben hatte.

Nur eine Woche nach seinem Vierschanzen-Triumph siegte Sven Hannawald auch noch beim Weltcup-Springen in Willigen, bei den Olympischen Spielen 2002 von Salt Lake City gewann er Silber im Einzel und Gold mit der Mannschaft. Am 10. März 2002 siegte er zudem bei der Weltmeisterschaft. Hier schlug dann auch die Stunde von fanatischen Neidern. Hannawald wurde insbesondere von polnischen Zuschauern beleidigt, bepöbelt und auch – teilweise mit Flaschenwürfen – attackiert.

Sven Hannawald, geboren am 9. November 1974 im sächsischen Erlabrunn, hatte bereits als Kind seine Liebe zum Skispringen entdeckt. Im Alter von acht Jahren absolvierte er im Erzgebirge seine ersten Sprünge von der Schanze. Als Schüler war er bereits Seriensieger, gewann 64 Medaillen und Pokale. Als die Mauer fiel, galt Hannawald bereits als einer der besten DDR-Springer.
Die Familie zog 1991 schließlich in die Nähe von Ulm. Sven Hannawald besuchte das Sportinternat Furtwangen, machte dort die Mittlere Reife und eine Ausbildung zum Kommunikations-Elektroniker. Anschließend wurde er Sportsoldat und zog nach Hinterzarten. Hannawald gilt als ruhiger und zurückhaltender Familienmensch, begeistert sich für Modell-Flugzeuge.

Auf der Schanze aber ist das anders. Auch vor seinem Triumph von 2002 hatte Hannawald schon beachtliche Erfolge aufzuweisen. 1992 wurde er Junioren-Weltmeister, in der Saison 1997/98 konnte er dann erstmals einen Weltcup-Wettbewerb gewinnen. Mit der Mannschaft holte er die olympische Silbermedaille. 1998/99 wurde er – wie auch 2000/2001 – Mannschafts-Weltmeister, ein Jahr später dann endlich auch Weltmeister in der Einzelwertung und Weltcup-Sieger. Glanzpunkte, die am 6. Januar 2002 gekrönt wurden. Sven Hannawald – der König der Lüfte: „Jetzt taucht irgendwann mein Name in den Geschichtsbüchern auf. Das macht mich stolz."
Hannawald besticht bis heute nicht nur durch erstklassige Leistungen, sondern darüber hinaus durch sportliche Fairness sowie durch Bescheidenheit und Bodenständigkeit.

Skiflug-Legende Jens Weißflog freute sich aufrichtig mit Sven Hannawald.

„Paralympics": Deutsche Erfolge

2002: Krönender Abschluss olympischer Winterspiele

Als die von Geburt an blinde Ski-Langläuferin Verena Bentele vom WSV Oberhof am 17. März 2002 nach einem famosen 15-Kilometer-Langlauf als Siegerin die Ziellinie überquert und überglücklich die Arme zum Siegeszeichen in die Luft reckt, ist dies ein Bild mit Symbolcharakter. Wie nie zuvor dominierten deutsche Sportler die Olympischen Winterspiele für Behinderte („Paralympics"), die in Salt Lake City ausgetragen wurden. Die 26 an den Start gegangenen Bundesdeutschen bringen 17 Gold-, eine Silber- und 15 Bronzemedaillen nach Hause. Allein Verena Bentele kann sich als vierfache Olympiasiegerin feiern lassen. Österreichs Athleten steuern neun Gold-, zehn Silber- und zehn Bronzemedaillen zu diesem großen deutschen Sporterfolg bei. Die favorisierten US-Gastgeber müssen sich mit Platz 2 in der Gesamtwertung zufrieden geben. Die 21-jährige Verena Bentele wurde in Lindau am Bodensee geboren. Sie ist von Geburt an blind. Die Psychologie-Studentin über ihre spektakulären Erfolge: „Das ist das Beste, was einem Sportler passieren kann. Für mich ist ein schöner Traum in Erfüllung gegangen." Sie hatte sich gewissenhaft auf diese Spiele vorbereitet, sich dann jedoch einen Bänderriss im Sprunggelenk zugezogen. Mit starken Schmerzen war sie nach Salt Lake City gereist. „Doch nach dem Auftaktsieg im Biathlon war alles wie weggefegt", strahlte sie am Schlusstag der Spiele. Schon vor vier Jahren hatte sie in Nagano eine Goldmedaille gewinnen können.

Insgesamt rangen bei den zum achten Male ausgetragenen Behinderten-Spielen 416 Athleten aus 36 Staaten um die Sie-

Martin Braxenthaler, vierfacher Goldmedaillen-Gewinner aus Traunstein.

gesplaketten. Am Medaillensegen für die Deutschen waren neben Verena Bentele vor allem Gerd Schönfelder aus Kulmain und der querschnittsgelähmte Martin Braxenthaler aus Traunstein beteiligt, die beide jeweils vier Goldmedaillen erreichten. Schönfelder, der bei einem Motorradunfall seinen rechten Arm verlor, begeisterte die Zuschauer besonders. Ohne Stock raste der „Teufelskerl" die Abfahrt herunter und war nicht zu schlagen. Sein Sportkamerad Braxentahler über den großen Erfolg: „Hinterherfahren ist nicht unser Ding. Wir wollen immer die Allerschnellsten sein."

Der Rheinländer Langläufer Axel Hecker wurde zudem mit einer Sonderauszeichnung „für besondere Verdienste bei der Überwindung seiner Behinderung" bedacht. Hecker, der seit 1984 bei Behinderten-Spielen am Start ist und schon acht Medaillen gewann – war mit 41 Jahren als Gehörloser bei den Wettkämpfen der Amputierten angetreten.

Karl Quade, Chef der deutschen Abordnung, war natürlich zum Ende der Spiele sehr zufrieden: „Ich muss der gesamten Mannschaft ein Riesenlob aussprechen. Damit war nicht zu rechnen. Sogar das Ergebnis von Nagano wurde im Verhältnis gesehen noch übertroffen, da es in Salt Lake City nur 92 gegenüber 122 Entscheidungen in Nagano gab. Wir sind überglücklich, als die Nummer eins nach Hause zu reisen." Schon 1988 hatten die Bundesdeutschen mit 14 Gold-, 17 Silber- und 13 Bronzemedaillen ein fabelhaftes Ergebnis erzielt. Damals faszinierte vor allem die unterschenkelamputierte Reinhild Möller aus Hessen, die zwei Goldmedaillen errang und mit 26 Olympiasiegen die erfolgreichste Behinderten-Sportlerin aller Zeiten ist.

Die ersten offiziellen Olympischen Winterspiele für Behinderte fanden im Jahre 1976 in Schweden statt. Seither werden die so genannten Paralympics parallel zu den offiziellen Spielen im Vier-Jahres-Rhythmus ausgetragen. 1992 nahmen erstmals auch geistig Behinderte teil. 1984 und 1988 fanden die Spiele in Innsbruck statt. Das kanadische Calgary hatte sich 1988 nicht in der Lage gesehen, solche Spiele zu organisieren.

Bis zu den Spielen von Salt Lake City wurde der Behindertensport in der Bundesrepublik nur unzureichend gefördert. Von den Erfolgen der deutschen Sportler erhoffen sich Verantwortliche nunmehr wenigstens private Unterstützung. Karl Quade: „Ich hoffe sehr, dass die Sportler nun auch Erfolg bei den Sponsoren haben, damit sie ein besseres Umfeld bekommen." Nach Angaben des Deutschen Sportbundes treiben in der Bundesrepublik Deutschland 245 000 Behinderte in 2835 entsprechenden Vereinen Leistungssport. Über die genaue Anzahl von behinderten Menschen in der Bundesrepublik Deutschland gibt es nur Schätzungen. Auszugehen ist von einer Zahl um die zehn Millionen.

Gold für die seit Geburt blinde Verena Bentele (Biathlon, 7,5 Kilometer).
Rechts im Bild: Ihr Begleiter Ralph Schmidt.

Graf, Becker, Schumacher

1947 – 2000: Sportler des Jahres

1947: Gottfried von Cramm (Tennis)
Marga Petersen (Leichtathletik)
1948: Gottfried von Cramm (Tennis)
Mirl Buchner Fischer (Ski alpin)
1949: Georg Maier (Motorrad)
Lena Stumpf (Leichtathletik)
1950: Paul Falk / Ria Baran-Falk
(Eiskunstlauf)
1951: Karl Kling (Motorsport)
Ria Baran-Falk (Eiskunstlauf)
1952: Werner Haas (Motorrad)
Ria Baran-Falk (Eiskunstlauf)
1953: Heinz Fütterer (Leichtathletik)
Christa Seliger (Leichtathletik)
1954: Hans Günter Winkler (Reitsport)
Ursel Happe (Schwimmen)
1955: Hans Günter Winkler (Reitsport)
Helene Kienzle (Rollkunstlauf)
1956: Hans Günter Winkler (Reitsport)
Ursel Happe (Schwimmen)
1957: Manfred Germar (Leichtathletik)
Wiltrud Urselmann (Schwimmen)
1958: Fritz Thiedemann (Reitsport)
Marianne Werner (Leichtathletik)
1959: Martin Lauer (Leichtathletik)
Marika Kilius (Eiskunstlauf)
1960: Georg Thoma (Skisport)
Ingrid Krämer (Wasserspringen)
1961: Wolfgang Graf Berghe von Trips
(Motorsport)
Heidi Schmid (Fechten)
1962: Gerhard Hetz (Schwimmen)
Jutta Heine (Leichtathletik)
1963: Gerhard Hetz (Schwimmen)
Ursel Brunner (Schwimmen)
1964: Willi Holdorf (Leichtathletik)
Annemarie Zimmermann,
Roswitha Esser (Kanusport)
1965: Hans-Joachim Klein
(Schwimmen)
Helga Hoffmann (Leichtathletik)

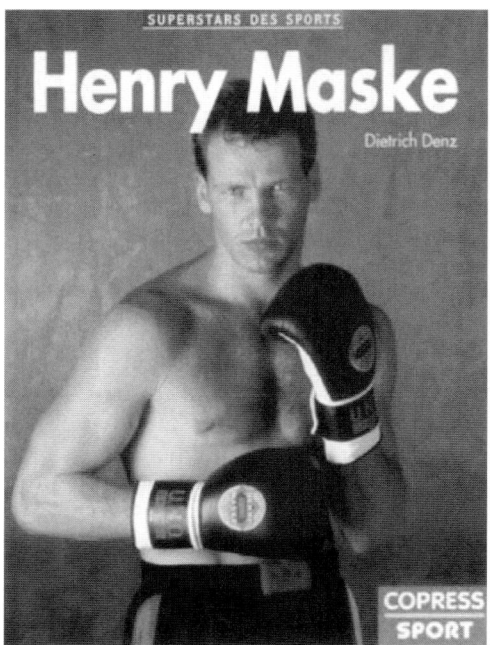

Henry Maske, vielfach gefeierter und entsprechend „vermarkteter" Sportler des Jahres.

1966: Rudi Altig (Radsport)
Helga Hoffmann (Leichtathletik)
1967: Kurt Bendlin (Leichtathletik)
Liesel Westermann
(Leichtathletik)
1968: Franz Keller (Skisport)
Ingrid Becker (Leichtathletik)
1969: Hans Faßnacht (Schwimmen)
Liesel Westermann
(Leichtathletik)
1970: Hans Faßnacht (Schwimmen)
Heide Rosendahl (Leichtathletik)
1971: Hans Faßnacht (Schwimmen)
Ingrid Mickler-Becker
(Leichtathletik)
1972: Klaus Wolfermann
(Leichtathletik)

Heide Rosendahl (Leichtathletik)
1973: Klaus Wolfermann
(Leichtathletik)
Uta Schorn (Turnen)
1974: Eberhard Gienger (Turnen)
Christel Justen (Schwimmen)
1975: Peter-Michael Kolbe (Rudersport)
Ellen Wellmann (Leichtathletik)
1976: Gregor Braun (Radsport)
Rosi Mittermaier (Ski alpin)
1977: Dietrich Thurau (Radsport)
Eva Willms (Leichtathletik)
1978: Eberhard Gienger (Turnen)
Irene Epple (Ski alpin)
1979: Harald Schmid (Leichtathletik)
Christa Kinshofer (Ski alpin)
1980: Guido Kratschmer
(Leichtathletik)
Irene Epple (Ski alpin)
1981: Toni Mang (Motorrad)
Ulrike Meyfarth (Leichtathletik)
1982: Michael Groß (Schwimmen)
Ulrike Meyfarth (Leichtathletik)
1983: Michael Groß (Schwimmen)
Ulrike Meyfarth (Leichtathletik)
1984: Michael Groß (Schwimmen)
Ulrike Meyfarth (Leichtathletik)
1985: Boris Becker (Tennis)
Cornelia Hanisch (Fechten)
1986: Boris Becker (Tennis)
Steffi Graf (Tennis)

1987: Harald Schmid (Leichtathletik)
Steffi Graf (Tennis)
1988: Michael Groß (Schwimmen)
Steffi Graf (Tennis)
1989: Boris Becker (Tennis)
Steffi Graf (Tennis)
1990: Boris Becker (Tennis)
Katrin Krabbe (Leichtathletik)
1991: Michael Stich (Tennis)
Katrin Krabbe (Leichtathletik)
1992: Dieter Baumann (Leichtathletik)
Heike Henkel (Leichtathletik)
1993: Henry Maske (Boxen)
Franziska van Almsick
(Schwimmen)
1994: Markus Wasmeier (Ski alpin)
Katja Seizinger (Ski alpin)
1995: Michael Schumacher
(Motorsport)
Franziska van Almsick
(Schwimmen)
1996: Frank Busemann (Leichtathletik)
Katja Seizinger (Ski alpin)
1997: Jan Ullrich (Radsport)
Astrid Kumbernuss (Leichtathletik)
1998: Georg Hackl (Rodel)
Katja Seizinger (Ski alpin)
1999: Martin Schmitt (Skispringen)
Steffi Graf (Tennis)
2000: Nils Schumann (Leichtathletik)
Heike Drechsler (Leichtathletik)

Über sie gibt es ungezählte Bücher und Nachschlagewerke: Steffi Graf und Michael Schumacher.

Sailer, Klammer, Lauda

1949 – 2000: Österreichs Sportler des Jahres

1949: Richard Menapace (Rad)
Ellen Preis (Fechten)
1950: Walter Zeman (Fußball)
Dagmar Rom (Ski)
1951: Ernst Ocwirk (Fußball)
Rikki Mahringer (Ski)
1952: Othmar Schneider (Ski)
Trude Beiser-Jochum (Ski)
1953: Herrmann Buhl (Bergsteigen)
Trude Klecker (Ski)
1954: Rupert Hollaus (Motorsport)
Fritzi Schwingl (Kajak)
1955: Gerhard Hanappi (Fußball)
Hanna Eigl (Eiskunstlauf)
1956: Toni Sailer (Ski)
1957: Toni Sailer (Ski)
1958: Toni Sailer (Ski)
1959: Karl Schranz (Ski)
1960: Ernst Hinterseer (Ski)
1961: Heinrich Thun (Leichtathletik)
1962: Karl Schranz (Ski)
1963: Heinrich Thun (Leichtathletik)
1964: Peppi Stiegler (Ski)
1965: Kurt Presslmayr (Kajak)
1966: Emmerich Danzer (Eiskunstlauf)
1967: Emmerich Danzer (Eiskunstlauf)
1968: Olga Pall (Ski)
1969: Lieselotte Prokop (Leichtathletik)
1970: Karl Schranz (Ski)
1971: Ilona Gusenbauer (Leichtathletik)
1972: Beatrix Schuba (Eiskunstlauf)
1973: Annemarie Pröll (Ski)
1974: David Zwilling (Ski)
Annemarie Pröll (Ski)
1975: Franz Klammer (Ski)
Annemarie Pröll (Ski)
1976: Franz Klammer (Ski)
Brigitte Habersatter (Ski)
1977: Niki Lauda (Motorsport)
Annemarie Pröll (Ski)
1978: Sepp Walcher (Ski)
Annemarie Moser (Ski)
Fußball-Nationalmannschaft

Österreichs Fußball-Ass Toni Polster faszinierte die Sportfreunde. Auch außerhalb des Platzes sorgte er oft für Gesprächsstoff, der Bücher füllt.

1979: Armin Kogler (Skispringen)
Annemarie Moser (Ski)
Fußball-Nationalmannschaft
1980: Toni Innauer (Skispringen)
Annemarie Moser (Ski)
1981: Armin Kogler (Skispringen)
Cornelia Kristofics-Binder
(Eiskunstlauf)
1982: Armin Kogler (Ski)
Cornelia Kristofics-Binder
(Eiskunstlauf)
1983: Franz Klammer (Ski)
Gerda Winklbauer (Judo)

1984: Peter Seisenbacher (Judo)
Edith Hrovat (Judo)
1985: Peter Seisenbacher (Judo)
Elisabeth Kirchler (Ski)
1986: Michael Hadschieff
(Eisschnelllauf)
Roswitha Steiner (Ski)
1987: Andreas Felder (Skispringen)
Sigrid Wolf (Ski)
1988: Peter Seisenbacher (Judo)
Sigrid Wolf (Ski)
1989: Rudi Nierlich (Ski)
Ulrike Maier (Ski)
1990: Thomas Muster (Tennis)
Petra Kronenberger (Ski)
Davis-Cup-Mannschaft (Tennis)
1991: Stefan Eberharter (Ski)
Petra Kronenberger
(Leichtathletik)
WM-Mannschaft Nordische
Kombination der Herren
1992: Patrick Ortlieb (Ski)
Petra Kronenberger (Ski)
Viererbob Österreich

1993: Andreas Goldberger
(Skispringen)
Anita Wachter (Ski)
Ruder-Vierer der Herren
1994: Thomas Stanggassinger (Ski)
Emese Hunyady (Eisschnelllauf)
SV Salzburg (Fußball)
1995: Thomas Muster (Tennis)
Ursula Profanter (Kanu)
Ruder-Vierer der Herren
1996: Andreas Goldberger
(Skispringen)
Theresa Kiesl (Leichtathletik)
Rapid Wien (Fußball)
1997: Toni Polster (Fußball)
Renate Götschl (Ski)
Fußball-Nationalmannschaft
1998: Hermann Maier (Ski)
Alexandra Meissnitzer (Ski)
Sturm Graz (Fußball)
1999: Hermann Maier (Ski)
Alexandra Meissnitzer (Ski)
Langlauf-Staffel der Herren
2000: Hermann Maier (Ski)
Stephanie Graf (Leichtathletik)
Roman Hagara/
Hans-Peter Steinacher (Segeln)

Begehrt: Autogramm von Österreichs grandiosem Skifahrer Hermann Maier.

Olympische Sommerspiele

Medaillen auf einen Blick

Jahr	Austragungsort	Mannschaft	Gold	Silber	Bronze
1896	Athen	Deutschland	7	5	3
		Österreich	2	0	3
1900	Paris	Deutschland	3	2	2
		Österreich	0	3	3
1904	St. Louis	Deutschland	5	6	4
		Österreich	1	1	1
1908	London	Deutschland	3	5	5
		Österreich	-	-	1
1912	Stockholm	Deutschland	5	13	7
		Österreich	0	2	2
1924	Paris	Österreich	0	3	1
1928	Amsterdam	Deutschland	11	9	19
		Österreich	3	–	1
1932	Los Angeles	Deutschland	5	12	7
		Österreich	1	1	3
1936	Berlin	Deutschland	33	26	30
		Österreich	5	7	5
1948	London	Österreich	2	2	4
1952	Helsinki	BRD	–	7	17
		Österreich	–	1	1
1956	Melbourne	BRD	6	13	7
		Österreich	–	2	2
1960	Rom	BRD/DDR	12	19	11
		Österreich	1	1	–
1964	Tokio	BRD/DDR	10	22	17
		Österreich	–	–	–
1968	Mexiko-City	BRD	5	11	10
		DDR	9	9	7
		Österreich	–	2	2
1972	München	BRD	13	11	16
		DDR	20	23	23
		Österreich	–	1	2
1976	Montreal	BRD	10	12	17
		DDR	40	25	25
		Österreich	–	–	1
1980	Moskau	DDR	47	37	42
		Österreich	1	2	1
1984	Los Angeles	BRD	17	19	23
		Österreich	1	1	1
1988	Seoul	BRD	11	14	15
		DDR	37	35	30
		Österreich	1	–	–
1992	Barcelona	BRD	33	21	28
		Österreich	–	2	–
1996	Atlanta	BRD	20	18	27
		Österreich	–	1	2
2000	Sydney	BRD	13	17	26
		Österreich	2	1	0

Olympische Winterspiele

Medaillen auf einen Blick

Jahr	Austragungsort	Mannschaft	Gold	Silber	Bronze
1924	Chamonix	Österreich	2	1	–
1928	St. Moritz	Deutschland	–	–	1
		Österreich	–	3	1
1932	Lake Placid	Deutschland	–	–	2
		Österreich	1	1	–
1936	Garmisch	Deutschland	3	3	–
		Österreich	1	1	2
1948	St. Moritz	Österreich	1	3	4
1952	Oslo	BRD	3	3	2
		Österreich	2	4	2
1956	Cortina d'Ampezzo	BRD/DDR	1	–	1
		Österreich	4	3	4
1960	Squaw Valley	BRD/DDR	4	3	1
		Österreich	1	2	3
1964	Innsbruck	BRD/DDR	3	2	3
		Österreich	4	5	3
1968	Grenoble	BRD	2	2	3
		DDR	1	1	2
		Österreich	3	4	4
1972	Sapporo	BRD	3	1	1
		DDR	4	3	7
		Österreich	1	1	2
1976	Innsbruck	BRD	2	5	3
		DDR	7	5	7
		Österreich	2	2	2
1980	Lake Placid	BRD	–	2	3
		DDR	9	7	7
		Österreich	3	2	2
1984	Sarajewo	BRD	2	1	1
		DDR	9	9	6
		Österreich	–	–	1
1988	Calgary	BRD	2	4	2
		DDR	9	10	6
		Österreich	3	5	2
1992	Albertville	BRD	10	10	6
		Österreich	6	7	8
1994	Lillehammer	BRD	9	7	8
		Österreich	2	3	4
1998	Nagano	BRD	12	9	8
		Österreich	3	5	9
2002	Salt Lake City	BRD	12	16	7
		Österreich	2	4	10

Namenverzeichnis